本书出版得到中国政法大学"国际气候谈判学科建设及人才培养"项目资助

作者信息 ···

凯斯·R.桑斯坦（Cass R. Sunstein），哈佛大学法学博士，美国哈佛大学法学院教授，美国艺术与科学院院士，奥巴马政府信息与规制事务办公室主任（2009—2012年），美国律师协会分权与政府组织委员会副主席，美国法学院联合会行政法分会主席。

译者信息 ···

刘坤轮　法学博士，中国政法大学副教授、钱端升青年学者，法学教育研究与评估中心副主任；兼全国法学教师培训基地办公室主任。

危机应对与策略

Worst-Case Scenarios

[美] 凯斯·R. 桑斯坦（Cass R. Sunstein）／著

刘坤轮／译

中国人民大学出版社
·北京·

完稿之时，感觉的快乐已经逝去。只希望，借我的劳动，书中的智识乐趣能够传递给读者。

本书的价值无须我来多作评说，几个基本因素可以保证原著的学术质量：桑斯坦教授的博识；本书所收入的发表在《哈佛环境法律评论》、《哥伦比亚法律评论》、《康奈尔法律评论》、《芝加哥大学法律评论》以及《伦理学》的论文基础。

另外，本书的应读性还具备了一个时机：哥本哈根气候峰会。它的召开、它的过程以及它结束的方式，尽在本书理论意料之中。

作为本书译者，我的角色很简单，让读者明快、简单地阅读准确的中文版本。翻译这本书的时候，我在重读王小波的文字。王小波的文字简练，还在为人惊叹。我希望，有朝一日，我呈现给读者的文字也能够简单之外更具优美。

或许，这只是一个学术理想，但借用本书一句话：执此追求，最差又能怎么样呢？

鸣 谢

ACKNOWLEDGEMENTS

很多同事为本书提供了宝贵的帮助。我将特别感谢以下人员，329
他们是布鲁斯·阿克曼（Bruce Ackerman）、马修·阿德勒（Matthew Adler）、伊丽莎白·埃门斯（Elizabeth Emens）、玛萨·诺斯鲍姆（Martha Nussbaum）、埃里克·波斯纳（Eric Posner）、理查德·波斯纳（Richard Posner）、亚当·萨玛哈（Adam Samaha）、大卫·施特劳斯（David Strauss）、埃德里安·沃缪勒（Adrian Vermeule）以及大卫·魏斯巴赫（David Weisbach）。此外，特别感谢理查德·波斯纳在最后阶段阅读了全稿。我还要感谢普林斯顿大学伍德·威尔逊学院超级研讨会的参加者，并特别感谢罗伯特·基欧汉（Robert Keohane），他是那一场合我的评论人，感谢他们对第 2 章的贡献。我很遗憾，我没能对那时提出的全部问题予以充分回答，尤其是对基欧汉所提出的卓越建议。

感谢雷切尔·迪扎德（Rachael Dizard）和马修·托克森（Matthew Tokson）所做的杰出研究帮助。马克斯·巴泽曼（Max Bazerman）、乔纳森·巴伦（Jonathan Baron）以及一位匿名的读者给出了卓越的审阅意见，这使我做了很多改动，添加了很多内容，也作了一些愉快的删减。同时对本书编辑迈克尔·阿伦森（Michael Aronson）给予我的鼓励以及极为睿智的建议也表示感谢。苏珊·华莱士·贝梅尔（Susan Wallace Boehmer）对本书稿作了大量修整，既包括实质内容上的，也有形式上的，对她迅速而又耐心的工作，我非常感谢。

330　　我将本书献给我的一位至交，比尔·麦兜（Bill Meadow），大约四分之一世纪的时间里，我和他一直一起进行球类运动（壁球和网球）——有时一周一次，有时两次、有时三次，有时次数更多。球类运动教会你很多有关最差情形的知识。对于运动、风险，以及如何对待生命，我从比尔那里获益良多。

这里，我汇集了一些我之前发表过的论文，这些论文中的绝大多数计划用于本书，但它们也能够自成一体。但是，在很多章节，我对相关解释和论述进行了大量修正，并且其中一些是根本性的。相关论文包括 "On the Divergent American Reactions to Terrorism and Climate Change", 107 *Columbia Law Review* 103（2007）；"Of Montreal and Kyoto: A Tale of Two Protocols", 31 *Harvard Environmental Law Review* 1（2006）；"Irreversible and Catastrophic", 91 *Cornell Law Review* 841（2006）；"Cost-Benefit Analysis and the Environment", 115 *Ethics* 351（2005）；以及 "On Discounting the Future: Money, Risk, and Intergenerational Equity", 74 *University of Chicago Law Review* 171（2007）（与阿登·罗威尔合著）；我特别感谢阿登·罗

威尔（Arden Rowell）对第 6 章的一些观点所提供的帮助，以及允许我在此收入我们的共同成果；对于我的论证可能出现的错误，她不应当承担责任。本书有些地方，我还借鉴了 *Laws of Fear：Beyond the Precautionary Principle*（Cambridge：Cambridge University Press，2005）一书中的观点，如果读者对一般的预防原则感兴趣，那么也可以参考那里的探讨。

C
O
N
T
E
N
T
S

目 录

导　言

　　人类以及他们的政府如何对待最差的情形呢？他们是倾向
于对之视而不见，抑或是有杞人忧天之举呢？不管我们实际上
究竟做了什么，问题在于：面对可能性并不大的巨灾风险时，
我们应当（should）怎么做？

　　"9·11"袭击之后，迪克·切尼（Dick Cheney）副总统抛
出了广为人知的百分之一论："对于此种概率低，而影响大的事
件……我们不得不采取一种我们尚未限定的方式，以应对这种
新威胁……如果巴基斯坦科学家正在帮助基地组织制造或开发
核武器的可能性为百分之一，我们对此的反应就必须视其为确
定之事。"①

　　鉴于极其恐怖的后果，将这种百分之一的可能视为确定之

---

① Ron Suskind, *The One Percent Doctrine* 61-62 (New York: Simon & Schuster, 2006).

事确实诱人。提出此项建议之时，切尼副总统与面对着低概率巨灾的人们采取的立场相同，一如关注物种灭绝、气候变迁以及转基因食品的环保主义者，副总统切尼极力主张政府应当确定并努力阻止最差情形的出现。事实上，另外一个副总统阿尔·戈尔（Al Gore）曾就气候变迁问题含蓄地表达过一个类似的原则，"发生可怕灾难的风险真实存在，对此，我们应当积极应对"。许多环保主义者热切拥戴预防原则，这一原则尤其是为我们并不确定损害是否会发生的情形而设计。根据预防原则，即无须确定性这一要件就可以确定是否存在环境威胁，对于巨灾或不可逆的损害而言，即便发生的风险较小，也足以使我们作出积极应对之举。

但是，对这一立场，不妨考虑一下明显的反对理由。百分之一的可怕后果显然比确定的可怕后果要好得多。你应该将后果出现的概率与其数量相乘进行衡量，从而确定要采取何种行动。如果你有百分之一丢失 1 万美金的可能性，那么较之你有百分之九十丢失 1 万美金的可能性情形，你应当采取较少的预防措施。即便你所面临的损失可能与金钱无涉，并且也难以用金钱等等价物来衡量，既考虑损害数量，也关注损害概率也同样重要。面对染病概率为百分之一的情形与染病概率为百分之九十的情形，你应当有不同作为。明智之人，甚或但凡心智健全之人，都不会将百分之一的损害发生之风险当作必定发生的。

假定你有某种健康问题，比如严重的心脏病、脑瘤、视力下降、严重慢性背痛等，而你的医生告诉你，某种手术可以百分之九十九地解决掉这些问题，并且没有不好的副作用，那么，即便是医生强调在百分之一的情况下，一切会变得很糟糕，你会拒绝这项手术吗？很可能不会。无论你做什么，你最不可能做的就是将糟糕后果出现的较小可能等同于确定发生。你将不仅仅关注最差情形的本质，而且还关注它出现的概率。或许，你会决定设立一个"安全边际"或是缓冲地带，以应对最差的结果。但是，即便是你这般做了，在确定确切的安全边际时，你也很可能思绪良多，并且将会更多地关注于损害概率。

　　政府的立场亦不过如此。对于公职人员而言，损害概率同样息息相关，仅仅关注最差的情形显得愚蠢，在这一点上，他们与我们平民并无二致。假定某部新的法律有百分之九十九的可能会增强国家安全，但有百分之一的可能会减弱国家安全；假定某项医疗卫生制度改革有百分之九十九的可能会改善医护并促进经济发展，但有百分之一的可能会严重加剧失业；假定某项教育凭单制度有百分之九十九的可能会改善学校，但有百分之一的可能会使学校变得更差，如果一旦存在不利结果的百分之一可能，政府动议就会遭到拒绝的话，那么，我们所将拥有的动议就会少得可怜。许多情境中，对于最差的情形，政府也在碰运气。这一点一如平常人那般——并且政府这样做是完全正确的。

　　对任何一种百分之一论调而言，这些确实是提出了真正的问题。一般而言，忽略百分之一可能和确定之间的差异，无疑是大错特错。但是，何不略微思考一下如果基地组织曾经能够得到核武器，并用以对付美国及其同盟，那将意味着什么呢？对一种真正的灾难性后果而言，百分之一的可能与高出很多的概率并不存在多么严重的差别——并且将它视为必然发生之事来组织应对非常具有诱惑力。为了理解这一点，不妨想象一下纽约城或整个东部海岸存在被整体摧毁的百分之一可能；或想象一下因气候变迁引起全球灾难的百分之一可能：数以亿计因

疟疾或气候相关的其他疾病所引致的人类死亡，不计其数的物

4 种灭绝，极地冰原的融化，佛罗里达、纽约、巴黎、慕尼黑和
伦敦的毁灭性洪灾；或是想象一下我们所生存的星球与某个较
大小行星发生毁灭性碰撞的百分之一的可能性。如果最差的情
形足够恐怖，那么，将较低的概率看作高出许多又有何妨。

但是，反思一下，这真是明智之举吗？其中一个问题在于，
回应最差的情形可能不仅负担繁重，而且存在风险。此外，回应
本身也存在最差的情形。我们需要调查的不仅仅是某种情形，还
包括回应的负担和风险。在国家安全情境中，对于某种百分之一
威胁作出激烈回应的话，可能造成一种新的威胁，并且可能超过
百分之一，这也就造成了回应自身的灾难。用以消除严重后果出
现之较小风险的先发制人之战，可能造成出现一种不同但后果同
样严重的更大风险。如果美国袭击一个不友好国家，以此消除这
个国家给美国所可能带来的（低概率）危险，那么，这一袭击很
有可能确定会造成很多死亡，以及许多（低）概率的其他危险。

在阻止气候变迁问题上，布什政府拒绝迈出实质性步略，
依据就在于规制措施所需要的负担和成本，这一点为有些人所
确信。假定气候变迁事实上的确至少造成了巨灾发生的百分之
一风险，而对气候变迁作出迅即应对需要能源政策的巨大改变，
但是，这种做法将不仅对美国，还对包括印度和中国在内的许
多国家造成困难的可能却非常之高。并且，这些困难可能会引
发大规模的失业，以及随之而来的贫困。如果世界致力于解决
气候变迁问题，那么，它将无力回应其他更为严峻的问题。② 另

---

② 此类问题存在各种视角的探究，参见 *Global Crises*，*Global Solution*（Bjørn Lomborg ed.）（Cambridge：Cambridge University Press，2004）。

举一例，我们很容易想象对艾滋病危机所作出的回应，比如进行隔离，而这显然将强加于感染者或可能被感染者以难以接受 5 的负担。要获悉是否需要作出回应，以及如何作出回应，我们必须检视回应的可能后果，而不是仅仅关注危险的存在、概率和规模。

本书中，我将尝试在此类问题方面取得突破。我要达致三个明确的目标。第一，了解人们对最差情形的反应，尤其是他们对两个相反问题的脆弱性，这两个问题即：过度反应（excessive overreaction）和彻底忽视（utter neglect）。我们应当看得到，这两个问题不仅困扰着个人，也同样影响着政府。第二，思考在灾难风险概率低的情境中，个人和公职人员何以可能更为明智地思考。坚持以开阔的眼界看问题，强调各方面风险的可能性和数量是个不错的思路。第三，探究成本收益分析的使用和局限，尤其在分析近期不会出现的损害之时。成本收益分析不过是真正重要因素的一个表征（proxy），真正重要的是福利（well-being），而不是金钱。话说回来，有的时候，表征也会有所裨益。

纵贯本书，我都将气候变迁当作一个限定案例来使用，之所以如此，并不仅仅因为这一问题具有重大的现实意义，还在于它为揭示基本原理提供了一个宝贵的范例。当然，我也会论及其他一些极为恶劣的最差情形，比如恐怖主义、臭氧消耗、转基因食品（genetic medication of food）、飓风以及禽流感等。我希望此种基本分析能被用以应对各种各样的问题，包括那些尚未出现的问题。我的讨论将围绕五个一般主题展开。

直觉和分析。人们对风险以及最差情形所作出的反应有两

种方式。③ 第一种是直觉性的，第二种是分析性的。我们的直觉
6 反应基于我们自身的个体经验，也显得迅疾。近期曾遭遇过暴
力犯罪、车祸或是严重健康威胁的人们，总是会在一个大体相
似的情境中担心出现类似的不利后果，而无论他们的这种忧虑
有没有客观依据。相反，没有过类似经历的那些人则会认为，
不大可能发生的事情不值得去劳心费神。并且，如果某种风险
被认为低于某一特定界限（threshold），那么，对于我们的行
为，它可能根本不会有任何影响。

对于低概率风险，我们的直觉既可能导致过多，也可能导
致较少关注。但是，当判断是根据分析作出时，它们就可能更
趋于精确，当然，前提是分析是值得信任的。然而，对于多数
人们来说，直觉盘根于真实的经验，因而是一种强大得多的驱
动力。所以，确保不让错误偏向（error-prone）的直觉驾驭了
行为，对个人和机构而言，这都是同样重要的任务。

反应过度和忽略。可能性的直觉判断一般取决于是否能够
轻易想象到糟糕的后果，即它是否具有认知上的可及性（availa-
ble）。"9·11"袭击之前，几乎没有人曾经想象过劫机犯会把飞
机变成飞行炸弹。近来劫机事件的消失将人们应该具备的安全
感程度变得过高，这是一种"不可及性偏见"（unavailability bi-
as）现象。结果，恐怖主义威胁被严重地忽略了。另外，一个
广泛宣传的事件之后，人们通常会变得比他们应该那样更要担
心得多，这种现象为"可及性偏见"。一个可及的意外可能导致
与最差情形的过度关联，这一点正如此种意外的缺失会导致不

---

③ 例见 Elke Weber, "Experience-Based and Description-Based Perceptions of
Long-Term Risk: Why Global Warming Does Not Scare Us (Yet)", 77 *Climatic
Change* 103 (2006)。

合理的安全感那般。

这一问题因人们情感的介入而变得复杂，因为，一旦如此，他们就会完全将概率问题置之度外。他们专注于糟糕的结果或是可能出现的最差情形，而丝毫不对这种情形的出现是多么的不可能进行充分考虑。（最优情形思维是个相关的问题，它是指不切实际的乐观主义者的诅咒或是祈祷。）面对某些风险时，当政府强加过度的预防措施时，他们就不幸沦为"概率忽略"（probability neglect）的受害者：错误地将极为不可能发生的危险当作确然之事。相反，人们常常确信他们是安全的，他们总有这么一种感觉，这种感觉将最差的情形排除在外，或根本无须考虑。同样，这也是一种概率忽略，因为此处存在一种假定（assumption），即当一种情境能够被合理地描述为"安全"时，那么就一点风险都不存在。事实上，人们面对着程度各异的风险，认为"安全"像开关（on-off switch）那样可控是一种普遍存在并具有破坏性的错误。

最差情形俯拾即是。 实际上，在一些情境中，人们能够意识到试图消除最差情形所须承受的负担。但是，在另外一些情境中，他们对那些负担并没有予以适当注意。以规制政策为例，力主对最差情形采取预防措施的那些人通常无视每一种预防措施所强加的损失，甚或其本身所造成的风险。风险和糟糕的最差情形可能存在于各个方面。一直以来，支持先发制人战争（preemptive war）的理由就在于迟延可能增加相应威胁的规模，这种战争包括 2003 年攻打伊拉克和 2006 年以色列袭击黎巴嫩，它们都意图在威胁付诸实施之前将其铲除。在敌人密谋准备之时，如果一个国家只是坐等，那么这种迟延可能是致命的。然而，先发制人战争必将陈尸无数，因而，对于国家安全而言，此类战争所能做的是增加，而不是降低整体的危险。

一般情况下，人们和国家之所以对最差的情形采取不适当的预防措施，不过是因为，他们对采取那些措施的负担和风险未作考虑。但是，人们和国家也常常因为过度地关注预防措施所带来的负担，从而忽略最差情形的存在。而全面地看待这一问题至关重要。

风险与不确定性。若将这些牢记于心，那么，在理解人们为什么，以及什么时候不能理智地对最差情形作出反应的问题上，我们就能够取得重大进展——以及可以如何应对这些问题。

当然，第一步是确定糟糕的后果，并且尽力评估出它们的概率。将后果与概率相乘，我们就能够算出各种行动过程的"预期价值"（expected value）。有些时候，根据现有科学，我们能够将后果和概率都确定在一个极为有限的范围之内。例如，一个公共卫生官员可能有理由相信禽流感最差情形的暴发概率为0％以上、5％以下。气候学家可能认定，发生灾难性气候变迁的概率为1％以上、5％以下。掌握这些信息后，我们就可以对各种行为的所得所失的数量和概率进行确定，当然，这些行为包括选择维持现状（一切如旧）。也许，为了应对最差情形，我们应当设定一个安全边际（margin of safety），但是，同样重要的是，我们也应当明白，设立安全边际会给我们带来何种损失。如果一个煎熬于致命癌症的病人，在得知手术和化疗可能使其多维持至少十年生命，而这种可能性有75％，那么，他的选择很可能简简单单。有些时候，公职人员的处境亦与之相似，当我们理智地了解到最差情形可以想象的后果、概率，以及对之作出回应的负担和风险时，一般而言，对于采取何种行为，我们就会处于一个有利的情势之中。

　　如果不能够确定相关最差情形的概率，那么分析就会更加　　*9*
困难。假定官员或科学家都不知道某种可怕后果发生的概率，
或者他们只能确定一个宽泛的范围，例如确信灾难性气候变迁
的风险在 1％以上、20％以下的范围内。然而，即便不能确定概
率，如果我们追问消除最差情形的损失是多少，并且具体确定
最差情形和次最差情形之间的区别，那么，我们仍然能够取得
重大进展。我们应当看到，不可逆性（irreversibility）问题带来
了严峻的挑战。最简单的道理便是，为了维持未来的灵活性
（flexibility），额外作些付出不失为明智之举。

　　福利、金钱与后果。如果不对相关后果有所了解，那么也
就不可能知道如何应对最差的情形。然而，一旦我们确定了后
果，在能够决定如何应对之前，我们仍需进行诸多思量。后果
从来就不会自报家门，人类不能不对它们进行评估。科学可能
告知我们气候变迁对人类和动物生命所可能造成的具体影响，
但是，在我们决定具体采取何种回应措施时，我们所需要的只
是对那些影响的道德评判。

　　在为处理困难问题提供指导时，我强调增加社会福利的目
标，而对于这一充满争议的理念，我无意进行具体限定。（我将
"well-being"与"welfare"交换使用。）一般而言，无须触及最
为艰涩或最为基础性的问题，我们也能对最差情形问题取得重
大突破。日常生活中，我们总是这般行为。如果一个真正的不
利后果几乎确定将不会发生，并且，如果试图对它进行预防，
我们就会遭受很大损失，那么，采取预防措施就不会有多大的
吸引力。而如果最差情形的出现不能被排除，并且，如果很容　　*10*
易确保它不发生，我们就会采取预防措施。一个理智政府的行
为方式与之相似，因而许多有关风险的有力决策也不过是在简

单研究各种相关变量的基础上作出的，当然，这里的风险范围至为宽泛，可涉及从国家安全到环境保护政策等各种领域。具有不同福利观念的人们，或是对如何思量最为严重的争议并不确定的人们，也常常能够达成一致，认为一种行动合理，而其他的行动不合理。简而言之，对于可能后果属性及其可能性的认知完全可以使人们就适当的行为达成一种协议，我们暂时称之为"未完全理论化协议"（incompletely theorized agreement）——关于如何行为的协议，该协议对于支撑我们结论的理论没有任何合意。④

当然，一般而言，但凡关涉生命，问题总要变得困难许多。当前而言，经济学家以及其他政策分析家的标准做法是将各种影响，包括生命和健康的风险，都置换成金钱等价物。诚如我们所应看到的那样，此类成本收益分析对激起极为积极的努力，以保护臭氧层大有裨益。正是因为这个原因，罗纳德·里根（Ronald Reagan）总统任期里，在关于地球容颜保护的问题上，美国成为最支持规制的国家，虽然里根总统并不以支持规制而知名。但是，同样是在美国，针对气候变迁的某些倡议措施，成本收益分析至少提出了一些严厉的警告。

是否可以，以及如何将风险和最差情形转换为货币等价物，成本收益分析的理念存在很多问题，这些问题有些是技术性的，有些技术性程度较低。重要的是福利，而不是金钱，金钱不过是福利一个拙劣的代言者。⑤ 即便如此，我也应当为成本收益分

④ 关于未完全理论化协议的一般研究，参见 Cass R. Sunstein, *Legal Reasoning and Political Conflict* (New York: Oxford University Press, 1996)。

⑤ 相关讨论，参见 Amartya Sen, *Development as Freedom* (New York: Random House, 1999); Martha Nussbaum, *Women and Human Development: The Capabilities Approach* (New York: Cambridge University Press, 2000)。

析找寻到有力的支持理由，这个理由当然不是这种分析总会告诉我们应当做些什么，因为这种意见显得荒谬不堪。这个理由毋宁采取更为谦卑的姿态面世，即在决定做些什么时，成本收益分析通常将会给我们提供宝贵的信息。当然，我们需要知道货币数值所代表的意义，并且是具体的意义。它们是否以过早死亡和严重疾病的方式反映出更多的东西？它们是否涉及消费品的更高价格？更低的薪水？定性信息与定量信息的重要性确实在伯仲之间，但是，在决定对最差的情形如何作出反应时，货币等价物确实能够提供一些价值不菲的规诫。

　　我们也需要考虑分配问题。做任何消除最差情形之努力时，谁因之获利，而谁因之受损？对于气候变迁问题，这一追问显得尤为紧迫，因为在这一问题上，贫穷地区的人们最为脆弱，其中最具代表性的是印度和非洲。当然，其他一些可能灾难也都印刻着分配问题的痕迹，例如艾滋病和禽流感。我们还应当将规制问题与补贴问题区分开来。强制一个贫穷国家的公民每人支付 100 美元，用以消除一个 1/500 000 的风险，显得毫无道理。但是，如若富裕国家将其资源转移给此类国家的公民，从而使得他们得以采取更多、更好的措施，以消除他们所面对的风险，那么，这或许不无道理。

　　对于成本效益分析的拥护者而言，一个特别棘手的问题是，如何解决后代面临最差情形威胁的情形。依据标准的做法，未来取得的金钱必须进行"折扣计算"，因此，20 年后的一美元只值今天一美元的一部分。（几乎可以肯定，较之 20 年后获取 1 000 美元，你更偏好今天获取 1 000 美元。）那么，我们是否也应当将未来的生命折扣计算？一个二十年后的生命是否只值今天一个生命的一部分？我将论证代际中性原则（Principle of Intergenerational Neutrality），这一原则要求同等对待每一代公民。这一原则对诸多问题意义深远，最为明显的如气候变迁问题。当代人有义务将他们后代受到威胁的利益视同自己的利益那般严肃对待。

但是，代际中性原则并不是说当代应当拒绝折扣算度未来，或者应当为那些后来者的利益，强迫自己作出巨大的牺牲。倘若人类历史可以为鉴，未来应当比现今富裕许多，因而，要求相对贫穷的当代将其资源移交给相对富裕的未来世代，显得没有道理可言。此外，如果当代以放弃经济增长为代价而牺牲自我，那么，这同样很可能对将来造成伤害，这是因为，长期的经济增长可能使得公民生活得更为健康、寿命更长、生活质量更高。因之，关于代际中性原则实际上要求什么，以及这一重要理想与争议重重的"折扣未来"实际做法之间的复杂关系，我应当做些探讨。

计划。本书架构遵循前文所追述的主题展开。第 1 章以探究风险认知（risk perception）以及我们对最差情形的反应而开篇布局，本章将密切关注我们这个时代最为重要的两种威胁：恐怖主义与气候变迁。对恐怖主义，由于可及性、概率忽略和愤恨这三种可确认机制的存在，美国人的反应程度被大大放大。而对于环境变迁，美国人的反应则非常消极。这是因为，对于大多数美国人而言，他们没有经历过气候相关的原因导致的损害，并且他们认为这样的损害只可能在将来和遥远的地方发生，因而一直以来，美国人都无意于为阻止这些情形而破费。我们应当看到，恐怖主义和气候变迁提供了颇具启发意义的两极案例：前者极其容易激起对最差情形的关注，而后者则几乎绝无此种可能。理解美国人对这两种风险形态截然不同的反应，将可一般地阐明最差情形的思维。

第 2 章提出了一个不同类别的比较。意图保护臭氧层的《蒙特利尔议定书》（Montreal Protocol）有着一个动人的成功故事。它大幅消减了臭氧消耗的化学物质，并确保了臭氧层将最终回归到它的自然状态。在世界范围内，美国是此类化学物质的最大排放国，但是，它带头敦促对臭氧消耗问题作出积极回应。与之相反，意图防止发生气候变迁的《京都议定书》（Kyoto Protocol），其所绘制的至多不过是一幅混合图景。一直以来，美国都坚决地拒绝签署该议定书，而美国是世界上最大的温室气体排放国。它也没有对发展中国家的排放施以强制限制。此外，它的约定可能被一些签约国所破坏，甚至包括一些欧洲国家。同样与巨灾性环境问题有关，所作出努力的命运却相别天壤，那么，对此种巨大的反差作出解释，就是这里的任务。

此种解释部分依据美国所采取的反差巨大的做法，而这些都是基于对两个议定书后果的算度而作出。解释部分依据的是地球上大多数国家的不同动机。臭氧消耗问题可以相对容易地得到处理，采取的方式基本能够以较低的成本收取巨额收益。但是，对气候变迁问题，则不能作此轻言。美国和中国从温室气体的排放中获益良多，并且与所获受益相比，对于气候变迁的担心程度却低得不成比例。合而论之，第 1 章和第 2 章提供了一个具体经验，即关于气候变迁的一个成功协议如何变得更加可能，以及这样一种协议可以如何建构。此外，关于社会如何以及何时可能对最差的情形作出回应，这里的探讨也提出了更为宽泛的见解。

第 3 章和第 4 章转向如何处理此类情形的问题。第 3 章解释指出，虽然预防原则在国际层面有影响，但它自身却并不融贯。

对于它自己所要求的每一步骤，它都是拒斥的。要理解这一点，只需略作想象：如若我们采取了一种普适的（universal）百分之一论，从而对任何存在百分之一严重损害可能的行为都予以禁止，那么，由于如此之多的行为都将被禁止，可能的后果便是社会的瘫痪。（甚至于什么都不做也可能被禁止：假定我们能够对"什么都不做"的具体含义达成合意，什么都不做的人们将很可能因疾而终。他们将会吃饭吗？他们将会吃什么？）然而，仍然可以设计出一种较为狭义，但效果更佳的预防原则。我尤其赞同巨灾性损害预防原则（Catastrophic Harm Precautionary Principle），该原则设计用以为极其严重的风险提供指导。该原则强调全面看待问题的必要性，既要关注损害的数量，亦要关注损害发生的概率。同时，它还强调指出，由于存在一种被称之为"社会放大"（social amplification）的过程，一旦巨灾性风险真实地发生，与我们所预料的相比，它们所产生的后果通常要严重得多。若能恰当把握，对于过度反应和忽略的对偶问题，巨灾性损害预防原则应当足以消解。

第 4 章探讨不可逆性问题，并特别对不可逆损害预防原则（Irreversible Harm Precautionary Principle）进行了论证，该原则适用的问题如臭氧消耗问题、濒危物种保护问题、文化遗产破坏问题，当然还包括气候变迁问题。这里也存在一些问题，一个问题源于需要限定不可逆性，因为这一概念可从不同方面进行理解。另外一个问题在于，预防措施同样可能是不可逆的，即便这些措施仅仅涉及部分开销。然而，问题的关键点在于：为维持他们自身的灵活性，理智的个人和社会乐于作出大量付出。

第 5 章和第 6 章研究成本和收益。诚如第 5 章所详细论证的那般，重要的是福利，因而，即便规制成本高出规制收益之时，规制也可能会增加福利。但无论怎样，成本收益分析仍然不无裨益。无论我们是否关心个体自治或社会福利，至少在规制措施强迫人们为其所获收益买单之时，对人们规避风险的"支付意愿"（willingness to pay）予以考虑，都是有充分理由的，而这里理所当然地涉及与最差情形相关的风险。但是，追问人们是否获取了完备信息，以及他们是否因各种认知瑕疵（cognitive defects）而遭受损害亦很重要，这一点在第 1 章中有所强调。如若人们缺乏信息，或者他们对信息的处理很糟糕，那么，对于他们降低统计风险的支付意愿，我们就不能以之为据。同时，作为消费者与作为公民，人们所做的判断也有所不同，并且，这种不同的存在使得成本收益分析的经济案例变得纷繁复杂。另外一个问题涉及社会剥夺（social deprivation）：如果剥夺已经使人们习惯于严重的风险，并确信它们的存在为生活中所固有，那么，如果某种决策将这些人们置于此类风险之中，并声称他们偏好于他们当前的生活模式，对于这种决策，我们就不能予以维护。这些不同的要点有助于我们澄清当前贫穷国家有关风险的争论。当然，声称一个国家的居民比另外一个国家的居民"价值低"无疑很荒谬。但是，我们也应当明白，如果说一个富裕国家为减少某种百万分之一的致命风险，比一个贫穷国家花费更多是明智之举，那么，这显然并不荒谬。

　　第 6 章探讨最为棘手的一个问题：评估未来。我站在代际中性原则的立场上展开论证，该原则要求当代对他们为其决策对后代所造成的后果进行充分考虑。然而，关于是否要对未来事件或它们的货币等价值进行"折扣"算度，这一原则也未能提出有效的争议解决办法。有些时候，未来世代可能因为某种基于折扣算度的决策而获益，这是因为，如果当代使自己贫困，未来世代则会遭受损害。然而，由于某些问题的存在，折扣算度的成本收益分析能够导致对代际中性原则的严重违反。诚如我们将看到的那般，那种分析形式会破坏福利，并引发严重的分配不公问题。而这些问题应当被直接指出来，对于气候变迁而言，这一点尤具深意。

在结论部分，我强调了自力救济（self-help）的可能性，并对个体行为和政府官员判断之间的关系进行了探讨。

第
1
章 | **恐怖主义和气候变迁**

孩提之时，每每遇及困难，我的母亲总是会问："最差又能怎么样呢？"这是一个非常具有抚慰性的问题。的确，最差是不好，但它并不总是那么糟糕。因为惹人厌烦的感冒，我可能错过几天在校学习的时光；我所在的少年棒球队可能输掉一场比赛，或者我每次击球时都无功而返；我可能在一次数学测试中没能及格；可能确定一个朋友他并不是真的待见我。

回首静思，我母亲的问题为什么如此具有抚慰作用，我一点也不能确定。我的感冒可能转为单核细胞增多症（mononucleosis），那样的话，我将会辍学数月之久。我可能被某一次暴投（wild pitch）*击中，并因此严重受伤。如果我并不仅仅是一次测验无法通过，而是在很多测试中都挂科，并因此患上具有

---

* 指棒球运动中，投手的动作。——译者注

长期损害结果的测试焦虑症，那又当如何呢？或许，我失去的不是一个朋友，而是所有的朋友呢。

但是，或许，无论怎样，我亦非如此缺乏想象力。更为可能的情形是，我的母亲在问"实际而言，最差又能怎么样呢？"之时，诸般情形，我了然于心。显然，我能够感受到根本的安全，于是，对最差的情形，我就自己创设了一条隐性的有关概率的边界，对于极为不可能成为现实的风险，我甚至不会略作思考（或是将其迅速排除在外）。或者可能，我所附和的并不仅仅是我母亲的言辞，还包括附于言辞的感觉，这是她自己的安全感，她自己对"能够最差"的情形亦无可畏惧的确定感。我的母亲显然感到，最差的情形也不会糟糕透顶，因而，我亦获此同感。于我，她的信心是具有感染力的。

然而，在大多数领域，对可能发生的最差情形予以考虑几乎没有任何安抚作用，强调糟糕可能性的那些人，其通常的意图在于激起民众，而不是抚慰他们。在为伊拉克战争声辩时，总统乔治·W. 布什曾试图将全民的注意力都集中于一个最差的情形："设想一下，如果那 19 个劫机犯使用的是其他武器，或其他被萨达姆·侯赛因武装过的飞机进攻美国，也许只是一个小瓶子，一个容器，或一个柳条箱，但那将带来的是我们永远无法想象的恐怖地狱。"[①] 我们对此能够判断，布什总统至少不是在试图舒缓人们的恐惧感。

2006 年，《时代周刊》杂志刊载了一则有关气候变迁的封面故事，标题为："忧虑，更加忧虑。"对气候变迁问题，强调关

---

① 引自 Alan H. Goldstein and Kate Braverman, "Bring on the Plague Years," *Salon* (October 28, 2004), available at http://archive.salon.com/tech/feature/2004/10/28/bioshield/index.html。

注最差情形的那些人正在努力将人们从事不关己的安逸中唤醒，激发他们即刻行动起来。事实上，2004 年的一部风靡影片《后天》对气候变迁相关的风险认知曾经起到了重要作用，即便这种效果是短期的，原因很简单，因为它强调了可能发生的最差情形。[②] 前副总统戈尔 2006 年的纪录片《被忽略的真相》（*An Inconvenient Truth*）中，充满了最差的情形。而它之所以颇有影响，部分原因正在于这一点。

对普通人的生活而言，适用于公共政策的真理亦同样适用。如果你的孩子在学校中痛苦挣扎，或者需要送到医院治疗，你会考虑最差又可能怎样，但这并不能使你平静下来。最近，我拒绝允许我那十几岁的女儿独自一人进行长距离游泳，尽管她游泳游得很棒；我知道，所存在的风险几乎微不足道，但是我能够想象到某种糟糕后果，对我而言，单是这一事实就已经是充分的理由了。（面对女儿，我不能有力地为我的做法辩护，她强调不存在真正的危险，在这点上，她是对的，但是，她会迁就于我的抉择。）如果你正在抉择是否接受一份巴黎的工作，是否结婚，是否去一个地处边远的餐厅用餐，那么，关注最差情形就不可能使你平静下来。许多人拒绝去看医生，无视早期的健康问题，这是因为他们担心最差的情形。确实，为了预防癌症，人们应当多久接受一次检查呢？对此问题的争论是因为有证据证明，检查本身也会造成真实的焦虑，而此种焦虑本身也会引发健康问题，变得更加激化。[③] 父母、公职候选人以及恐怖分子

19

---

② 参见 Anthony Leiserowitz, "The International Impact of *The Day After Tomorrow*", 47 *Environment* 41（2005）; Anthony Leiserowitz, "Before and After *The Day After Tomorrow*: A U. S. Study of Climate Change Risk Perception", 46 *Environment* 22（2004）.

③ 参见 H. Gilbert Welch, *Should I Be Tested For Cancer*? *Maybe Not and Here's Why*（Berkeley: University of California Press, 2004）.

也都清楚，拨动人们神经之弦，改变他们的信念和行为的最佳方式是：将他们的注意力集中到可以想象的最差后果上来。

　　政府是否总是应当将最差的情形告知人民呢？考虑一下这个例子。《国家环境政策法案》（National Environmental Policy Act）要求政府机构对某一行动创议的环境影响进行探讨。通过要求对这些影响进行讨论，《国家环境政策法案》被希冀发挥重要的民主功能。规划在纽约建造一座核电厂，或在夏威夷新建一条高速公路，或允许在阿拉斯加进行石油开采，都会产生很多与环境相关的后果。《国家环境政策法案》的理论基础为，在规划付诸实施之前，公众应当能够对这些后果有所了解，并具有自己的话语权。政府应当将其自身的注意力集中于这些后果，以确保在最终决策作出之前，它们没有被忽略。现在，假定在此类工程中，其中之一的最差情形非常恐怖，尽管这种情形非常不可能发生。那么，政府一定要公开地讨论这一情况吗？

　　在 20 世纪 80 年代，联邦法院确就曾如此认为。在得克萨斯州的加尔维斯顿海湾，工兵军团（the Army Corps of Engineers）提议批准建立一个石油分流中心和一个深水港口。许多人为唯一的问题而忧虑不已：如发生大规模石油泄漏，超级油轮的全部货物灭损，其影响将会怎样？政府宣称没有必要羁绊于那种高度不可能的后果。但联邦法院并不认同这一点，并进而裁定，根据法律，进行最差情形分析是强制性的。[④] 判决如此措辞所指向的是这么一种联邦规制，即特别要求政府穷究最差的情形。

　　对于这一判决以及其他类似判决，里根总统领导下的环境

₂₀

---

　　④　*Sierra Club v. Sigler*, 695 F. 2d 957 (5th Cir. , 1983).

质量委员会激烈地进行了回应。它取消了进行最差情形分析的要求，并签署一个新法规，用以规制不完备和不可及信息。这一新法规仅仅要求对可合理预见的负面影响予以关注，这一法规今日仍有案可查。对于低概率的巨灾风险，仅当"有关影响的分析有可靠的科学证据支持，而不是基于臆测，并且在理性规则之内"时，才需要进行讨论。如果我们理解地审视它的决策，就会看到，政府不愿意人民的想象力信马由缰，或者，不允许因恐吓伎俩或纯粹臆测就使得合法的工程，或前途光明的项目脱离正轨。较为吹毛求疵的观察者可能会指出，政府意图通过隐瞒真实灾难发生的可能性，从而将其决策免于接受公众的审查。

可以料想，这一法规定曾在法院遭受过诘难。相关案例涉及一项开发项目，该项目的最差情形将会导致当地黑尾鹿群完全灭绝。最高法院对该法规予以支持。[5] 法院指出，最差情形的要求已经招致了"大量批评"。如果政府公开讨论某种最差的情形，人们很可能将凝神于它，即便是在其最没有可能成为现实的情况下，亦是如此。如果人们专注于那样的糟糕结果，他们很可能就会对某种行动创议疑虑重重，即便是该行动将会带来巨额收益，并且那微渺的风险实在应当予以置之不理。

对比一下医疗情境，如果医生决定告示最差的情形，这就可能导致病人拒绝一项手术，而最终而言，采取该手术是目前为止的最优行动。环境质量委员会的所作所为，不过是力图使人们像理智的病人一样思考，或是像被他们的父母平静追问"最差又能怎么样呢？"的孩子一样行为：将精力集中于现实中

21

---

⑤　*Roberton v. Methow Valley Citizens Council*, 490 U. S. 332 (1989).

最有可能出现的结果，而非做信马由缰的杞人之忧。

安全或不安全

政府取消分析最差情形要求，这种做法正在回应的是一个宽泛得多的问题，这一问题关涉人们如何思考。通常情况下，人们将情境区别为"安全"或是"不安全"两种，而不会去考虑真正的问题在于损害的可能性。多数时候，人们会忽视概率低而后果严重的事件，对其所给予的关注远不及其所应得。但是，一旦人们经历过或看到一次相关的恶劣后果，他们的关注却又常常会变得夸张起来。这里，我们发现了一个依据，既适用于人们对最差情形的漠视，也适用于对它们的反应过度。我们来思考一下凯·埃里克森（Kai Erikson）对自然灾害造成的影响所作的卓越评论⑥：

人们之间相互交往，维持他们心智的筹码在于，他们分享着一种他们安全的幻觉，即便他们周围世界中的实物证据看起来并不足以确保这种结论的可靠性。当然，某场灾难的幸存者往往会倾向于夸大他们所处情境的危险程度，即便这样做不过是为了消抵他们过去曾经低估这些危险的事实；但是，更为糟糕，甚至糟糕得多的是，有些时候，他们会生活在一个几乎频繁出现恐惧感的状态之中，这是因为，他们已经丧失了将危险信号从他们视界中过滤、除去的人类能力。

本段话中，最令人瞩目之处在于它对两种人做了严格区分：

⑥ 参见 Kai T. Erikson, *Everything in Its Path*: *Destruction of Community in the Buffalo Creek Flood* 234 (New York: Simon & Schuster, 1976)。

一种人"分享着一种他们安全的幻觉",另外一种人近期遭受过自然灾害,"有些时候,他们会生活在一个几乎频繁出现恐惧感的状态之中"。产生安全幻觉的部分原因在于,通常情况下,我们对风险的判断都是基于我们的自身经验,而根据定义,低概率事件指的是那些我们不大可能遭遇过的事件。另外一个因素在于,人们很容易将低概率风险当作零概率风险,从而将其排除在外。如果我们每天或每小时都要花费精力,对几乎不可能发生灾难的那些极为宽泛的名目予以关注,那么,生活就很可能无法维系。理智之人,甚或是健康之人,都不会经常纠结于那些可能的灾难。

人们对不切实际的乐观主义有所倾向,这种倾向强化了人们对低概率事件的无视趋向。[7] 90％的司机认为,他们比一般的司机技术更娴熟,从而更不可能发生严重的交通事故。[8] 由于这种不切实际的乐观主义,很多程度较低的风险就根本没有被登记造册。此外,不切实际的乐观主义还会繁育出最佳情形的思维方式,即便所面对的可能性之低实在荒谬不堪。而博彩业之所以成功,部分原因正在于此。思考一下这样一段话:"他们并不真的明白,1/7 600万的概率究竟意味着什么。美梦总比低概率更易于凝人心神。更确切一点,晚上 11 点时,夜色渐沉,76 275 360 种组合中,只有一种可能胜出……梅西百货(Macy's)的经理克拉伦斯·罗宾逊(Clarence Robinson)说:'七千六百万中只有一人,对吧?那不过是个数字,我会赢的。'"[9]

---

　　[7]　参见 Shelley E. Taylor, *Positive Illusions* 9 – 12 (New York: Basic Books, 1989)。

　　[8]　*Id.*

　　[9]　Ian Shapira, "Long Lines, Even Longer Odds, Looking for a Lucky Number? How About 1 in 76, 275, 360?", *Washington Post*, April 12, 2002, p. B1.

23 另一个相关因素是，人们将程度较低的风险视作微不足道、不足忧心之事，借此，人们容易减低认知偏差（cognitive disso-nance）。因而，在面对职业风险之时，工人通常会无视最差的情形。⑩ 即便我们正面对着某种统计风险，我们也仍然可能认为我们是"安全"的，这时，我们的判断很可能受到避免产生忧虑的努力所驱动，而这些忧虑源于对风险不可避免性以及灾难可能性的日常理解。

在个体层面上，无视程度较低风险的决策就很难说是非理性的（irrational）。大多数人缺乏信息或技巧，从而不能作出缜密的判断，因此，如若最差情形的概率确实很低，那么，视之为零可能不失为明智之举。确实，（至少在价钱合适时）人们的确应当购买保险，以求应对低概率灾难。并且，他们也应当对诸如此类的一些风险采取预防措施。然而，如果不能过滤危险信号将很可能造成焦虑的话，或是因为整日无时无刻不对最差情形忧心忡忡而总不那么愉悦，那么，"过滤掉危险信号"就并非什么不好的事。如果我们并不介意微小的风险，而认为我们是安全的，我们的状态就会更好，这是因为，较之采取行动降低它们可能性的收益，它们所造成的精神压力无疑将远远超出。

但是，风险会突然"跃入脑海"（on screen），人们感到受到了最差情形的威胁，这种感觉驱使人们确信，他们曾经所处的安全之所，今日已不再安全。在美国，最为显明的例子就是"9·11"袭击之后，那些忽略最差情形的人们，一旦突然联想到飞行，就会变得非常忧虑那种风险。

当人们并没有忽略时，对于最差情形，他们往往容易反应

---

⑩ 参见 George A. Ackerlof and William Dickens, "The Economic Consequences of Cognitive Dissonance", in George A. Ackerlof, *An Economic Theorist's Book of Tales* 123, 124-28 (Cambridge: Cambridge University Press, 1984)。

过度，这一结论得到有关实验研究的有力支持。[①] 考虑一下保险领域。当损害概率低于某一界点之时，人们基本会将这种风险视同为零。因而，对于此种事件损害，他们只愿意支付非常少的保险金，甚至根本不购买保险。但是，一旦概率超过某一程度，人们就会乐于支付大量金额用以购买保险，其数量则远远超过风险的预期价值。这些不同的反应支持了直觉提议，也就是说，有些风险不过是没能为人所见，而另外一些风险，虽然从数字上看，概率并没有高出许多，但却能够为人所见并因而改变人们的行为方式。当得知死于车祸的概率为每次行程 0.000 000 25 次时，90％的人会声称他们以后将不系安全带，这种发现显然基于将如此之低的概率等同为零的判断。[②]

2⁴

但实际上，如果这么做并不是很麻烦，并且系上安全带可以大大降低生命过程中某种严重风险的话，人们应当系上安全带。但是，个体视角和公职人员视角之间的确存在真实的差异。如果某一风险程度（比如 1/500 000）在个体层面被忽略还可能是理性的话，在面对 2.5 亿人之时，这一风险程度就值得予以高度关注。面对大量人口，政策制定者和规制者必须认真对待低概率风险。即便普通人将微小风险视同为零可以是理性之举，但对于工作就是降低风险的那些人而言，他们的分析却是完全不同的。

两极情形

对于我们这个时代最为严重的两大风险，即恐怖主义和气

①　参见 Garg H. McClelland, et al., "Insurance for Low-Probability Hazards: A Bimodal Response to Unlikely Events", 7. J *Risk & Uncertainty* 95 (1993).

②　参见 Jonathan Baron, *Thinking and Deciding* 255 (3rd ed., Cambridge: Cambridge University Press, 2001).

候变迁而言，理解人们如何对低概率风险作出反应具有切实的深意。就美国人的反应来说，这两种威胁代表了两个极端的情形。2001 年 9 月 10 日，与恐怖主义相关的最差情形几乎不为人所见。但是，自从"9·11"袭击发生之后，它们变得高度显现，并引发了大量的行动，无论是私人层面的，还是公共层面的，这些行动有些是必要的，有些是理智的，但有些则荒诞滑稽。与之形成反差的是气候变迁问题，尽管关注这一问题的那些人作出了卓越甚至不知疲倦的努力，但是，与之相关的最差情形仍然尚未影响大多数美国人或其政府的行为模式。在尝试对此处相关区别进行解读的过程中，无论是对私人，还是对公众对于最差情形所作出的反应，我们都将获得更多的了解。

这两类风险都是潜在的巨大灾难。[13] "9·11"袭击造成了近乎三千人的死亡，无疑，这是一个相当大的数字。但是，其他类型的恐怖主义或许会涉及生化武器，或是核武器，从而很有可能造成一百万人或更多人的死亡。[14] 气候相关的最差情形中，

---

⑬ 例见 Richard Posner, *Catastrophe: Risk and Response* 43 – 58, 75 – 86 (New York: Oxford University Press, 2005); Martin Rees, *Our Final Hour* (New York: Basic Books, 2003); Mark Maslin, *Global Warming* 83 – 101 (Stillwater, Minn.: Voyageur Press, 2004); William Nordhaus and Joseph Boyer, *Warming The World: Economic Models of Global Warming* 87 – 89, 93 – 94 (Cambridge: MIT Press, 2000)。最为详细的论述可在气候变迁国际小组 2007 年报告中找到，参见 http://www.ipcc.ch/。关于 21 世纪后的巨灾影响，参见 "Climate Change 2007: Impacts, Adaptation, and Vulnerability, Summary for Policymakers" 15, available at http://www.ipcc.ch/SPM 13apr078.pdf。

⑭ 参见 Posner, *supra note* 13, at 75 – 86; Robert Goodin, *What's Wrong with Terrorism?* 119 (Cambridge: polity, 2006)（指出一次成功的生化袭击将造成大约一百万人死亡）。关于更为苛刻的观点，参见 John Mueller, *Overblown: How Politicians and the Terrorism Industry Inflate National Security Threats, and Why We Believe Them* 13 – 28 (New York: Free Press, 2006)（主张恐怖主义有关的灾难性风险非常低）。

有些会牵涉到数百万人死亡，他们死于因气温升高直接或间接影响所引发的疾病与饥荒。⑮ 人类面临着各种各样的巨灾风险，然而，恐怖主义和气候变迁却是其中最为严重的。

这两类风险还有另外一个共同特征：难以确定出现最差后果的概率。官员不能合理地声称，下一个十年中，发生灾难性恐怖袭击的可能性大概在某种程度，比如说 5%～20%。⑯ 根据切尼副总统所勾勒的百分之一论，灾难性损害的极小可能性也应引起严肃关注，部分原因在于，我们可能无法获知风险发生的可能性是否真的是 1%，或 5%，或 10%，或 20%，抑或 80%。你认为下一个五年中，美国发生严重恐怖主义袭击的可能性是多少呢？ 你对你的答案有多大信心？ 专家确实能够比我们多数人做得更好，但是，他们也同样不能信心满满地确定概率。

尽管科学知识一直保持着日新月异的进步，但对气候问题而言，却完全是另外一幅图景。根据某一观点来看（当然早

26

---

⑮　参见 Nordhaus and Boyer, *supra* note 13, at 78 - 83。当然，气候变迁相关的风险争议重重，而且，所提出的任何特定威胁都很快过时。一个问题是气温变暖的幅度；另外一个问题是与特定的气温升高幅度有关的损害，无论是货币形态的，抑或其他形态的。一个特别全面的措施分析可参见 *Stern Review：The Economics of Climate Change* 56 - 57 (2006), available at http：//www. hm-treasury. gov. uk/independent _ reviews/stern _ review _ economics _ climate _ change/sternreview _ index. cfm（例如指出，如果气候升高 3 摄氏度，那么，大约 100 万至 300 万人会死于营养不良）。关于这里有关的不确定性，一个有力的措施可参见 Robert S. Pindyck, "Uncertainty in Environmental Economics" (2006), available at http：//www. aei-brookings. org/publications/abstract. php？ pid=1142。

⑯　一个有用，但并非结论性的调查，可参见 Herry Willis, et al. , *Estimating Terrorism Risk* (Santa Monica：Rand, 2005)。

已过时），到 2100 年，巨灾性影响的风险在 2%～6%。[17] 然而，一些人坚持认为，我们缺乏足够的信息以确定发生这种风险的概率，这实在是因为存在太多不可控制的因素。[18] 人们可以确定存在最差的情形，但却无力确定此类情形出现的可能性，从这种意义上来说，在恐怖主义和气候变迁的情形中，国家可能是在不确定性领域之中，而非风险领域之中运作。恐怖主义和气候变迁都有造成灾难性威胁的潜在可能，但人们却不能信心满满地确定其发生的概率。因而，如果真的出现最差的情形，它们就很可能同时影响很多人。

就恐怖主义而言，美国人总是专注于最差的情形。而另一方面，对气候变迁，一直以来，美国人都基本对其视而不见。造成这种不同的原因是什么呢？诚如我们所应看到的那样，恐怖主义相关的风险之所以能够引起关注，很可能在于三个独立因素：认知可及性、概率忽略和愤怒。由于"9•11"袭击可以

---

⑰ 一个例证可参见 Nordhaus and Boyer, *supra* note 13, at 88（提出温度升高 2.5 摄氏度发生巨灾性影响的概率为 1.2%；温度升高 6 摄氏度，发生巨灾性影响的概率为 6.8%）。这种评估值有些过时，它们的取得是这么一个过程，开始由相关专家进行调查，使用中位数（median）作为答案，并根据越来越相近的信息来向上调整。（出处同上）在这样的情境中，由于存在如此之多的不确定性，并且数据变化也非常迅速，因而，对在此基础上计算出来的数值，不可能有太大的信心。关于确信出现巨灾性变暖风险理由的论述，参见 *Avoiding Dangerous Climate Change*（Hans Joachim Schellnhuber, et al. eds.）(Cambridge: Cambridge University Press, 2006)。关于评估出现糟糕后果的一个更为系统的尝试，参见 *Stern Review*, *supra* note 15, at 152 - 165, 195。

⑱ 参见 Posner, *supra* note 13, at 49; Maslin, *supra* note 13, at 97（指出，到 21 世纪 80 年代，疟疾患者可能增长到 2.6 亿人到 3.2 亿人）；John Houghton, *Global Warming: The Complete Briefing* 178 (3d ed., Cambridge: Cambridge University Press, 2004)（指出"气候变迁对人类健康的潜在影响可能很大"，但是，"所涉及的因素极为复杂，任何量化结论都需要进行细致研究"）。*Stern Review*, *supra* note 15, at 152 - 162, 试图估算出概率，并将其纳入对气候变迁成本的一般阐述中去。

被人感知，并且高度显在（salient），因而，很多人相信，将来也可能会发生袭击。反过来，此种理念激发起强烈的情感，致使诸多美国人将他们的注意力完全集中于恐怖后果之上，而将概率问题完全忽略。可以确定的作恶者奥萨马·本·拉登及其同盟成为众怒所指，而公众的忧虑因之更加强化。[19] 总而言之，忧虑和愤怒的内心情感，对于消解公众对概率问题所予以的关注，效果非常显著。

美国的政治家对这一过程有所影响。卓越的官员们经常会关注恐怖主义风险，放大此种威胁的显在性，以及公众对初次袭击的愤怒。这些官员的行为方式仿佛是最差情形事业家，总在力图确保人们还记得可能发生的最差情形。在这方面，一直以来，他们都非常成功。或许，他们这样做是正确的；或许，这个国家因此会变得更加安全。当然，强调最差情形之时，有些官员确实与之利害攸关。至少，紧接着"9·11"袭击之后的年度中，在封面新闻或其他地方，每每回想起这次恐怖袭击，乔治·W. 布什（George W. Bush），当然也包括其他共和党人都会在支持率上有所斩获，并且他们所获得的支持不仅来自他们自己党派内部，还来自民主党人和独立人士。

而对气候变迁而言，则完全是另外一种情景。没有任何显在的事件发生，从而提高公众的关注，并且大多数人也的确没有过类似的个人经历，可以使相关风险对其而言不再是臆测和假想的，而是看起来紧迫或更为真实。[20] 通常情况下，气候变迁

27

---

⑲ 参见 Deborah Small and George Loewenstein, "The Devil You Know: The Effect of Identifiability on Punitiveness" (unpublished manuscript, 2004)。

⑳ 参见 Elke Weber, "Experience-Based and Description-Based Perception of Long-Term Risk: Why Global Warming does not Scare Us (Yet)", 77 *Climate Change* 103 (2006)。

不能激起人们强烈的情感，并且对是否可能发生严重损害，许多人仍持怀疑态度。气候变迁的原因晦涩难辨，多种多样，并且它们没有面孔，因而这里也就没有愤怒，从而放大公众对风险的反应。此外，美国人将他们自己看作气候变迁问题的制造者，从这一层面而言，他们也不乐意减少危险的数量。他们认为，无论是从时间上，还是从空间上来看，最差的情形都遥不可及，并且将主要由其他国家在极为久远的未来予以承受。正是由于所有这些原因，美国人对气候变迁问题，并没有什么发自内心的情感。

通过其言行，国家领导人或许能够将公众的注意力引到气候变迁问题上来。但是，在很大程度上，他们还没有这样做。我们也能够发现一些气候变迁领域的最差情形事业家，但是，他们所发出的声音远远不够响亮。此外，认知层面、社会层面以及政治动力层面也没有支持他们的研究。

本章中，我的目标并不在于对恐怖主义和气候变迁问题提出任何特别的解决之道，或是就如何排列或比较这两个问题提出任何观点。有些人认为，恐怖主义明显更为严重，而气候变迁问题不过是提出了一个高度猜想性的风险，对于这一风险，"知而后行"（wait and learn）的策略显得较为恰当。[21] 这是因为，或许，气候变迁问题是可以控制的，是被扩大了的，或者不是我们有能力而为的。对于美国人民的不同反应，作出此类

28

[21] 参见 Robert Mendelsohn, "Perspective Paper No. 1.1", in *Global Crises*, *Global Solutions* 44, 44-47 (Bjorn Lomborg ed.) (Cambridge: Cambridge University Press, 2004)。这一观点在诸多场合招致批判，例见 Houghton, *supra* note 18, at 227-300。也可参见 *Stern Review*, *supra* note 15, at 2-4（反对作出最激烈的反应，但无论如何，它所描述的经济共识对某些为温室气体减排所作出的努力，还是支持性的）。

判断的人们就一点也不会觉得有何奇怪之处。它们不过是理性之举而已。

　　确信气候变迁明显更加严重的那些人，很容易通过美国既存的利益集团力量来解释这种不同的反应。或许，用金钱武装起来的强势团体确实曾作出努力，并成功地消解了公众对气候变迁问题的忧虑。又或许，这一问题的部分原因在于掌控美国法律和政策的那些人的自私、无知、短视以及迟钝的某种糅合。但是，基于当前目的的考虑，我将此类问题基本置于一边，对于原则上应当如何估算这些风险的问题，基本不予介入，并在此前提下来探讨不同的反应。适当之时，我将就应对这两类风险的恰当措施作些评说，尤其是为气候变迁政策提出一些建议。

　　关于如何评估这两类风险，无论我们持什么样观点，风险认知问题以及对两种情形所分别作出的反应问题本身就应当非常有趣。如果人们对此类风险的判断从来都正确无误，或者他们一直对事实追寻着最为精确的理解，那么，这一定是最令人惊讶的。如果供应受到需求影响的话，风险规制的社会需求就给它自己提出了一个重要的难题。如果我们能够理解美国人对恐怖主义和气候变迁的反应，那么，对风险认知和公众忧虑，我们就应当获得更为一般的认识。

　　有一点是明确的：除非所认知的风险降低成本大幅消减，如一次可及的意外事件拨动了对重大并且紧迫风险的恐惧，或是持续性分析证明这种风险非常严重，否则，美国不可能采取实质措施来减少温室气体。对此，在作出增加公众回应气候变迁——或是其他令人担忧的最差情形——可能性的努力时，私人或公共空间中，利他或自私的人们可能都会认真考虑。

29

气候变迁的信念和实践

美国公众无意于将大量资源用以减少温室气体。当然，在抽象层面上，美国公众还是表达了对此类消减的一般赞同。（仅在理论上，而不考虑成本的情况下，谁会不同意减少温室气体排放呢？）但是，大多数美国人认为，美国并没有处于严重的风险之中，这一点至少在短期内是确定的，并且他们确信，此类真正的风险是其他国家的民众所面对的。对于能源价格或汽油价格的增长，他们极少持支持态度，即便是此种增长将会减少气候变迁相关的风险。

当然，这些论断并没有将所有重要的细节囊括于内。[22] 一方面，我们发现，早在2000年时，大多数的美国人对《京都议定书》持支持态度（这一比例为88%），认为美国应当减少自己的温室气体排放（这一比例为90%），支持提高燃油经济性标准（这一比例为79%），并支持政府将二氧化碳作为污染物予以规制（这一比例为77%）。[23] 同年，支持对"油老虎"（gas guzzlers）征税者也略占多数（这一比例为54%）。[24] 为降低温室气体排放而对电力工厂实施的限制也得到强烈拥护（这一比例为

---

[22] 参见 Anthony Leiserowitz, "Communicating the Risks of Global Warming：American Risk Perceptions, Affective Images and Interpretive Communities", in *Communication and Social Change：Strategies for Dealing with the Climate Crisis* (S. Moser and L. Dilling eds.) (forthcoming)；Anthony Leiserowitz, "Climate Change Risk Perception And Policy Preference：The Role of Affect, Imagery, and Values, Climate Change", 77 *Climatic Change* 45 (2006)。

[23] *Id.*

[24] *Id.*

61%）。㉕

　　另一方面，绝大多数人反对意图用以减少温室气体排放的燃
油税（这一比例为 78%）和营业能源税（这一比例为 60%）。㉖　　*30*
2000 年，在全国最为重要的问题之中，环境问题仅处于第十六
位，而在十三个环境问题之中，气候变迁问题名列第十二名
（次于城市无序扩张）。㉗ 近年来，尽管气候变迁问题引起了大量
的公共关注，但是，2006 年民意调查的结论仍与此非常近似，
在最为重大的问题中，美国人将环境问题列于第十二位，位居
移民、卫生医疗以及汽油和民用燃油价格之后。而在环境问题
当中，气候变迁名列第九，位居臭氧层破坏之后（而这一问题
早已通过规制措施予以解决）。㉘ 2006 年的另一次民意调查表
明，绝大多数美国人反对采取对电力和汽油征税等措施来减低
气候变迁的风险。㉙

　　同年，另一次不同的民意测试发现，59% 的美国人会支持
提高燃油税，以降低气候变迁的威胁，但是，提高的数量没有
被确定出来。㉚ 而在 2005 年年底，美国人对环境灾难的关心程
度远远低于其他灾难，包括袭击核电站。㉛

㉕　http：//www. pollingreport. com/enviro. htm.

㉖　参见 Leiserowitz, *supra* note 22。

㉗　参见 Gallup Poll News Service，"The Environment"（april 4 – 9，2000）。

㉘　参见 The summary and overview in *The New York Times*，April 23，2006，at 14。

㉙　http：//www. pollingreport. com/enviro. htm.

㉚　参见 Larry West，"Americans Would Support Higher Gas Tax to Reduce Global Warming"（2006），available at http：//environment. about. com/od/environmentallawpolicy/a/gasolinetax. htm.

㉛　参见 Angus Reid Global Monitor，"Americans Review Possible Attack Scenarios"（August 4，2005），available at http：//www. angus-reid. com/polls/index. cfm/fuseaction/viewiem/itemID/8371。

近期的民意测试继续显示，大约 70％的美国人支持《京都议定书》。㉜ 不过，当此类测试提供"不作选择"作为一个选项时，该选项获得了大约 35％的支持率，而议定书本身所获得的支持却仅有 42％。值得注意的是，2006 年，大约 43％的美国人认为乔治·W. 布什总统支持该议定书，所以，获悉他反对议定书之时，他的民众支持率从 70％下跌到了 48％。当被问及"全球变暖问题是否重要到如此程度，以至于美国人民应当放弃就业增长来积极应对"，只有 35％的人作出了肯定回答，而 55％的人作出了否定回答。当然，公众意见并不是静态的，并且也有一些迹象表明，近年来，美国公民对这一问题的关注度一直在不断增长。但是，实际上，认为气候变迁问题"很关键"的人数比例却从 2002 年的 46％下降到 2004 年的 37％。

尽管美国人对气候变迁表现出了一定的关切，但是，他们却并不乐意作出较大牺牲来减少相关风险。多数人相信，近期之内，气候变迁并不会造成非常严重的威胁，因此，他们不会认为他们或是他们的亲戚朋友短期之内会面临真正的风险。㉝ 大约三分之二的美国人拒绝接受这样的观点，即在他们的有生之年内，气候变迁会造成切实的威胁。㉞ 在美国民众看来，有些规划并不会对公众强加成本，而成本是由某些抽象主体，如"公司"或"汽车制造商"或"发电厂"承担，这时他们就会表现

㉜　参见 World Public Opinion. org, "Global Warming", available at http：//americans-world. org/digest/global _ issues/global _ warming/gw2. cfm。

㉝　参见 *infra* note 34, 39。

㉞　参见 "Most Think Global Warming Has Begun, But Differ with Scientists on Urgency"（June 15, 2005), available at http：//abcnews. go. com/images/politics/983a3globalwarming. pdf。

出一定的支持。但是，一旦看着这些成本需要从自己的腰包里掏出来，他们对温室气体进行法律控制的热情就会急剧地冷却下来。

2003 年度，美国人对气候变迁的关心不及德国、瑞士、日本、爱尔兰、英国、墨西哥、巴西、葡萄牙、加拿大、丹麦、挪威、智利和波兰的公民。[35] 2001 年，欧洲公民大体上都将环境问题列为最为重要的全球威胁，高于贫困、自然灾害、饥荒、艾滋病，甚至战争，英国公民尤其如此。[36] 2004 年进行的一次民意测验中，绝大多数英国人（这一比例为 63%）将气候变迁列为全球最为重要的环境问题。[37] 同年，接受测试者有 48% 将恐怖主义列为"世界未来福利的最严重威胁"，但是，全球变暖问题位居第二，比例大约为 25%，这一比例大约为人口增长问题和艾滋病问题数量的两倍。[38] 声称气候变迁问题在美国并没有那么突出是一种保守的判断。2006 年，对气候变迁问题的关注程度，美国人显得比其他 14 个国家的公民要低，其中，俄罗斯、西班牙、尼日利亚、日本、印度、法国、巴基斯坦和土耳其民众的关注率尤其高。[39]

32

在法律强制方面，美国对减少温室气体排放基本什么也没有做。直到今天，政府行动的目标一直都主要致力于收集排放

---

[35] 参见 Steven Brechin, "Comparative Public Opinion and Knowledge on Global Climatic Change and the Kyoto Protocol: The U. S. Versus the World?", 23 *International J. Sociology & Social Policy* 106, 110 (2003)。

[36] 参见 Andrew Norton and John Leaman, *The Day after Tomorrow: Public Opinion on Climate Change* 4 (London: MORI Social Research Institute, 2004)。

[37] *Id.*, at 5.

[38] *Id.*, at 6.

[39] 参见 *Stern Review*, *supra* note 15, at 465。

程度标准，以及鼓励进行进一步的研究。⑩ 在乔治·W. 布什领导下，美国的一个主要目标是，从 2002 年到 2012 年，将温室气体浓度改善 18%，此处浓度依据每单位国内生产总值的排放量计算。⑪ 但是，这一目标只不过是一个期望，并不是一个要求，并且在一个持续增长的经济体中，温室气体浓度的重大降低与温室气体排放总量的重大增加是能够相伴相随的。⑫

---

⑩　一般观点可参见 White House Office of the Press Secretary，"Climate Change Fact Sheet"（May 18，2005），available at http：//www. state. gov/g/oes/rls/fs/46741. htm；and http：//www. epa. gov/globalwarming/，特别是 http：//yosemite. epa. gov/oar/globalwarming. nsf/content/actions. html 提及的报告；"President Bush Discusses Global Climate Change"（June 11，2006），available at http：//www. whitehouse. gov/news/releases/2001/06/20010611—2. html；Daniel R. Abbasi，Americans and Climate Change 20 - 23（New Haven，Conn. ；Yale School of Forestry and Environmental Studies，2006）。2005 年 6 月 22 日，美国参议院以 53 比 44 的多数批准了一项"参议院意识"决议，其作用在于"国会应当颁布一部全面有效的，建立在市场基础上的限制和激励全国性强制命令项目，以减少、阻止和逆转此类排放的增长。"Id.，at 20. 到目前为止，最激烈的立法建议案由参议员约翰·麦凯恩（John McCain）和约瑟夫·利伯曼（Joseph Lieberman）于 2003 年提起，这一议案意将温室气体的排放控制在 2000 年的水平。但是，该议案以 55 比 43 的投票结果被否决。情况总体介绍，参见 US Senate Committee on Commerce，Science and Transportation，"Senate Casts Historic Vote on McCain-Lieberman Global Warming Bill"（October 30，2003），available at http：//commerce. senate. gov/newsroom/printable. cfm? id=214305；有关分析，参见 Sergey Paltsev，et al. ，"Emissions Trading to Reduce Greenhouse Gases in the United States；The McCain-Lieberman Proposal"，available at http：//web. mit. edu/globalchange/www/reports. html。

⑪　有益的分析框架可参见 Pew Center on Global Climate Change，"Analysis of President Bush's Climate Change Plan"，available at http：//www. pewclimate. org/policy_center/analyses/response_bushpolicy. cfm。

⑫　事实上，这一直是美国从 1990 年至 2004 年之间的经验，其间，温室气体浓度显著降低（降低了 21%），而同时，二氧化碳排放总量却也猛烈增长（增长了 19%）。参见 Energy Information Administration，*Emissions of Greenhouse Gases in the United States* 2004，at ⅻ（2005）。

当然，大量的资源被投入到了研究之中。[43] 近年来，超过
50 亿美元被用于气候变迁项目和能源税收鼓励措施方面。[44] 超
过 20 亿美元被专门用以气候变迁科学项目和气候变迁研究项
目，都用以分析已经存在的趋势，并探究可能解决的方法。[45] 自
1992 年起，能源部就一直被要求对美国的全部温室气体排放进
行评估，并提供年度报告。[46] 这些评估是《联合国气候变迁框架
公约》所要求的，美国已经签署了这一公约。这一框架公约不
包含减排指令，很大程度上，这是因为美国的极力抵制。

当前项目中，最为雄心勃勃者为采取公司间（company-by-
company）行动报告，用以减少温室气体排放，但是，这一项目
本身仍然是自愿性的[47]，这一点与联邦法令中其他报告要求形成
鲜明对比。[48] 在有毒气体减排方面，有毒气体排放名录发挥着重
大作用，与之相比，美国没有公司间温室气体名录，从而发挥

33

---

[43] http：//www. usgcrp. gov/.

[44] 参见 White House Office of The Press Secretary，*supra* note 40。

[45] *Id*.

[46] Energy Information Administration，*supra* note 42，at ES-1；也见 Energy In-
formation Administration，*Emissions of Greenhouse Gases in the United States* 2003
(2004) available at http：//www. eia. doe. gov/oiaf/1605/1605a. html；US Environ-
ment Protection Agency，*US Emissions Inventory* 2006 (april 2006)，available at ht-
tp：//yosemite. epa. gov/oar/globalwarming. nsf/content/ResourceCenterPunlication-
sGHGEmissions USEmissionsInventory2006. html。

[47] 此类自愿报告的汇编，参见 http：//www. eia. doe. gov/oiaf/1605/frntvrgg.
html。通用汽车公司自愿报告的例子，参见 General Motors Corporation，*Voluntary
Reporting of General Motors Corporation United States Greenhouse Gas (GHG) E-
missions for Calendar Years* 1990—2002，available at http：//www. gm. com/compa-
ny/gmability/environment/news _ issues/news/ghgreport _ 2003. pdf。

[48] 参见 42. U. S. C. § 13385（要求以 1987 到 1990 年为初始期间，每一公历年
度每种温室气体的国家排放总量目录，每年进行更新）；42. U. S. C. § 7651 (k)（要
求监测和统计年度二氧化碳排放总量，并向公众公布）。

出类似的作用。[49] 在国际层面上，美国现在所参加的最为积极的项目为"甲烷市场化"（methane to markets）协议[50]，然而，在温室气体减排方面，它所能够作出的贡献极为微薄。[51] 尽管它一直在努力去说服政府来强加限制，但对因矿物燃料（fossil fuels）、机动车或其他任何资源造成的温室气体排放，它也没有强加任何规制性限制。

　　一直以来，州政府和地方也都在采取一些它们自己的措施。2005 年 12 月，七个州的州长签署了一份谅解备忘录（Memorandum of Understanding），意图创立一个区域性"消减法案"（cap-and-trade）计划，从而减少电厂的排放量。[52] 超过两百个城市的市长已作出保证，按照《京都议定书》的要求，达到城市水平目标，所覆盖的美国人口数量超过 4 300 万人。[53] 2005 年 6 月，州长阿诺德·施瓦辛格（Arnold Schwarzenegger）保证到 2020 年，将加利福尼亚州的温室气体减排到 1990 年的水平，这一保证有助于建立起西部海岸州长全球变暖倡议（West Coast Governor's Global Warming Initiative），其中包括加利福尼亚、华盛顿和俄勒冈州。[54] 加利福尼亚州已经颁布法令减少汽

---

[49] 参见 James T. Hamilton, *Regulation through Revelation: The Origin, Politics, and Impacts of the Toxic Release Inventory Program* (New York: Cambridge University Press, 2005)。

[50] 参见 http://www.methanetomarkets.org/; http://www.epa.gov/methan-etomarkets/basicinfo.htm。

[51] 参见 Energy Information Administration, *supra* note 42, at iii-xx, 表明在美国所有影响气候变迁的因素中，甲烷是相对较少的一个因素。

[52] www.rggi.org.

[53] http://www.seattle.gov/mayor/climate。有关《京都议定书》的整体情况，可参见 Nordhaus and Boyer, *supra* note 13; 也可参见 http://unfccc.int/2860.php。

[54] 参见 "West Coast Governors' Global Warming Initiative", available at www.ef.org/westcoastclimate。

车的温室气体排放量，2012 年的目标为减少 22％，2016 年的目标为减少 30％。2006 年，加利福尼亚颁布法令，该法令规定，到 2025 年，全州范围的排放量将控制到 1990 年的水平，这一措施要求在不通过规制而可能达到的水准基础上，再消减 25％。

这些不同的倡议已远远超越了联邦政府所采取的行动，然而，为什么有些州和地方政府如此钟情于这一问题，并且其程度远胜于联邦官员呢？这仍然是一个谜。一种可能性在于，在本国的某些地方，公民的确真诚地对气候变迁感到恐慌，并因而乐于对那些倡导对此有所作为的领导者作出回应。在加利福尼亚，州长施瓦辛格很可能认为，他的支持率和他再次参选的前景会因他对规制采取强硬立场而提高。另外一种可能是，相应措施基本都是象征性的，并且即便不仅仅是象征性的，这些措施也不可能给公民造成明显的负担。在加利福尼亚，公民和官员可能很乐观地认为，他们能够实现减少目标，而不必承担真正的负担；当然，他们也明白，如果负担变成真实的，加利福尼亚的立法将会放松强制命令。综观全局，关键之处在于，州政府和地方政府所提议实施的措施并没有打算将排放量显著地减少到某种数量。

在气候变迁受到来自国内外的广泛关注之时，同一时期，美国的温室气体排放量仍然一直处于增长之中，或许这一点也不会令人惊讶。从 1990 年到 2004 年之间，温室气体排放量上涨的幅度至少不低于 15.8％。[55] 1990 年，二氧化碳排放量为 5 002 300 000 吨。2004 年，其排放量为 5 973 000 000 吨，飞增

---

[55]　参见 Energy Information Administration，*supra* note 42，at ix；Larry West，"Record Increase in U. S. Greenhouse Gas Emissions Sparks Global Controversy"（2006），available at http：//environment. about. com/b/a/256722. htm。

了 19%。当然，同一时期，温室气体浓度也显著下降了 21%。但是，由于使用越来越多的能源，这一时期里，人均排放量实际上增长了 1.2%，这种按照人口增长计算的增值说明整体排放量处于增长之中。

目前为止，矿物燃料燃烧是美国最大的温室气体排放源，大约造成了 98% 的二氧化碳排放量。大多数行业中，因矿物燃料产生的温室气体排放量一直处于增长之中，2003 年至 2004 年的增幅为 1.7%。尽管 2004 年甲烷的排放量下降了 10%，但是，同年温室气体排放总量却增长了 1.7%，这一增幅在所有有案可查的国家中是最高的。所有主体行业（居住、贸易、工业和运输相关的）仍然免于国家规制。

与之形成对照的是，1990 年至 2003 年，保加利亚、爱沙尼亚、拉脱维亚、捷克共和国、立陶宛、匈牙利、波兰、俄罗斯、乌克兰、冰岛、卢森堡、英国、瑞典和德国的温室气体排放量却有了明显的下降。诚如我们在第 2 章中将会了解的那样，这些国家中的这种下降揭示了某些重大的复杂性。但是，有一个事实却非常简单：美国还没有采取任何实质措施来减少温室气体排放。

恐怖主义的信念和实践

对于恐怖主义，图景则天壤相别。"9·11"袭击之后，在美国正在面对的紧迫问题之中，恐怖主义风险一直稳居首位。[56]

---

[56] 例如 2006 年，45% 的美国人称他们"非常担心"将来发生恐怖主义袭击的可能性，同一比例的人数担心"犯罪和暴力"问题。这一比例要高于担心经济、饥饿和无家可归，以及环境问题的人数比例。参见 http://www.pollingreport.com/prioriti.htm。

对反恐战争，美国人尽管在很多方面有着不同意见，但是，有一点是他们都认同的，那就是恐怖主义风险不仅严重，而且真实，故而，他们支持采取昂贵的预防措施以减少此种风险。2006 年，佩尤研究中心（Pew Research Center）发现，对于 80％的美国人来说，保护国家免于恐怖主义是"首要之事"（top priority），其支持比例远远高于任何其他问题。[57] 紧随"9・11"袭击之后的那段时期里，88％的美国人相信"接下来几个月内再次发生恐怖主义袭击"非常可能或者有一定可能。大约有半数的美国人担心这样一种可能性，即自己某一家庭成员会"成为一次恐怖袭击的受害人"，而超过 40％的人担心"恐怖主义袭击可能发生在他们生活或工作的地方"[58]。

　　之后的研究持续表明存在高度的关注，许多人仍相信紧迫的袭击很有可能。[59] 2006 年 8 月，大约半数调查回应者表示，他们仍然"有些"或"非常"担心他们或他们的家庭成员可能会成为恐怖主义的受害者。[60] 大约一半人也声称，"接下来的几周里"，美国"有些"或"非常"可能发生一次恐怖主义袭击。较之上一年度，声称他们"有些"或"非常"担心他们或他们

36

---

[57]　参见 http：//www. pollingreport. com/prioriti. htm。

[58]　Program on International Policy Attitudes, "Terrorism", available at http：//www. americans-world. org/digest/global _ issues/terrorism/terrorism _ perception. cfm.

[59]　2002 年的一项研究发现，下一年中，因恐怖主义造成的死亡人数的"最佳估计值"（best estimate）为 294，而"上限"的最佳估计值为 25 199。有趣的是，"全部恐怖主义造成的死亡总数"上限的最佳估计值要低于"飞机恐怖主义造成的死亡总数"上限最佳估计值，关于这一点，之后我会转回论述。参见 W. Kip Viscusi and Richard Zeckhauser, "Sacrificing Civil Liberties to Reduce Terrorism Risks", 26 J. *Risk & Uncertainty* 99（2003）。

[60]　http：//www. pollingreport. com/terror4. htm.

的家庭成员可能会成为"恐怖主义受害者"的美国人数比例有
所增长。[61] 与紧随"9·11"之后的那段时期相比,今天的关注
程度有所降低,然而,如果将来再次发生任何的袭击事件,那
么,公众的恐惧感就将再次飙升。[62] 美国人相信,他们面对着不
久的将来发生恐怖主义袭击的严重威胁,并且他们担心,他们
所关爱之人正处于危险之中。这种信念使美国人非常乐于采取
重大措施,以减少恐怖主义威胁。

在公意的强烈支持下,美国政府采取了大量措施以减少恐
怖主义相关的风险。副总统切尼的百分之一论在很大程度上反
映了美国的实际做法。最为昂贵的措施是对阿富汗(Afghani-
stan)和伊拉克的战争。2005 年 9 月,美国从国库中拨出 2 120
亿美元,用以对伊拉克的战争,而据估计,美国所承担的全部
成本为 2 550 亿美元,同盟伙伴承担 400 亿美元,伊拉克承担
1 340 亿美元,而全球总成本为 4 280 亿美元。[63] 2006 年 5 月 1
日,拨款接近 3 000 亿美元[64],这就确定了如今美国为伊拉克战
争所付出的成本已经超过了《京都议定书》的全部预期成本,
因为根据可信的估计,后者的成本应为 3 250 亿美元。[65] 当然,

---

[61] 参见 Mueller, *supra* note 14, at 2。

[62] 参见 Pew Research Center, "Americans Taking Abramoff, Alito and Domes-
tic Spying in Stride"(January 11, 2006), available at http: //people-press. org/re-
ports/display. php3? ReportID=267。

[63] 参见 Scott Wallsten and Katrina Kosec, "Economic Cost of the War in Iraq"
(September 2005), available at http: //aei-brookings. org/publications/abstract. php?
pid=988。

[64] http: //nationalpriorities. org/index. php? option = com _ wrapper & Itermid =
182.

[65] 参见 Nordhaus and Boyer, *supra* note 13, at 161。对这一数据也很有争议,
然而,如果用以消除(例如二氧化碳)的成本因为技术创新而得以消减,那么,这
一数值就显得有些夸大。

有关伊拉克战争的动机争议重重，而我只不过想指出一点，如果美国不存在可以感知的威胁，那么，国家不会支持这一行动。　*37*当然，有关的昂贵行动还非常之多，包括进行新的立法[66]，以及各种各样的规制。[67] 基于当前的目的考虑，细节并不重要，重要的是，政府已经调转身姿，对最差的情形进行关注，并愿意花费大量的能源和资源以确定它们不会真的出现。

信念与规制

对气候变迁和恐怖主义的分歧性判断有助于解释政府行为。当然，公众态度和官方反应之间存在着很多可能的关系（见表1）。我们很容易就能够想象得到公众及其代理人都坚持减少风险的例子，尤其是共同关注于它们最差的情形。"9·11"袭击之后，反恐战争就属于这种情况的典型。减少空气污染的某些措施，也基本可以作出同等判断。[68] 但是，在其他一些情境中，比如酸沉降（acid deposition），又被称为"酸雨"（acid rain），公众虽然没有要求，但是，官员却支持降低风险。他们之所以允许采取某些措施，是因为公众并不反对，因而也不会在选举之

---

[66]　参见 http：//www. ncsl. org/programs/press/2002/pdcongress. htm，可对国内安全立法进行一般了解；最为著名的法令包括《美国爱国者法案》（USA Patriot Act）、《联邦航空安全法》（Federal Aviation Security Act），以及《航空运输安全与系统稳定法》（Air Transportation Safety and System Stabilization Act）。

[67]　关于早期的目录，参见 Office of Management and Budget，"Draft Report to Congress on the Costs and Benefits of Federal Regulations"，67 Fed. Reg. 15014（March 28，2002）。

[68]　参见 Hamilton，*supra* note 49，at 177 - 191；Bruce Ackerman，John Million，and Donald Elliott，"Toward a Theory of Statutory Evolution：The Federalization of Environmental Law."，1 *J. Law Economics & Organization* 313（1985）。

时有所影响。[69] 对臭氧消耗化学物质而言，公众并没有明确要求规制，但是它所包含的公共利益却很显著，因而，官员的行为方式就反映出了公众的关注（见第 2 章）。

表 1 公众态度与官方反应关系

	官员愿意减少风险	官员不愿意减少风险
公众要求减少风险	"9·11"之后的反恐战争	超级基金立法（管制废弃危险废料堆）
公众不要求减少风险	对臭氧消耗化学物质的控制；酸沉降的规制	温室气体的控制；"9·11"之前的航空安全

当公众要求采取某些规制反应，但官员自己却不愿意支持时，就会出现一些非常不同的问题。意图用以对废弃危险废料堆进行规制的超级基金法就是这样一种情形。20 世纪 70 年代，腊夫运河（Love Canal）灾难事件[70]引起公众注意，这使制定出一部法律以对该事件进行回应变得不可避免，即便那时曾有些官员作出公开或私下的反对意见。20 世纪 90 年代的一次著名事件中，公众又一次支持进行环境规制，这一次是因为与爱乐荷尔蒙* 有

---

* 这就是著名的爱乐苹果事件，爱乐（Alar）是一种植物荷尔蒙，有 0.024％的概率令人类得癌症。美国农民为了有更好的收成，使苹果又大又漂亮又不会掉落，便在种植期间喷洒爱乐。喷洒了爱乐的果树，产量会增加 20％，但爱乐荷尔蒙会渗入到果肉之中，通过清洗或剥皮都无法去除。——译者注

[69] 参见 Kevin Esterling, *The Political Economy of Expertise* (Ann Arbor：University of Michigan Press，2004)。一个有关臭氧耗损的同样的事例，参见 Richard Benedict, *Ozone Diplomacy* (New York：Oxford University Press，1997)；这里的证据更为复杂，因为相当一部分公众支持对此类化学物质进行控制。

[70] 参见 Timur Kuran and Cass R. Sunstein, "Availability Cascades and Risk Regulation", 51 *Stanford Law Review* 683 (1998); Matthew Kahn, "Environmental Disasters as Regulation Catalysts? Exxon-Valdez, Love Canal, and Three Mile Island in Shaping U. S. Environmental Law" (unpublished manuscript 2006).

关的健康危险，这种物质被喷洒到苹果树上，然后在苹果汁里被检测到。⑦

但是，有些时候，公众和官员都不要求对某种真实或明显的风险作出回应。气候变迁问题近来的情形，可能正是这种情况。当然，这也解释了"9·11"袭击之前时期的机场安全状态。那时候，无论是政府部门，还是非政府部门，都没有多少人支持对机场进行更为严格的安检措施。"9·11"事件中，恐怖分子能够顺利地将隐藏美工刀（box cutters）通过金属探测仪或行李 X 射线机，这种事实表明安检曾经是多么的散漫。⑦

当然，这些类型化目录忽略掉了一些重要的不同情形。我们也能发现这样的情况：公众不仅不会要求减少风险，还会在投票之时，坚定地惩罚为减少风险所作出的努力。"9·11"之前，严格的安检措施很可能就会归于这种类型，原因很简单，一直以来此类措施就被视为不便，是对某种高度臆测的威胁所作出的严重并且没有必要的反应。到 2000 年时，20 世纪 70 年代和 80 年代所发生的劫机事件几乎已被完全淡忘，而这种风险似乎最多不过是抽象性的。今天，我们虽已经对此类措施习以为常，但那时，任何强加此类限制的努力都曾经被视为可笑滑稽之举，并具有侵犯性。当公民需要为减少风险而面对大量负担之时，他们以及他们的政府就容易忽略或低估最差的情形。多数公民几乎肯定会反对燃油税的大幅上涨，即便这种上涨可

39

⑦ 参见 Robert Percival, et al., Environmental Regulation 387 - 393（New York：Aspen，2003）；Aaron Wildavsky, *But Is It True？: A Citizen's Guide To Environmental Health And Safety Issues*（Cambridge：Harvard University Press，1999）。最终的回应是，在环保署（EPA）签署了一项取消在所有食品中使用该物质的预备决议后，主动将爱乐从市场上移除。

⑦ 参见 Max H. Bazerman and Michael D. Watkins, *Predictable Surprises* 15 - 42（Cambridge：Harvard Business School Press，2004）。

以通过环境关注、能源自足，或是二利兼得而进行辩护。

我们也能想象得到这样的情形：即使公众要求进行规制，官员也会试图阻止，或者坚持作出的反应比公众所要求的更为温和、成本更低、更为象征性。例如，当公众关心化工厂的有毒气体排放时，立法的反应是作出信息披露要求，而不是规制性控制措施。我们也能想象得到公众推动建立规制的情形，也许是通过消费行为来减少规制成本，但肯定不会是以某种正好与官员意愿相冲突的方式进行。

"官员"的类别极为多种多样。在表1中，这一术语意指那些具有某种正式职位的人，因而包括市长、州长、总统、国家和州立法者，以及各级政府的官员。州政府和联邦政府之间常常会产生不同意见，甚或意见相互冲突。而且，职业官僚和选举官员常常持不同意见，他们在国家安全和气候变迁问题上的所作所为就反映了这一点。

当然，公众本身也并非铁板一块。就美国内部而言，一直以来，加利福尼亚州公民都经常关注气候变迁风险。公民身份的内部分割会将风险降低的政治经济学大大复杂化，至少，当组织良好的私人团体按照它们的偏好推动政府反应时，这种情况就会发生。就恐怖主义情境而言，"9·11"之前，在阻止更为昂贵的安全程序方面，航空业发挥了重要的作用。[73] 在温室气体排放方面，强势组织也同样阻碍采取积极措施。[74]

40

---

[73] Id., at 26-31, 128-129. 有提议指出"几十年里，航空业通过游说议员和资助竞选活动成功阻止了改进安全措施"。Id., at 128。

[74] 相关研究，参见 Posner, *supra* note 13, at 53-57，包括这样的见解，即许多"全球变暖怀疑论"研究一直是由"能源工业资助的"，因而，"不可能是非常好的研究"，*Id*, at 53. 相关规制，参见 Robert Repetto, "Introductions", in *Punctuated Equilibrium and the Dynamics of Environmental Policy* 1, 17 (Robert Repetto ed.)(New Haven: Yale University Press, 2006); Lee Lane, "The Political Economy of U. S. Greenhouse Gas Controls", in *id*. at 162, 165-166。

公共意见既受到官员行为的影响，也受到组织化群体行为的影响，它总是处于不断的变化之中，回应着私人或公共部门中那些富有影响力的人们的言行。通过操控可及性、概率忽略以及愤怒等变量，媒体策划的最差情形运动能够降低或增加公众的关注度。"9·11"之后的时期里，特别是随着时间的流逝，通过作出保证不存在再一次袭击的风险，以及通过将恐怖主义相关的风险与日常生活中所遭遇的其他风险进行对比，领导人本来完全能够消解公众的担忧。例如，即便是在 2001 年，与可能因恐怖袭击而死亡的美国人数相比：可能因机动车意外死亡的美国人数目要高出十五倍，可能因与饮酒有关原因死亡的美国人数目要高出七倍，因艾滋病而死亡的人数要高出五倍，因意外中毒或有毒物质损害而死亡的人数要高出五倍；自 20 世纪 60 年代以来，因国际恐怖主义而死亡的美国人数量，大约与死于雷击或野鹿引起的交通事故人数相同。

美国的领导者并没有强调这些事实。相反，布什总统将矛头指向最差的情形，提出我们"仍不安全"，并且我们的国家是"一个处于危险中的国家"[75]。与此相对应，包括以色列在内的其他国家的一般民众，都面对着他们在某种程度上"习以为常的"恐怖主义相关的风险。在受到影响的区域里，对暴力事件，游人的反应通常要比经常居住者强烈。[76]

当然，与"常规化"自杀式炸弹相比（这种破坏行为高度地地方化），将驾驶飞机飞向高层建筑杀死成千的人们予以"常规化"，要困难得多。但是，在反恐战争问题上，卓越的官员在

41

---

[75] *Id.*, at 166（引自布什总统的演讲）。

[76] 参见 Thomas E. Drabek, *Disaster Evacuation Behavior*: *Tourists and Other Transients*（Boulder，Colorado：University of Colorado，1996）。

激起公众关注方面发挥了巨大的作用，不断回放"9·11"袭击，以强调采取防护措施的需要。无论此类措施是否合理，它们本身都对公众的信念和欲望作出了自己的贡献。例如，机场严格的安全措施很可能强化公众的担忧，这种方式能够提高采取进一步措施的要求。

而对于气候变迁，大多数有影响的国家领导人都试图轻描淡写，而非激起公众关注。当然，公众意见的可塑性也有限度，并且对挑起内心忧虑而言，恐怖主义远比气候变迁更为可能。然而，无论怎样，我们都能够想象到这样的一种情形：客观事实相同，而美国领导人的反应却不同。在这些情形下，公众对气候变迁的忧虑可能增长，而对恐怖主义的忧虑可能降低，直至对二者的态度相差无几。公众意见部分是简单事实（总之是"9·11"袭击的事实）造就的产物，但同样也是对这些潜在风险作出的政治反应的产物。

收益、成本和理性选择

考虑风险及其规制的时候，公民至少会进行某种成本收益衡量。如果人们得出结论认为，若采取预防措施应对最差的情形，他们会获得很多收益，而几乎不会损失什么，那么，他们就会支持预防措施。尽管领导者的判断会受到他们自己独立分析的影响，但他们将会对公民所确信的内容作出回应。也许，这不过是因为，较之降低气候变迁风险，降低某些恐怖主义威胁的成本收益比要高出一截。那么，让我们看一下，我们是否能够以这样的方式解释美国人对恐怖主义和气候变迁的不同反应。

收益。美国人很可能会相信，他们从降低恐怖主义风险努力中将会获取的收益，要远远多于降低气候变迁风险所作努力的收益。也许，他们认为灾难性的最差情形更可能发生于前者，而非后者之上。当然，在很大程度上，这取决于所建议的具体措施。但是，这里最为简单的主张是，即便严峻的气候变迁确实正在发生，它也将不会对美国产生严重的影响。⑦ 如果我们对严重损害的风险抱怀疑态度，那么，我们就很可能拒绝作出规制反应。也许，对已经存在的关注，最好的回应方式是继续研究，尤其是在现在立即行动，所得将远远小于若干年后再采取行动的情况下。⑱

与之相对，对于恐怖主义，如果有人声称风险并不真实，或风险过于具有臆测性而不足以确定立即采取行动，那么，这

---

⑦　参见 Olivier Deschenes and Michael Greenstone，"The Economic Impacts of Climate Change：Evidence from Agricultural Output and Random Fluctuations of Weather"（January 2006，available at http：//www. aei-brookings. org/publications/abstract. php? pid＝1031）；与之相对的观点为"逐步气候变迁的经济影响（忽略到巨灾性后果）接近于零，这是就微小的（2.5 摄氏度）全球升温而言"，参见 Nordhaus and Boyer，*supra* note 13，at 97. 关于更为新近并且更为不同的一个观点之轮廓，可参见 *Stern Review*，*supra* note 15，at 130（指出了美国的乐观情形和悲观情形，悲观情形牵涉因温度上升 3 摄氏度而造成的 1.2％的 GDP 损失。悲观情形没有包括所有的极端气候事件的影响，例如飓风）。注意，所有这些结论都没有提及因为其他国家遭受严重经济损害的事实，美国会因此遭受到何种经济影响。

⑱　参见 Robert Mendelsohn，*supra* note 21，at 44 - 47. Nordhaus and Boyer，*supra* note 13，at 98. 这一结论受到强烈质疑，参见 Houghton，*supra* note 18，at 227 - 230 and *Stern Review*，*supra* note 15，at 193，202 - 203（辩称十年的迟延会使将排放物稳定在一个可欲的程度变得不具有可行性）。对于全球而言，支持进行继续研究就是充分反应的观点越来越困难。2007 年，气候变迁国际小组得出结论指出，气候系统的变暖"是不容置疑的，从当前所观察到的全球平均空气和海洋温度的增长，蔓延的冰雪融化，以及正在不断升高的平均海拔等证据，这一点都是可以证实的"。Climate Change 2007：The Physical Science Basis，Summary for Policymakers，available at http：//www. ipcc. ch/spm13apr07. pdf，at 5.

几乎是无知之举。具体的风险减低战略可能会遭受质疑——理由比如，由于某些监视项目将会有力地降低恐怖主义袭击的概率，但是，无论所取得的是什么样的信息，都不足以折抵公民自由因之所遭受的损失。[79] 但是，你很难辩称应对恐怖主义的最佳方式是"知而后行（learn，then act）。"

相反，现有证据有力地表明，美国人认为他们从控制气候变迁的努力中获益极少。2006 年，相当多数的美国人声称气候变迁确实"已在发生"，与之同时，他们声称，这对他们或他们的生活方式不会造成"严重威胁"[80]。2000 年，一部分人被测试问及，"气候变迁对以下……的影响中，哪些是你最为关心的？（1）你和你的家庭；（2）你的地方社区；（3）整个美国；（4）全世界人民；（5）人类之外的自然；或（6）一点也不关心。"[81] 大约 70％的回答者选择了（4）或（5）选项，而只有 13％的人选择了（1）或（2）。在多数美国人看来，主要的风险是其他国家，或后世代的人，或是整体环境所面对的。[82] 人们并不认为气候变迁所造成的直接健康影响已经大到应采取行动的地步了。

在一项有关恐怖主义相关风险认知的跨国研究中，美国人

---

⑦ 恐怖主义情境下，有关预防措施的精彩而全面的探讨，参见 Jessica Stern and Jonathan Wiener，"Precaution against Terrorism"，9 *J. Risk Research* 393 （2006）。

⑧ http：//www. pollingreport. com/enviro. htm. 参见 Lydia Saad，"Americans Still Not Highly Concerned about Global Warming"（April 7，2006），available at http：//poll. gallup. com/content/？ci＝22291。

⑧ Leiserowitz，"Communicating the Risks"，*supra* note 22.

⑧ 一个相反的看法，参见 US Global Change Research Program，"Climate Change Impacts on the United States：The Potential Consequences of Climate Variability and Change"（2000），available at http：//www. usgcrp. gov/usgcrp/nacc/default. htm。

评估认为，下一年度他们遭受恐怖主义严重伤害的个人概率为 8.27%——这是一种非常严重的风险。[33] 对一个健康的普通美国人而言，即便是最严重的致命风险也远远低于这一程度。例如，每一年度，大约有 4 万人死于机动车交通事故，这意味着美国人均面临的致命风险为 1/7 500，或 0.015%。几乎可以确定，8.27% 的数字过于膨胀了[34]，但是，如果美国人认为他们下一年中面临着这样一种数量的个人风险，那么，积极的保护措施就会得到推进。

对于气候变迁，美国人所认知到的风险要低出很多。一些专家的研究结果支持这种观点。例如，2000 年一项受到推崇的研究发现，推迟十年消减排放物的损失极为微小。[35] 或许，这一判断是错误的，或者说现在已经过时。[36] 但是，即便它是错误的，对于减少气候变迁政策的个人收益的质疑，有助于解释不同的公众反应。而规制形式则受到这种事实的影响。

成本。或许，对恐怖主义表现出极大关注的那些人相信，至少是直觉地相信，控制气候变迁的成本很可能会很高，远远高于减少恐怖主义威胁的成本。当成本能被看到时，对最差情形作出回应的主张就会被削弱，进而，人们可能要求极为有力的证据来表明这些低概率风险值得担心。

抽象层面上，很难进行成本比较，一切都决定于争议的特定措施。伊拉克战争已经变得极其昂贵，仅仅美国所承担的成

44

---

[33]　参见 Neal Feigenson, et al., "Perceptions of Terrorism and Disease Risks: A Cross-National Comparison", 69 *Missouri Law Review* 991 (2004)。

[34]　参见 Mueller, *supra* note 15, at 13 - 28。

[35]　参见 William D. Nordhaus and Joseph Boyer, *supra* note 13, at 127 (将净损失描述为"极其微小")。

[36]　参见 Stern Review, *supra* note 15, at 193，208。

本就轻易地超过了 3 000 亿美元,这使《京都议定书》的预计成本相形见绌。我们可以想象出一些可能非常便宜的适度措施,以控制温室气体排放。但是,在作出打击伊拉克的决策之时,鉴于所认知到的威胁的紧迫性,或许公众认为,有力地减少恐怖主义风险可以一个合理的成本来实现。而且,或许公众认为,这种情况对抑制气候变迁的措施而言,并不适用。正是以这种减少风险的非正规成本收益分析为指导,公众对可能的成本数量形成认知,并且这种认知发挥着极大的作用。

20 世纪 90 年代晚期,大约 63% 的美国人认同以下言论:"环境保护是如此的重要,再高的要求和标准都没有错,必须不计成本持续改善环境。"[87] 59% 的美国人以同样的姿态支持《京都议定书》,反对者仅有 21%。[88] 然而,52% 的美国人称,如果一般的美国家庭每户每月要承担 50 美元,那么,他们就会拒绝支持《京都议定书》。[89] 如果每月的花费上涨到 100 美元或更高,那就只有 11% 的美国人还会继续支持该协议。[90] 相当大多数人"不计较成本"地支持改善环境,而一旦成本变高,相当大多数人却又会拒绝这些改善措施,这又如何解释呢?

答案在于这样的事实:实际上,人们并不愿意在环境改善方面作出具体的花费。当成本平均分摊到人们面前时,他们就开始衡量成本和收益,而他们对规制性开销的热情也就开始降温。美国人认为,应当要求汽车公司为减少温室气体排放而采

45

[87] The Program on International Policy Attitudes, "Americans on the Global Warming Treaty", available at http://www.pipa.org/OnlineReports/ClimateChange/GlobalWarming_Nov00/GlobalWarming_Nov00_rpt.pdf at Box 15.

[88] *Id.*

[89] *Id.*, at Box 16.

[90] *Id.*

取措施，但是，他们却并不乐于为汽油价格增长而多些（如果因此而出现的）开销。欧洲的调查显示，相当数量的公民乐于为减少气候变迁风险而进行支付，但即便是在那里，这一数量也并不是太高。[91] 在所有 15 岁至 64 岁的人中，只有 20％左右的愿意为减少环境损害而支付更高的汽油费，而这些群体中，平均的支付意愿是增长 2.4％，或每升多支付 11.5％。

如果气候变迁的风险可以 1 000 万美元为代价，或是每人每年多支付 1 美元为代价而获得大幅降低，那么，对气候变迁而言，大量工作很有可能早已展开。《1990 年清洁空气法》（1990 Clean Air Act）中规定政府要采取积极措施控制酸沉降，但是，也只是设立了一项雄心勃勃的排放交换项目，以使排放物控制的预计成本降低之后，这种规定才变得可能。因为，如此一来，那些本来倾向于反对这一项目的人就会发现它变得可以接受了。[92] 在确定实际应当采取的预防措施方面，无论是公民还是领导人，对成本和收益的直觉评估都起着很大的作用。

美国成本，外国收益。美国并不认为自己将受到气候变迁引起的最严重损害。[93] 根据一些评估，美国农业实际上将因气候变迁而成为纯粹的赢家。[94] 而在另外一些阐述中，整个美国将成为输家，但不至于达到其他国家的程度。[95] 这些评估得到了公众的认同，因为美国人确信，其他国家将会比美国因气候变迁而

---

[91]　参见 W. Kip Viscusi and Joni Hirsch, "The Generational Divide in Support for Climate Change Policies: European Evidence", 77 *Climate Change* 121 (2006)。

[92]　参见 Esterling, *supra* note 69。

[93]　参见 Nordhaus and Boyer, *supra* note 13, at 96 - 97。

[94]　参见 deschenses and greenstone, *supra* note 77；有关经济影响的其他预测，也可参见 *supra* note 77。

[95]　参见 *supra* note 77。

46 遭受更多损失，而这种信念会对他们为规制保护措施买单的意愿产生影响。有关美国税收和对外援助的一项"显在性偏好"（revealed preference）研究表明，美国人对最贫穷国家非美国人生命价值的估价，只有他们对美国人生命价值估价的 1/2 000。⑯如果美国人认为是印度和南非而不是佛罗里达和纽约的人民正处于严重的风险之中，那么，他们就将非常不可能采取行动。

一些系统的分析表明，实际上，如果采取比欧洲国家更为积极的规制，美国显然会失去很多，而所得很少。⑰当然，具体的数据可能存在争议，但是，一项著名的研究发现，对美国来说，《京都议定书》的可能成本远远超过其可能收益。⑱对于整个世界而言，图景可能纷繁复杂，欧洲可能成为纯粹的赢家，而俄罗斯所获收益则尤其巨大。⑲这些国家之所以对《京都议定书》表现出如此的热情，作出如此的回应，部分原因在于这样的事实，即它们希望以相对较小的成本获取高额的收益。几乎所有的东欧国家都很容易履行《京都议定书》所规定的义务，这是因为，它们的排放配额（emission allowance）远远高于它们实际可能的排放量。⑳假如领导者和公民确信不采取行动的风险真实存在，并且控制行为的成本如此之低，那么，规制看起来就很有吸引力。

---

⑯ 参见 Wojciech Kopszuk, et al. , "The Limitations of Decentralized World Redistribution: An Optimal Taxation Approach", 30 *European Economic Review* 1051 (2005)。

⑰ 参见 *Stern Review*, *supra* note 15, at 93 - 99, 128 - 31（描述对不同国家和地区的影响，并表明尽管美国受影响的可能性仍然重大，但相比而言是较低的）。

⑱ 参见 Nordhaus and Boyer, *supra* note 13, at 161。

⑲ *Id.* , at 161 - 163。

⑳ 参见 UNFCCC, *Key GHG Data: Green Gas（GHG）Emissions Data For 1990—2003*, 16 - 17 (2005)。

　　同时，一些有影响力的人认为，当气候变迁发生之时，美国将有能力负担应对成本，并且单从国家利益的立场来看，很难证明昂贵预防措施的合理性。如果这是事实，那么成本—收益的直觉性衡量就有助于解释政府的官方立场。以这种立场来看的话，积极的规制似乎就是让利于其他国家的方式，而不是明显地出于美国利益之考虑。当然，反恐的预防措施再一次成为另外一种问题。其他国家可能获益的同时，所有这些预防措施的最大受益者是美国自己。

　　现时成本，未来收益。考虑如下问题："你认为气候变迁是一个需要政府立即采取行动的紧迫问题，还是政府在采取行动前需要进行一步研究的远期问题？"认为这一问题是"远期"问题的人远远多于认为它"紧迫"的人。[100] 他们认为，减低风险的绝大多数成本将需要立即负担，而收益却主要将由未来的人们获取。无论他们曾作出过怎样的道德宣言，通常而言，公民并不愿意对他们的后来者做很大的付出。或许，他们假想认为，如果这种风险在数十年中都未曾发生，那么，它们可能根本就不会发生了，原因很简单，技术进步将会提供一种现代无法预见的解决方式。也许，确信将来根本不会发生某种可能的损害，或这种损害即便真的出现也未必如此糟糕之时，他们是在不切实际地乐观，或是在减少认知偏差（cognitive dissonance）。

　　或许，现时的公民正在理性地对将来进行折扣算度，他们确信五十年之后的损害并不需要与今天损害的同等关注，道理很简单，今天的一美元价值要大于半个世纪之后的一美元。或

---

　　[100]　参见 Bazerman and Watkins, *supra* note 72, at 84 – 87, 238 – 239。也可参见 http：//www. pollingreport. com/enviro. htm。

许，他们所用以评估未来收益的折扣率高得令人难以置信；或许，他们不过是自私自利，而将未来世代当作某一外国的公民。托马斯·谢林（Thomas Schelling）主张，"温室气体减排是一个对外援助项目，而不是所熟悉的存款投资类问题。"[102] 如果政治代理人对他们的公民负责，那么，他们就不大可能为了远期收益而对当前强加成本。待到公众基本能够感到风险减少所带来的最大收益时，这些政治家也将不再执政，或早已尘封于土。

那么，这儿就是恐怖主义风险与气候变迁风险的巨大不同之处。每一个政治家都有强烈的动机采取行动以阻止恐怖主义袭击。如果这样的袭击发生在"我眼皮底下"，那么，政治性报复的可能性就会很高。这样的一种袭击危险是即刻的。相反，任何现任政治家眼皮之下的气候变迁相关的"事件"都是非常不可能发生之事。也许，飓风是一个反例，然而，某一特定的飓风是否是气候变迁的产物仍然是有待讨论的问题。要论证公众的关注，或者强加即刻成本的合理性，这样的一个政客必须诉诸道德义务，而这一任务显然并不容易。如果道德义务并不能成为昂贵控制措施的驱动力，那么，一个努力规制温室气体的政治家的所作所为就可能是为了未来人民的收益，而强加成本于当前选民，显然未来的人们不可能以他们的选举支持来回报这一特定政治家。这样的政治家很可能是史诗般的英雄，或很可能对历史有着卓越的判断力。然而，这样类型的政治家却是少之又少。

理性选择? 现在，对于美国人对恐怖主义和气候变迁所作出的不同反应，我们有了些充满吸引力的解释原料。就气候变

---

[102]　Thomas Schelling, "Intergenerational Discounting", in *Discounting and Intergenerational Equity* 99, 100 (Paul R. Portney and John P. Weyant eds.) (Washington, D. C.: Resources for the Future, 1999).

迁而言，许多人对采取积极规制措施的收益充满争议，但却认为成本至少对美国来说是过高的。人们认为，这里的收益很可能不相称地由其他国家所享有，并且也不会在近期内获得。对恐怖主义，分析则非常不同，因为美国人认为他们比其他国家更处于风险之中，并且认为，在美国，当代人就可以感受到减低风险所带来的收益。对某些减少恐怖主义风险的努力，尽管美国人提出一些严厉的问题，质疑收益是否可以论证所耗费成本的合理性。但是，他们都认同许多昂贵的措施是物有所值的。

　　然而，这种解释远远不足以说明全部问题。2001 年 9 月 10 日那天，恐怖主义基本不是一件美国人所优先考虑的事项。事实上，在袭击发生的前一年，公众中将恐怖主义视为这个国家首要问题的比例几近于零。[103] 相反，许多专家认为，恐怖主义袭击之前的一段时期里，根据成本—收益的理性评估，恐怖主义的风险就会被愚蠢地忽略掉了，如此说来，"9·11"袭击就不过是一种"预料中的意外"[104]（predictable surprise）。依据这种观点，忽略是"不可及性偏见"（unavailability bias）的产物，在这种偏见引导下，由于不存在立即可及的损害事件，这就使人们对风险非理性地漠不关心。最差的情形就这样被愚蠢地忽略。然而，在"9·11"袭击发生之后的八个月里，15%～20% 的公众仍然将恐怖主义列为国家最重要的问题，而这一比例"（曾）紧随电视播放恐怖主义相关新闻故事的频率而上下浮动"[105]。同样，这也是认识可及性力量的一个表现。

　　也许，对美国人而言，后"9·11"反应不过是一种理性更

49

---

[103]　参见 Goodin, *supra* note 14, at 135。

[104]　Bazerman and Watkins, *supra* note 72, at 15－41.

[105]　Goodin, *supra* note 14, at 135.

新，或理性反思。袭击本身肯定提供了有关此种威胁紧迫性和
数量的新信息。对于普通公民来说，这种解释似乎还有些道理。
但是，作为美国政府行为的解释，就还会涉及许多其他因素，
因为，"9·11"袭击之前，官员就掌握着相关信息，这些信息
可以论证采取非常积极的安全措施乃合理之举。而要理解被忽
略的因素，我们就必须要进入人类的认知领域。

理性恐惧与感性反应

50　　　风险判断通过两种不同的方式而产生。[106] 通常而言，人们的
判断植根于他们自己的经验。最近是否发生过什么糟糕的后果？
是否亲身经历了这样的后果，例如遭遇暴力犯罪，或是染上重
病？如果没有亲身经历过某种后果，那么，这种后果是否能够
经常在媒体上看到，或是常常在日常话题中被提及？此外，判
断也可能因为此种或彼种数据叙述而产生。例如，人们可能得
知，转向低胆固醇的膳食能够将患心脏病的风险降低 10％；或
者，减少二氧化硫排放可以将哮喘病风险减少 40％；或者，减
少暴露在日光之下可能将皮肤癌风险减少 30％。尽管这些方式
都有可能影响人们的判断，但是，个人经验在驱动行为方面要
有效得多，这种情况更为典型。

　　列举一个自传式的例子。我对小河虾、螃蟹和龙虾严重过
敏。这种过敏在我幼年早期时就被发现了，具体的情势我想不
起来了。在我孩提之时以及成年之后，我都尽量避免这些食物，
也就没有再遭受过一次过敏反应。几年前，我在威斯康星州一家

---

[106]　参见 Weber, *supra* note 20。

相当糟糕的中餐馆点了一盘素菜，但遭受了威胁生命的呼吸问题，并因而被急送到医院抢救。显然，蔬菜里混杂有水产品。自那次经历之后，在选择食物时，我的过敏症就会发挥明显重要许多的作用，例如，它使我不愿意再去中餐馆点素菜，即便这家餐馆口碑极好。有的时候，我的风险厌恶显得荒谬可笑，甚至拒绝吃一些现实地说完全没有水产品的菜肴。有些时候，在吃到一些肯定不是水产品，但却让我想起龙虾或螃蟹的东西时，我也会感到惊恐。而在几年前的这件意外发生之前，我的决策是基于一种冷静且基本理性的数据分析基础之上。现在，一次无法忘记的个人经历在我的所思所为方面发挥着关键作用，即便是我自己也认为，如此所思所为显得相当怪异。

　　基于经验基础上作出的判断与分析基础上作出的判断之间存在着差异，这种差异与两种认知运作系统联系在一起，而人类正是以此来对风险情势进行评估的。[107] 系统Ⅰ是迅速的、联想的以及直觉的，而系统Ⅱ则是缓慢的、慎重的以及分析的。这两种系统很可能位于人脑中的不同区域。[108] 神经经济学的整个领域都在试图研究这一问题，当然，尤其关注的是忧虑问题。既有的发现表明，在前额皮质（prefrontal cortex）介入之前，位于颞叶（temporal lobes）*深处的扁桃形结构体（amygdala）使人们对危险保持警觉。[109]

　　基础神经科学也并不是没有争议，但是，无论是否涉及可以确定的大脑结构，区分这样两种系统都是有用的。关键问题

---

　　* 每侧大脑半脑后下方位于枕叶的前方的脑叶，其中有大脑的听觉中心。——译者注

　　[107]　参见 Paul Slovic，*The Perception of Risk* 414（London：Earthscan，2000）。

　　[108]　参见 Weber，*supra note* 20。

　　[109]　参见 Joseph E. LeDoux，*The Emotional Brain*（New York：Simon & Schuster，1996）。

在于，人们会对产品、活动以及情势作出迅即的，并且常常是本能的反应。并且，这种迅捷的反应可以是对基本问题进行更加慎重或分析性评估的一种思维捷径。有的时候，这种捷径会被系统Ⅱ推翻，或更正。

启动系统Ⅰ的最差情形特别容易影响消费者和选民的行为。事实上，系统Ⅰ通常是最差情形思维的源泉。它可能导引人们对乘飞机或体型庞大的狗感到恐惧。一旦系统Ⅱ介入进来，它就可能产生一种慎重的检验，从而确定风险其实很微小的最终结论。借用这些术语，我自己对"很可能不是但可能被认为是龙虾"的反应就很容易理解。系统Ⅰ可以加剧对最差情形的关注，引领人们为避免它们发生而采取特别的措施。系统Ⅱ能够帮助人们认识到恐怖后果发生的可能性其实非常之低，根本不值得采取大量的预防措施。

与之相对的另外一种情形下，由于本能反应未被启动，因而系统Ⅰ可能对最差情形相对不太关注，这时就需要一种系统Ⅱ分析来策动行为。系统Ⅰ可能不会对日光浴相关的风险作出反应，但是，在经过某种风险分析后，系统Ⅱ会使人们避免暴露于太阳之下。对于灾难性气候变迁的情景，或是达尔富尔（Darfur）*的

---

　　* 达尔富尔（Darfur）地区位于苏丹西部，自北至南依次与利比亚、乍得、中非等国毗邻，面积 50 多万平方千米，人口 600 多万。达尔富尔地区包括三个州，即北达尔富尔州、西达尔富尔州和南达尔富尔州。这里居住着包括阿拉伯人、富尔人和黑人等 80 多个部族，其中信奉伊斯兰教的阿拉伯人多居住在北部，而信奉基督教的土著黑人则住在南部。20 世纪六七十年代，随着人口膨胀、放牧过度，这里的荒漠化现象不断加剧，惯于逐水而居的阿拉伯牧民被迫南迁，并因争夺水草资源与当地黑人部落发生冲突。由于长期以来达尔富尔地区部族间的武装冲突不断，致使该地区的许多地方一直处于无政府状态。2003 年 2 月，达尔富尔地区黑人居民相继组成"苏丹解放军"和"正义与平等运动"两支武装力量，以政府未能保护土著黑人的权益为由，要求实行地区自治，与政府分享权力与资源，并不断攻城略地，展开反政府武装活动。迄今，冲突已造成一万多人丧生，100 多万人流离失所。——译者注

种族大屠杀，系统 I 可能不会产生警觉，但是系统 II 却可能极力敦促系统 I 采取行动，即便不能成功，系统 II 自己也能够产生某些行动。

大量的证据表明，迅速的感性反应常常有助于解释人们对风险的反应。例如，疯牛病的报道在公众中造成的恐惧远远要高于牛海绵状大脑病（Bovine-Spongiform Encephalopathy）* 或是传染性海绵样脑病（Creutzfeldt-Job Disease）的报道，尽管后两者都是这种罕见情况的变体。但是，后两种描述更为正式并且图形较少，这就对公众的关注起了消解作用。[110]

当被要求对与某一特定风险相关的风险和收益进行评估时，人们倾向于认为，冒险性活动带来较低收益，而收益性活动产生最低风险。思考一下核动力的情形。认为核动力的风险很高的那些人，通常会认为它的收益很小；而认为它的收益很多的那些人，通常会认为它的风险很低。对核动力的感性反应可能先入为主，并影响对风险和收益的直接判断。[111] 如果人们被要求在限定时间内作出此类评估，那么，收益判断和风险判断就更加可能被宣称为一种负相关关系，因为，人们会更加可能声称核动力是低收益/高风险的，或是高收益/低风险的，而不是低收益/低风险的，或高收益/高风险的。[112] 而如果人们被告知某种行动或某种产品具有高收益，比如核动力或农药，那么，他们就会因此倾向于得出结论认为风险很低（即便几乎没有向他们提供任何有关风险的信息）。[113] 这些发现充分表明，当人们作出有

53

---

　* 即 Bovine-Spongiform Encephalopathy，疯牛病的另一种称谓。

　[110]　参见 Weber, *supra* note 20。

　[111]　参见 Slovic, *supra* note 107, at 415 – 416。

　[112]　*Id.*

　[113]　*Id.*

关风险程度的判断时，系统Ⅰ发挥着作用。[⑭]

对于许多美国人来说，恐怖主义观念与强烈的灾难场景紧密关联，而气候变迁的观念却并不如此。[⑮]布什总统领导下的白宫官员要求行政人员使用"气候变迁"术语，而不是"全球变暖"，这显然是确信"气候变迁"比"全球变暖"更加抽象，更加中性。尽管对于多数人来说，后者也并不是多么吓人[⑯]，特别是对芝加哥或波士顿的严冬来说，暖和点可能会更好。相反，"9·11"袭击使恐怖主义威胁变得易于想象，并且是通过一种非常个体化感知方式。

当然，感性反应也并不是简单作出的，它们有着诸多原因。我们可以很容易想象这么一个社会，一个与我们自己的社会相比并非面目全非的社会，但是在那里，恐怖主义所引起的关注却远远低于我们现在的情境，而气候变迁所引起的关注却要多得多。如果与气候变迁潜在的相关事件为人所熟悉并且显在，并且如果恐怖主义相关的事件并不如此，那么，反应差异将走向相反的方向。无须发挥想象力，我们就能很容易看到这一点："9·11"袭击之前，美国人并不是这么担心恐怖主义；并且，在美国一些群体中间，气候变迁已经引起了强烈关注，这种关注程度几乎肯定与恐怖主义相关风险等同，甚或超过。

要理解为什么这种易位非属寻常，那么，对于恐怖主义为什么会产生一种强烈的反应，而气候变迁却未能如此，我们就

---

⑭ 参见 Slovic, *supra* note 107，at 415-416。对比学生课程评价。在教师中间，这是一种非正式知识：即当某一特定课堂喜欢教授者时，所有在列项的评价都会提高，包括如课程材料的评价项，尽管课程材料基本常年保持不变。

⑮ 参见 Abbasi, *supra* note 40, at 26。

⑯ 参见 Weber, *supra* note 20。

需要进行一些细节探讨。解释会更多地涉及三个我已经简单提到的因素：可及性、概率忽略以及愤怒。

可及性

　　在考虑风险时，人们会依据一些经验法则（直观推断），这些法则的作用在于简化他们的疑问。[117] 使用这些思维捷径时，人们通过将难题置换为一个简单的问题，从而作出回答。[118] 美国人是否应当担心飓风、核动力、艾滋病、疯牛病、鳄鱼攻击、狙击手袭击或禽流感？人们往往会努力思考相关的例子，以对这样的问题进行回答。[119] 如果威胁图景很容易就涌入脑海，那么，人们就会更可能对它感到恐惧和担心，反之则不然。考虑一项简单的研究：向人们展示两性都包括的名人名单，并问他们名单中是否包括更多的女性或是更多的男性。对于男性非常出名的名单而言，人们会认为名单中包括更多的男性。而对于女性更加出名的名单而言，人们则会认为名单中包括更多的女性。[120]

　　与人们所不太熟悉的风险，比如肥胖所伴随的糖尿病相比，

---

　　[117]　参见 *Judgment Under Uncertainty：Heuristics and Biases*（Daniel Kahneman，Paul Slovic，and Amos Tversky eds.）（New York：Cambridge University Press，1982）。

　　[118]　参见 Daniel Kahneman and Shane Frederick，"Representativeness Revisited：Attribute Substitution In Intuitive Judgment"，in *Heuristics and Biases：The Psychology of Intuitive Judgment* 49 - 53（Thomas Gilovich，Dale Griffin，and Daniel Kahneman eds.）（New York：Cambridge University Press，2002）。

　　[119]　参见 Amos Tversky and Daniel Kahneman，"Judgment Under Uncertainty：Heuristics and Biase"，*in Judgment Under Uncertainty：Heuristics and Biases*，*supra* note 117，at 3，11 - 14。

　　[120]　*Id.*

一个为人所熟悉的风险将被认为更加严重，例如"9·11"之后的恐怖主义袭击。同样，威胁的显在性也很重要。与在报纸上看到相比，目睹一个家庭的房屋焚烧倒塌对我们反应的影响要大得多。[⑫] 由于龙卷风是很容易想象到的死亡原因，人们就会认为它们所造成的损害远远大于其他那些不太生动形象的死亡原因，比如哮喘病，而事实上，哮喘病的发病频率非常高（这里是达到20%的一个因素）。[⑫] 所以，与此相同，与那些随时间退去的事件相比，近期发生的事件具有更大的影响。

当罕有事件实实在在发生之时，比起能够通过客观分析予以论证的决策，通常而言，它们对人们随后的决策所产生的影响要大得多。[⑫] 但是，如果罕有事件不过是可能，而尚未实际发生，那么，比起客观分析基础上确定的反应，人们行为所受其影响则小得多。原因在于，根据定义，这种事件是罕见的，因而，如果没有碰到过它们，那么，人们就会得出结论认为，忽略此类事件是安全的。在对个人经验作出回应时，对于罕有事件，人们会表现出两种方式，分别是过度反应和不充分反应。其中，过度反应紧随亲身经历威胁之后而产生。

在很大程度上，人们是否购买自然灾害险受近来经验的影响。[⑫] 如果不远的过去并没有发生过洪灾，那么，居住在洪水区

⑫　参见 Amos Tversky and Daniel Kahneman, "Judgment Under Uncertainty: Heuristics and Biase", *in Judgment Under Uncertainty: Heuristics and Biases*, *supra* note 117, at 3, 11 - 14。

⑫　参见 W. Kip. Viscusi, "Judging Risk and Recklessness", in *Punitive Damages: How Juries Decide* 171, 181 - 182 (Chicago: University of Chicago Press, 2002)。

⑫　参见 Elke Weber, et al., "Predicting Risk-Sensitivity in Humans and Lower Animals: Risk As Variance or Coefficient of Variation", 111 *Psychological Review* 430 (2004)。

⑫　参见 Slovic, *supra* note 107, at 40。

平原的人们就非常不可能购买洪水险。[125] 一次地震发生后，地震险购买量会大幅增长，但是，从这个节点开始，随着鲜活记忆的消退，它也就会稳步地减少。[126] 对一般的灾难规划而言，人们是否会采取预防措施的一个有力预测工具就是个人经历。[127] 一项研究发现，之前有过疏散的个人经验是家庭是否在胡果飓风（Hugo）或安德鲁飓风（Andrew）中疏散的有力预测器。[128] 曾经历过灾难的那些人相信，他们自己处于风险之中[129]，他们也更加可能采取适应性计划。[130]

但是，个人经历也可能会使人们错误地认为一切都会好的。曾居住于飓风扫过路线之内的家庭在出现下次飓风威胁之前计划疏散的可能性要多得多，而那些侥幸错过飓风，但却生活在高危区的家庭对于稍后的风暴则表现为更可能忽略疏散命令。[131]

有些研究表明，比起所谓的危险侵扰性（hazard intrusiveness），即一种风险被想到或谈及的频率，个人经验的作用因素要小一些。[132] 即便某一事件刚刚发生过，但是，如果人们的注意力被转移到一般事件或生活琐事上，那么，它也就可能不会变得如此显在。但是，如果通过社会互动、媒体聚焦或其他途径

56

---

[125]　参见 Slovic, *supra* note 107, at 40。

[126]　*Id*.

[127]　参见 Kathleen Tierney, at al. *Facing the Unexpected* 161 – 166（Washington, D. C.：Joseph Henry Press, 2001）。

[128]　*Id.*, at 162.

[129]　*Id.*, at 161.

[130]　参见 Ronald W. Perry and Marjorie R. Greene, "The Role of Ethnicity in the Emergency Decision-Making Process", 52 *Sociological* Inquiry 306, 326（1982）。

[131]　参见 Hugn Gladwin and Walter Gillis Peacock, "Warning and Evacuation：A Night for Hard Houses", in *Hurricane Andrew：Ethnicity, Gender and the Sociology of Disasters* 52, 72（Walter Gillis Peacock et al. eds.）（New York：Routledge 1997）。

[132]　*Id.*, at 159.

而使某种威胁变得凸出，那么，就更有可能采取减低措施和预防措施。面对飓风警报时，与进行疏散的可能性强烈相关的并非一般性的难前关注，而是在多大程度上，警报接收者会相信他们个人会遭到损害。[13] 由于不切实际的乐观主义，以及人们存在的能够控制风险的幻觉倾向，一个可及的实例对于激起对个人损害的恐惧而言，很可能是必要之举。其明显的意义在于，前次暴风雨损害的活生生的图景，很可能是促进采取预防措施的有力方式。

有一项研究非常具有启发意义，它尝试检测图像对风险认知判断的影响，对于恐怖主义和气候变迁的不同反应来说，这一研究具有非常重要的意义。[14] 这一研究要求实验对象阅读一种疾病（hypocenia-B）材料，这种疾病正在许多地方日益蔓延。在第一种实验条件下，所给的症状模糊不清，很难想象，包括发炎的肝脏、功能失调的神经系统，以及一般性的神志不清。而在另外一种实验条件下，所给的症状具体特定，易于想象，包括肌肉疼痛、无精打采，以及经常性的严重头痛。在三周的时间里，这两组实验对象被要求想象他们患得此病的情形，并详细记录下他们所想象的内容。此后，再要求实验对象以十分制为基准对他们感染此种疾病的可能性进行评估：接触易于想象症状者相信他们可能会感染上此种疾病的概率要高得多。

在 SARS 恐慌时期里，美国人认为，对于他们自己以及其

---

[13]　参见 Ronald W. Perry, "The Effects of Ethnicity on Evacuation Decision-Making", 9 *International Journal of Mass Emergencies & Disaters* 47 (1991)。

[14]　参见 Steven J. Sherman, et al., "Imagining Can Heighten or Lower the Perceived Likelihood of Contracting a Disease: The Mediating Effect of Ease of Imagery", in *Heuristics and Biases: The Psychology of Intuitive Judgment*, *supra* note 118, at 82.

他人而言，恐怖主义是远比 SARS 大得多的威胁。而加拿大人
则认为，对于他们自己以及其他人而言，SARS 是远比恐怖主义
大得多的威胁。[⑬] 但是，在进行这项研究的那段时期，加拿大人
没有经历过恐怖主义事件，但却发生过一些 SARS 病例。而与
之相应，美国人经历了一次严重的恐怖主义袭击，但没有出现
过 SARS 病例。看起来，人们似乎确信发生过的事情常常是将
会发生之事的最好向导，而这也并不是非理性的。[⑬] 然而，这种
思维方式会导致过度忧虑或过度忽略。当公民面对一种先前从
未出现过的潜在巨大灾难时，忽略问题就会变得极其严重。[⑬]

　　如果可及性对人们有关风险的判断起着一种很大的作用，
那么，对于美国人对恐怖主义和气候变迁所作出反应的不相称
性，我们就可能获得了一个比较简单的解释："9·11"袭击的
历历在目推动着人们对恐怖主义的概率判断，而他们没有经历
由气候变迁引发的此类可及的事件。考虑一下，如果是在 2000
年，某个公共职位的竞选人在政治竞选中，将恐怖主义风险作

57

---

⑬　参见 Feigenson，et al.，*supra* note 83。

⑬　卡尼曼（Kahneman）和特沃斯基（Tversky）强调，他们所确认的直观推
断 "高度经济，并且常常有效"，但同时，它们会 "导致体系性和可预见的错误"。
参见 Amos Tversky and Daniel Kahneman，"Judgment under Unvertainty：Heuristics
and Biases"，in *Judgment and Decision Making：An Interdisciplinary Reader* 38，55
（Hal R. Arkes and Kenneth R. Hammond eds.）（New York：Cambridge University
Press，1986）。其中，歌德·吉仁泽（Gerd Gigerenzer）曾强调有些直观推断会很起
作用，参见 Gerd Gigerenzer，et al.，"Simple Heuristics that Make Us Smart"（New
York：Oxford University Press，1999）；Gerd Gigerenzer，*Adaptive Thinking：Ra-
tionality in the Real World*（New York：Oxford University Press，2000），并且将这一
点作为对那些因直观推断和偏见导致错误予以强调者的反驳。出于这里的目的考虑，
没有必要对因此而发生的争论采取一个立场。然而，即使许多直观推断在日常生活
中运作良好，较之仅仅依赖于它们，一个理智的政府也能够做的好得多。

⑬　参见 Bazerman and Watkins，*supra* note 72，at 91–93（讨论鲜活性的影响）。

为核心问题。选民很可能会认为这个竞选人有着非常怪异的大局感，致力于无论怎样也无法使人产生共鸣的、遥不可及、并且不切实际的可能性。或者假想一下，在 2000 年时，如果某一众议院议员积极主张制定"9·11"袭击之后的相同立法，包括《爱国者法案》，加强机场安全措施，以及赋予将涉嫌恐怖主义者拘留数年而不予审判的新的总统权力，那么，议会将会立即拒绝任何此种努力，而任何为之奔走游说的立法者也很可能将会被看作一个危言耸听者，以及公民自由的一种严重威胁。2000 年时，公众关注恐怖主义相关风险的热情不会超过对气候相关风险的关注。但是，"9·11"袭击之后，一切都时过境迁。

58   通常而言，减低风险立法由可以确定的危机催生，因为它们将最差的情形鲜活地带入人的脑海之中。印度博帕尔（bhopal）的化学事故将媒体的注意力引致安全问题，并引起议员通过知情权（right-to-know）立法，从而对有毒气体排放作了信息披露要求。[138] 如果没有广泛曝光的博帕尔灾难，相关立法就不可能被颁布通过。[139] 要求提高机动车辆的汽油消耗定额（Gas Mileage）的公司平均燃油经济性（Corporate Average Fuel Economy）标准，是 20 世纪 70 年代后期阿拉伯世界石油禁运和举国皆知的"能源危机"的产物，如若没有这场危机，能源经济立法将不可想象。[140]

    通常情况下，可及事件是具有影响力者展示的产物，蕾切尔·

---

[138] 参见 Hamilton, *supra* note 49, at 184。

[139] *Id.*, at 178 - 191。

[140] 参见 James Dunn, "Automobile Fuel Efficiency Policy: Beyond the CAFE Controversy", in Punctuated Equilibrium and Dynamics of U. S. Environmental Policy, *supra* note 74, at 197, 198。

卡逊（Rachel Carson）的《寂静的春天》* 帮助推动了整个环境运动，包括对农药以及其他自然环境威胁强加国家控制的立法。[141] 借助对农药给鸟类和其他野生动物所造成损害的鲜活描述，卡逊的书很可能对设立环境保护署（Environmental Protection Agency）发挥了作用。[142] 卡逊没有对农药的成本和收益进行枯燥无味的分析，她不过是将特殊的事件高度鲜活地摆放在了她的读者眼前。

在美国，公众对风险的关注通常随着这些风险的实际变化而上下浮动。但偶尔，由于并不如实反映危险变化水平的鲜活图像之侵浸，公众关注程度会超越实际事实。[143] 20 世纪 70 年代和 80 年代的某些时候，在潜在威胁程度没有发生巨大变化的情况下，对于青少年自杀、疱疹（herpes）、私生子，以及艾滋病的关注急剧提升。其决定因素就是媒体对几个鲜活案例的关注。[144] 关于"9·11"袭击之后的媒体反应是否过度、不足或者程度适当，我们尚且不能作出判断。但是，毫无争议的是，它是高度显在事件的一个函数。

对于可及性与显在性的重要性，言行似最差情形事业家的那 59

---

* 该书已经由吉林人民出版社出版，可参见蕾切尔·卡逊：《寂静的春天》，李瑞兰、李长生译，长春，吉林人民出版社，2004。

[141] 参见 Rachel Carson, *Silent Spring* (Boston：Houghton Mifflin，1962)。关于此书影响的一般介绍，参见 Thomas Hawkins, "Re-Reading Silent Spring"，102 *Environmental Health Perspectives* (1994)，available at http：//www. ehponline. org/docs/1994/102—607/spheres. html。

[142] 参见 Al Gore, "introduction"，available at http：//clinton2. nara. gov/WH/EOP/OVP/24hours/carson. html。

[143] 参见 George Loewenstein and Jane Mather, "Dynamic Processes in Risk Perception," 3 *J. Risk & Uncertainty* 155 (1990)。

[144] *Id.*，at 172。

些人展现出一种天生的理解力。对于有影响力的政治家而言，他们的言论总是具有巨大的放大器效应，这是其本质属性。当某一事件由公职人员引入公众视线的时候，它就可能快速而广泛地传播开来，并通常被视为一个重大问题的标志。无论乔治·W. 布什总统选择强调哪一方面，由于所造成损害的程度，"9·11"恐怖主义袭击无疑都将被放大。但是，他和他的班底在无数的场合提到这种袭击，并经常性地强调看起来遥不可及的威胁的现实性，以及为消除它们而承担大量成本的需要。⑭ 在紧随袭击之后的几年里，布什总统有着援引它们的强烈动机。每次回想起这次袭击都会让美国人表现出对他的强烈民意支持，并且，这些支持的增长既来自那些倾向于反对他的人们，也来自那些倾向于支持他的人们。⑮ 甚至是一般性地想起他们自己的个人死亡率也会使共和党人和民主党人对布什总统表达出强烈的支持。⑯

对于气候变迁，则没有显在的事件足以拨动公众关注的神经。将飓风卡特里娜（Hurricane Katrina）* 与气候变迁联系起

---

　　* 飓风卡特里娜是 2005 年 8 月出现的一个五级飓风，在美国新奥尔良造成了严重破坏。2005 年 8 月 25 日，飓风在美国佛罗里达州登陆，8 月 29 日破晓时分，再次以每小时 233 千米的风速在美国墨西哥湾沿岸新奥尔良外海岸登陆。登陆超过 12 小时后，才减弱为强烈热带风暴。整个受灾范围几乎与英国国土面积相当，被认为是美国历史上损失最大的自然灾害之一。

　　⑭　参见 Goldstein and Braverman，*supra* note 1。

　　⑮　参见 Gary Blasi and John T. Jost，"System Justification Theory and Research：Implications for Law，Legal Advocacy，and Social Justice"，94 *California Law Review* 1119 (2006)。

　　⑯　参见 Mark J. Landau，"Deliver Us from Evil：The Effects of Mortality Salience and Reminders of 9·11 on Support for President George W. Bush"，20 Personality & Social Psychology Bulletin 1136 (2004)；Thomas Pyszczynski，el al.，*In the Wake of September* 11：*The Psychology of Terror* (Washington，D. C.：American Psychological Association，2003)。

来的证据仍有争议，值得商榷，而实际上，大多数美国人没有得出结论认为这次飓风在某种程度上是由气候变迁"导致"[18]。在回答 2005 年所提出的这样一个问题时，即"你是否认为近来飓风的严重性很有可能是全球气候变迁的结果，或者它只不过是不时发生的某种严重天气事件？"只有 39％的人回答者认为飓风是气候变迁的产物，而 54％的人回答说严重气候事件刚好"发生了"[19]。如果可能会发生一件生动的事例，那么，美国人作出反应的可能性将会迅速增加。最差情形事业家可以列出一份长长的可能性目录。如果气候变迁很突然，或者戏剧性的事件（比如两极冰冠融化）确实发生了，经验法则（availability heuristic）就可能激起强烈的回应。

但是，考虑一下另外一种可能性。气候变迁很可能是渐次发生的，不会附随能够轻易与温室气体排放联系起来的事件，那么，即便昂贵的回应确实合理，它也不太可能出现，道理很简单，因为这一问题从未能够变得足够显在。没有一个国家能够独自作出充分的回应，对于不作为风险而言，这一事实会使其变得更为复杂。关于这一点，我在第 2 章将进行更加细致的探讨。

概率忽略

由于某一显在性事件可及性或不可及性的影响，人们对概率的评估会高度不精确。但是，有时，人们对概率敢于根本不

---

[18]　关于飓风和气候变迁之间的关系，参见 Houghton, *supra* note 18, at 4 - 6, 179, 183。

[19]　http：//www. pollingreport. com/enviro. htm。

作任何评估，尤其是在涉及强烈情感之时。影响思维和行为的是最差情形本身，而不是它将会发生的可能性——即便概率应当有着相当的影响。

考虑一个既包括孩子，又有成人的研究，这些研究中，他们被问到以下问题[150]："苏珊（Susan）和詹妮弗（Jennifer）正在争论开车时它们是否应当系上安全带的问题。苏珊说应当，而詹妮弗则说不应当……詹妮弗说，她听到过这样的一个车祸，车子跌入湖中，但是，一个女人却因为身上系有安全带而未能及时脱身……对此，你怎么看？"回答这个问题时，很多被问者根本不会考虑概率问题。交流的形式基本如下[151]：

A：那么，那种情况下，我认为你不应该系安全带。

Q：（访谈员）你如何获知那种情况什么时候会发生呢？

A：就好比，希望它不会发生！

61 Q：那么，你应当系安全带，还是不应当呢？

A：哦，说实话吧（tell-you-the-truth），我们应当系安全带。

Q：为什么呢？

A：就是为了防止意外啊。系上安全带的话，你就不会伤得那么严重了。

Q：好吧，那怎么看这样的事呢，就是人们被困住时？

A：那种情况下，我认为你不应该系安全带。

这些回答显得奇怪，甚至好笑。孩子明显拒绝回答这个问题。但答案却不难想象。有的时候，孩子和大人一样，在糟糕

---

[150]　参见 the summary in Barson, *supra* note 12, at 246 - 247。

[151]　*Id.*

的情形中摇摆不定，而根本不去仔细思考一下概率的问题。这一点既适用于希望，也适用于忧虑。美好结果的生动图景也会将有关概率的思考置之度外。[152]

在一项著名的有关人们避免电击支付愿望的研究中，概率忽略得到了最为明确的经验验证。[153]一项试验试图研究损害概率的改变对能激起"强烈情感"情境的影响，是否比看起来相对"情感无涉"（emotion-free）情境的影响较大或较小。在"强烈情感"情境中，要求参加者想象他们将参加一项试验，该试验有一些遭受一次"短暂、疼痛，但并不危险电击"的可能性。在"情感无涉"情境中，参加者被告知该试验存在处以 20 美元罚款的可能性。然后，参与者被要求回答，他们愿意支付多少钱以避免相关试验。其中一些参加者被告知遭受糟糕结果（20美元损失或电击）的可能性为 1％，另外的人被告知这一可能性为 99％。

对那些面对相对情感无涉伤害（20 美元罚款）者而言，对 1％可能支付的中位数和对 99％可能支付的中位数之间差异如预测那样很大：支付 1 美元避免 1％的风险，而支付 18 美元避免 99％的风险。相反，面对电击的那些人愿意支付 7 美元以避免 1％的电击可能，但却只愿意支付 10 美元以避免 99％的电击可能。显然，人们愿意支付相当数额以避免某种具有情感负担的

62

[152]　参见 Oswald Hober, et al. , "Active Information Search and Complete Information Presentation in Naturalistic Risky Decision Tasks", 95 *Acta Psychologica* 15 (1997)。

[153]　参见 Yuval Rottenstreich and Christopher Hsee, "Money, Kisses, and Electric Shocks: On the Affective Psychology of Risk", 12 *Psychological Science* 185 (2001)。

危险，并且，无论这种危险的概率是很高，还是很低，他们所愿意为此支付的数额并不会有太大变化。

思考一下同样方式得到的一些发现：

● 当人们讨论一项低概率风险时，即便所讨论的内容主要是一些明显值得信赖的保证，表明损害发生的可能性真的很微小，他们表现出的关注度也会增加。[154]

● 人们愿意为"恐怖主义"所导致损失支付的航空险数额要比为"所有原因"所导致损失的航空险数额更多。[155]

● 人们有"杞忧者偏见"。当看到相互竞争的危险描述时，他们倾向于接受更显得忧心忡忡的描述。[156]

● 在用以检测预知不同强度痛苦电击条件下的忧虑水平试验中，电击概率不起作用。"显然，单单想到电击就足以激起个人忧虑，然而，遭受电击的确切可能对于激起的程度没有什么作用"[157]。

63 对于理解美国人对恐怖主义和气候变迁的不同反应，概率忽略提供了巨大帮助。对一次恐怖主义袭击强烈并且常常高度形象化的反应，会轻易地使人们将概率判断置之脑后。而同样的情形却鲜见于气候变迁的情境。当前，美国公众还没有将气候变迁和特定的不利结果联系起来。

---

[154] 参见 A. S. Alkahami and Paul Slovic, "A Psychological Study of the Inverse Relationship between Perceived Risk and Perceived Benefit", 14 *Risk Analysis* 1086, 1094 (1994).

[155] 参见 George Loewenstein, et al., "Risk as Feelings", 127 *Psychological Bulletin* 267 (2001).

[156] 参见 W. K. Kip Viscusi, "Alarmist Decisions with Divergent Risk Information", 107 *Economic J.* 1657 (1997).

[157] *Id.*

愤　怒

在乔治·奥威尔*（George Orwell）的《一九八四》中，政治领导人将公众注意力和愤怒集中于艾曼纽·戈尔茨坦（Emmanuel Goldstein）**，他是个被开除了的前党员。在《两分钟仇恨》（Two Minutes of Hate）*** 过程中，党将戈尔茨坦作为情感的宣泄口，否则这些情感本应很可能指向政体的失败。奥萨马·本·拉登从来就不是美国的朋友，或是它的任何党派的成员，毫不夸张地说，他是一个真正的敌人。但是，反恐战争是由可被我们称之为戈尔茨坦效应（Goldstein Effect）所挑起，这一点却几乎没有任何可以怀疑的，这种效应就是通过给敌人贴上一副明确的脸孔，具体确定潜在威胁的人为原因，从而强化公众关注的能力。[158]

当然，恐怖主义确实也应当引发愤怒，无论这种风险有多少。[159] 关键的问题在于，如果恐怖主义可以和某一特定的人物或组织联系起来，愤怒就将强化。对付奥萨马·本·拉登，这种

---

*　乔治·奥威尔（1903 年 6 月 25 日－1950 年 1 月 21 日），原名艾里克·阿瑟·布莱尔（Eric Arthur Blair），英国左翼作家，新闻记者和社会评论家，代表作为《动物农庄》和《一九八四》。

**　乔治·奥威尔知名小说《一九八四》中的人物。

***　是乔治·奥威尔的《一九八四》中，大洋国的人民每天必须观看的短片。

[158]　参见 Mary Douglas, *Risk and Blame* (London: Routledge, 1992)，对风险的特定源头如何遭到指责作出了一般阐述，其中，特别是第 9～14 页，对具有文化渊源的指责实践进行了强调，这种指责实践无法通过研究对风险认知的个人判断而把握。

[159]　参见 Peter Sandman et al., "Communications to Reduce Risk Underestimation and Overestimation", 3 *Risk Decision & Policy* 93 (1998)。

方式取得了成功。同样，对于 2003 年攻打伊拉克，当布什政府将萨达姆·侯赛因用作戈尔茨坦效应的替罪羊时，这种方式也同样取得了成功。当然，提出这些主张，并没有必要对妖魔化奥萨马·本·拉登以及萨达姆·侯赛因予以质疑。那些被妖魔化者事实上可能确实是恶魔。

对于能够辨识的作恶者，人们的反应尤为强烈，这一点正如他们对一个能够辨识的受害者反应强烈一般。斯大林（Stalin）深谙此道："死一个人是场悲剧；死一百万人是个数字。"1993 年，全球的注意力都凝聚在女婴杰西卡（Baby Jessica）身上，这是个只有八个月大的婴儿，却不幸掉到一口井里。经过诸多努力，杰西卡得到营救，并且，当她满二十五岁时，她将得以继承一份金额为一百万美元的信托基金，这些钱多数来自赠与。与此相对，仅仅是数字化而没有具体的面孔或故事的受害者，所勾起的公众关注就少得多。对真正忧心于最差情形的政治家来说，最为紧要的任务之一就是，将公众对那些危及没有特定面孔受害者的风险的关注调动起来。

适用于受害者的道理也同样适用于施害者。如果一个作恶者具有明确的身份，比如一副面孔和生平所作所为，那么，公众就非常有可能支持作出积极反应。然而，气候变迁情境中，这样的一个施害者很难找到。公共及私人空间中无数人的无数决策，与自然之间发生互动，而升高的温度正是这种互动的产物。某种程度上，自然本身也有责任，或被认为有责任，公众的关注因此而大为消解。[160] 如果不考虑自然，那么，气候变迁的

---

[160]　参见 Iris Bohnet，et al.，"Betrayal Aversion on Four Continents"（2006）available at http：//papers. ssrn. com/so13/papers. cfm? abstract _ id＝902370。

因素也并非仅仅包括美国国内和世界范围的各种运动，而且还包括我们中的每个人通过我们日常活动和消费所致。这里没有鲜活的恶魔，没有人实际上打算造成气候变迁相关的损害。在恐怖主义情境中，"我们/他们"的叙事符合事实，而在气候变迁情境中，解铃者恰是系铃人。

有些人曾试图用戈尔茨坦效应来反对美国领导者，指控他们负有疏忽（negligence）和轻率（recklessness）之责。[161] 2001年，当布什总统拒绝《京都议定书》时，诸多欧洲公民及其领袖确实都大为火光。[162] 然而，没有人能够主张布什总统实际上寻求（sought）引发气候变迁。在接下来的年份里，积极分子可能以列举戈尔茨坦效应来反对美国和中国，这两个国家很可能成为温室气体排放的最大源头。然而，国家没有面孔！

更一般而言，大量证据表明，对于人们对风险的反应，愤怒有着普遍的重要性。一些研究对这一问题进行了检验：假定某种低概率风险引起愤怒，如与核工业废料辐射相关的风险，而另外一些低概率风险不引起愤怒，如氡（radon）* 泄漏。最引人注目的发现是，即便在核工业废料辐射（高度愤怒）和氡泄漏（低度愤怒）情形下的风险数据相同，对核工业废料辐射情形，人们还是表现出一种程度高得多的认知威胁，采取行动降低那种风险的意图也强烈得多。[163] 实际上，愤怒对于人们反应的影响大约等同于风险程度在数量上增长 4 000 倍的影响。[164] 通过

65

---

　　*　一种无色、有放射性的惰性气体元素，由镭蜕变产生。在放射疗法中可用作辐射源，在科研中可用于制造中子。

　　[161]　例见 Tim Flannery, *The Weather Makers* (London：Allen Lane, 2006)。

　　[162]　参见 Steven Brechin, *supra* note 35, at 123。

　　[163]　参见 Abbasi, *supra* note 40, at 106。

　　[164]　*Id.*

与普通风险水平对比，努力以此传达风险水平差别的意义，确实降低了愤怒的影响。然而，即便是做了那样的努力之后，愤怒仍然具有大约风险增长 2 000 倍后的相等效果。⑯ 几乎可以确定，愤怒对于包括化学物质排放在内的"知情权"立法具有促进作用。⑯ 恐怖主义是一种高度愤怒威胁，事实上，它可能是最高愤怒威胁，因而，公众的反应可能就远比对气候变迁所作的相应反应激烈。

当然，愤怒是一种社会和文化产物，而并不仅仅是一种天然事实（brute facts）。官员在各个领域中增强或减弱愤怒都是可为之事。特别是，通过将气候变迁某个首要根源国家确定出来，并指出通过采取一定措施，这些国家可以减少相关风险，那些关注气候变迁相关风险的人们的愤怒就很可能会增强。

文化和社会影响

66　　我曾试图借个体认知来解释美国人对恐怖主义和气候变迁的不同反应。但是，不同的群体具有不同的文化取向，并因而会关注于不同的危险源头和极其多样的最差情形。考虑一个寻常的例子："许多德国人认为吃过樱桃后喝水可以致命；他们还认为将冰块放入碳酸饮料中是不健康的。然而，英国人却非常受用于吃点樱桃后喝杯冰水；而美国人则喜欢冰镇饮料。"⑯ 其他文化变

---

⑯　参见 Abbasi, *supra* note 40, at 106。

⑯　参见 Hamilton, *supra* note 49, at 178 - 192。

⑯　关于食物选择决策的有趣概括，参见 Joseph Henrich, et al. , "Group Report: What Is the Role of Culture in *Bounded Rationality?*" *In Bounded Rationality: The Adaptive Toolbox* 353 - 354 (Gerd Gigerenzer and Reinhard Selten eds.) (Cambridge: MIT Press, 2001)。

量可能更为栩栩如生。一些文化中关于什么造成风险，以及什么降低风险的判断在另一种文化看来可能极其莫名其妙。[168]

丹·卡萨（Dan Kahan）、保罗·斯洛维奇（Paul Slovic）及其合作者已经将注意力放到"文化认知"（cultural cognition）上，即作为一种文化取向产物的有关风险判断。[169] 按照他们的进路，人类可以分为四个群体：个人主义者（individualist）、等级主义者（hierarchist）、平等主义者（egalitarian）和社会连带主义者（solidarist）。[170] 属于个人主义者阵营的那些人倾向于不信任政府规制，而相信自由市场，因而，他们不太可能特别关心气候变迁。等级主义者也同样如此，他们支持既定的社会秩序而拒绝破坏它的努力，而控制气候变迁很可能被视为破坏性的。与之相反，平等主义者不信任商业和被认为会造成大范围社会不平等的其他制度，整体而言，平等主义者对环境事业持同情态度，因而，他们较为关注气候变迁问题。社会连带主义者也同样如此，他们认为人类相互之间负有强烈的义务——破坏环境违反这一义务。

卡萨、斯洛维奇及其合作者宣称，文化认知有助于解释公众对于包括与气候变迁有关的各种风险的反应。平等主义者和社会连带主义者远比等级主义者和个人主义者更为关注气候变迁问题。事实上，卡萨、斯洛维奇及其合作者认为，与政党认同（party identification）和诸如种族、宗教、性别和财富等人口统计特征（demographic characteristics）相比，文化气质

67

---

[168]　参见 Mary Douglas, *Purity and Danger* (New York: Prager, 1966)。

[169]　参见 Dan Kahan and Donald Barman, "Cultural Cognition and Public Policy", 24 *Yale Law & Policy Review* 149 (2006); Dan Kahan, et al. , "Fear of Democracy", 119 *Harvard Law Review* 1075 (2006)。

[170]　关于这种进路的基础，参见 Mary Douglas and Aaron Wildavsky, *Risk and Culture* (Berkeley: University of California Press, 1983)。

（cultural disposition）是此类判断的更为准确的预测器。

气候变迁情境中，对于阻止气候变迁而采取的强烈措施，认为社会已经"变得过于软弱和女性化"，或政府"过于干涉我们日常生活"的那些人更可能进行抵制。对于与恐怖主义有关的特定风险减低措施所作出的不同判断，文化差异也可能与之有关。例如，《爱国者法案》就可能依据卡萨、斯洛维奇及其合作者所用意义上的文化维度对人们进行分类。

一些群体认为气候变迁是比恐怖主义更为严重的一种威胁，这些群体似乎也能够依据文化维度予以确认。我在芝加哥大学和耶鲁法学院做的小规模调查发现，大多数被调查者认为气候变迁是更为严重的问题，比例优势达 74％比 26％。然而，大多数美国人并不同意。芝加哥大学和耶鲁法学院的研究并没有测试文化气质，但是，我们可以有充分的信心说，比起个人主义者和等级主义者，平等主义者和社会连带主义者更可能将气候变迁风险置于与恐怖主义有关的风险等同，甚或更高的地位。

但是，确切而言，为什么个人主义者比平等主义者更加不关心气候变迁？是什么将"文化"与风险认知联系起来？对此，要想有所进展，我们应当尝试确定文化借以促进风险判断形成的具体机制。一个关键点在于社会影响。如果人们并不知道气候变迁是否造成了严重的风险，那么，他们的判断就会以他们从自己所知道和信赖者那里所了解的信息为基础而作出。认为气候变迁是一个严重问题的人们很可能不过是复制了其他人的观点。

社会影响采取两种形态：信息性的和声誉性的。[⑰] 假定被信

---

　　⑰　参见 Cass R. Sunstein, *Laws of Fear: Beyond the Precautionary Principle* 94 - 102 (Cambridge University Press, 2005)。

任者认为气候变迁是个严重的问题，并造成了严重风险。如果被信任者确信这一点，其他人就有理由追随他们，因为那样的信念提供了重要的信息。否则，另外一种情况便是，人们可能在特定的群体中自己保持沉默，以免与其他群体成员疏远。如果某一些群体中的异议者公开主张恐怖主义风险是被夸大了的，或者气候变迁并不是一个严重的问题，他们就将承受声誉风险，甚至是承受职业风险。当按照某些标准将人们分类之时，以及当某些信念倾向于"聚合"之时，这就显然是受到了社会的影响。气候变迁的信念在某种程度上是一种文化认知产物，对此，社会影响是解释的一个重要部分。

对于不同国家中存在的对恐怖主义和气候变迁的态度，我们可能也希望研究。也许，美国文化中的某些特质造成了不同反应。但是，即便这是真的，也不应当将文化当作一个黑匣子。显然，每个国家的内部判断都受到国内后果认知的影响，尤其是国内成本和收益的影响。关于这一点，我们将在臭氧消耗化学物质和《京都议定书》的批准情形中看到。影响个体行为的因素同样也会影响跨国变化。在一个国家中，显在事件能够极大地增强恐惧感，但在另外的国家则未必如此。此外，显在性的不同有助于解释跨国变化。可及性有助于解释这种变化——尽管认为什么是可及的受到文化差异影响，但它们也在一定程度上造成了文化差异。

随时而动的最差情形

与恐怖主义相关的最差情形具有极高的显在性。美国人的反应极大地受到可及性、概率忽略和愤怒的影响。与之相对，气候变迁的最差情形就较为弱化，因为美国人认为，他们几乎不会因温室气体排放而失去什么，并且，昂贵的规制措施主要是帮助了遥不可及的未来和其他国家的人们。部分由于这个原因，他们不愿意为减少这一问题而做大量工作。与恐怖主义有关的景象具体并且易于想象，而与气候变迁有关的景象却高度抽象。

当然，利益集团的压力、媒体的关注，以及公职官员的言论也会形成公众认知，并对采取有关规制性回应的可能性产生影响。2004 年，白宫发布了一份反恐战争情况说明书，它引用总统布什的演讲词作为开头："我们仍未安全……我们是一个处于危险中的国家。"[⑫] 相反，首相托尼·布莱尔主张，比起气候变迁威胁，"并不存在全球社会所面临的更为重大的长期问题"[⑬]。无疑，在英国，诸如此类的言论必然促进了公众对气候变迁的关注。

由于"9·11"袭击，以及由于控制气候变迁的严厉措施必将强加给美国高昂的成本，因而，任何美国官员都将只具有移转公众关注水平的有限能力。然而，可以肯定的是，对恐怖主义袭击的恐惧可以加强或减弱，并且公职人员可以增强显在性，并由此来提高对气候变迁相关风险的关注程度，进而放大对规制性反应的公众要求。

或许由于有形损害的更为鲜活的事例，如果公众对可能的成本和利益分析发生了变化，那么，对温室气体的国内控制以及美国参加到国际协议中去就将更加可能。[⑭] 对于气候变迁相关

70

---

⑫　参见 Cass R. Sunstein, *Laws of Fear*：*Beyond the Precautionary Principle* 166 (Cambridge University Press, 2005)。

⑬　Norton and Leaman, *supra* note 36, at 2.

⑭　因此，迈克尔·克莱顿（Michael Crichton）充满争议的畅销书《恐惧状态》(State of Fear)（New York：Harper Collins Publishers, 2005），表现了对认知和行为因素的强烈理解。（为避免泄密，我不作具体描述。）同样的情形也出现于阿尔·戈尔的卖座影片《被忽略的真相》(An Inconvenient Truth)（2006）。

的风险而言，并不仅仅是一个提高可及性的问题，而且也应当提供一些可能的活生生的图景。一次突发事件，小小的震动就能够使法律和规制发生重大变化。[15] 就恐怖主义而言，"9·11"事件虽说不能算一次小的震动，但却仅仅是一次突发事件，仅仅在一天，就极大地改变了美国人对有关风险的认知，并同时极大地影响了法律。

当然，对某些人来说，可及的事物未必对所有人都意味着可及，这部分是由于社会影响，部分是由于个人、文化和民族特质。因而，一些民族之所以认为与此种或彼种风险相关的不利后果"可及"，其原因不仅仅是由于高度公开的事件，还由于相关公民倾向于关注这些而非其他风险。然而，即便存在跨国变化，公众评估也可以通过可及的突发事件而改变，如果鲜活的事件变得高度显在，那么，进行积极的规制就会变得可能得多。

---

⑮　参见 Hamilton, *supra* note 49, at 178 - 186; Repetto, *supra* note 74, at 9; William Brock, "Tipping Points, Abrupt Opinion Changes, and Punctuated Policy Change", in *Punctuated Equilibrium and the Dynamics of U. S. Environmental Policy*, *supra* note 74, at 47; Kahn, *supra* note 70; Thomas Birkland, *Lessons of Disaster: Policy Change After Catastrophic Events* (Washington, D. C. : Georgetown University Press, 2006); Thomas Birkland, *After Disaster: Agenda Setting, Public Policy, and Focusing Events* (Washington, D. C. : Georgetown University Press, 1997)。

两个议定书的故事

通过深究臭氧消耗问题，以及世界对它的反应，我们可以对潜在的巨灾性风险有个较为充分的了解。气候变迁和平流层臭氧消耗如此相似，以至于许多人都无法将二者区别开来。[①] 思考一下这两个问题的共同特征。

（1）臭氧消耗和气候变迁所导致的威胁都相对新近的（理论或经验）科学研究而受到公众注意。1974 年，在一篇理论论文中，臭氧消耗问题被最早提起。有关气候变迁的第一篇论文出现的年份则是早许多的 1896 年，然而，现今的科学共识却是

---

① 参见 Andrew E. Dessler and Edward A. Parson，*The Science and Politics of Global Climate Change*：*A Guide to the Debate* 10 – 11 （Cambridge：Cambridge University Press，2006）。

20 世纪 90 年代所进行研究的结果。②

（2）两个问题都涉及来自不同国家的人工技术所引起的排放物影响，并且那种威胁会造成大规模的损害。两个问题都伴有灾难性的最差情形，包括对人类健康极为严重的威胁。

（3）由于消耗臭氧的化学物质和温室气体会在大气中停留非常长的时间，所以，这种危险一旦形成就很难改变，即便是采取即刻并且积极的行动。

（4）没有一个国家能够以一己之力消除这些威胁。事实上，甚至没有一个国家能够以一己之力在这个问题上取得重大进展，当然，这是撇开长期效用而言的。由于存在诸多的施害国，因而，有效的排放物控制需要国际协作。

（5）两个问题都引起严重的国际平等问题。富裕国家是臭氧消耗化学物质和温室气体的主要排放源，这样一来，主张矫正正义需要富裕国家为贫穷些的国家减少潜在风险买单看起来

---

②　参见 Robert Percival, et al. , *Environmental Regulation*: *Law*, *Science and Policy* 1047 (Boston: Aspen, 2003); Scott Barrett, *Environment and Statecraft* 363 (New York: Oxford University Press, 2005); 事实上，更早的一篇论文是在 1827 年，它勾勒了温室气体的可能影响，参见 James Houghton, *Global Warming*: *The Complete Briefing* 17 (3rd ed. , New York: Oxford University Press, 2004); Dessler and Parson, *supra* note 1, at 64 - 66。我提到一个科学共识，当然，也有一些不同声音，例见 Nir Shaviv, "The Spiral Structure of the Milky Way, Cosmic Rays, and Ice Age Epochs on Earth", 8 *New Astronomy* 39 (2003)（主张宇宙射线对近来的全球气温变化承担主要责任）; Nir Shaviv and J. Veizer, "Celestial Driver of Phanerozoic Climate?" 13 *GSA Today* 4 (July 2003)。对此的一个回应，参见 Stefan Rahmstorf, et al. , "Cosmic Rays, Carbon Dioxide and Climate", in Eos, *Transactions of the American Geophysical Union* (January 27, 2004)。2007 年，气候变迁国际小组得出结论指出，气候系统的升温"是不容置疑的，从全球平均气温和海洋温度的增加，冰雪融化的范围日广，以及全球平均海波的不断上升等观察中，这一点现在已经很明确了"。参见 Climate Change 2007: The Physical Science Basis, Summary for Policymakers, available at http: //www. ipcc. ch/spm13apr07. pdf, at 5。

就不无道理。

（6）两个问题都引起严重的代际平等问题。如果这两个问题都得不到控制，比起当代而言，未来世代就可能面对更大的风险，而一个关键的问题在于，当代应当为未来世代的利益作出多少牺牲？这个问题答案的复杂性还在于这样一个事实，当代付出费用，这会减少国家财富，而这可能最终会损害未来世代，原因很简单，可以确定，未来世代也将会仅有更少的资源可以依赖。

（7）两个领域中，美国都是关键角色，并很可能是全球最为重要的角色。美国之所以重要并不仅仅在于它所拥有的财富和实力，还在于这样一个事实，即美国一直是臭氧消耗化学物质和温室气体的最大排放源。

尽管存在这些相似之处，但是，这两个问题之间仍然有一个明显的不同点，即第一个问题已经基本解决，而第二个问题所取得的进展却极为微小。[③] 1987 年，一份意图对臭氧消耗化学物质进行控制的国际协议在蒙特利尔签署，并被 183 个国家批准加入（包括美国，参议院几乎一致同意批准）。随着这些国家对它们所负义务的履行，臭氧消耗化学物质的全球排放量大约下降了 95％，而自 1994 年以来，大气中的这些化学物质浓度也一直保持下降态势。据预测，到 2060 年，臭氧层将回复到它

---

③ 具有启发性的探讨，参见 Scott Barrett, "Montreal versus Kyoto: International Cooperation and the Global Environment", in *Global Public Goods: International Cooperation in the 21st Century* 192 (Inge Kaul, et al., eds.)（New York: Oxford University Press, 1999）。本章初稿基本完成之际，巴雷特（Barrett）的分析引起了我的注意，尽管巴雷特更强调遵守动机问题，但基本与这里论调一致，并且也对"泄漏"问题进行了强调，这一问题发生在污染活动从一国流向另一国之时，*id.* at 213。

的自然状态。

　　因而，《蒙特利尔议定书》（The Montreal Protocol）成为环境保护领域中一个引人入胜的成功故事。它的成功很大程度上不仅归功于美国政府的行动，也要归功于美国公司。前者对这一议定书的产生发挥了积极的作用，后者则站在技术创新的前线，为臭氧消耗化学物质找到了替代品。

　　而对于气候变迁，情形则完全不同。当然，1997 年于京都提出了一个国际协议，并且，在 2005 年俄罗斯批准加入以后生效。如今，批准加入《京都议定书》的国家超过 130 个。但是，许多国家不可能履行它们根据该议定书所应承担的义务，而美国则坚定地拒绝该协议，两党议员几乎一致反对批准加入。部分由于这样一种情势，未来几十年里，世界范围温室气体排放量预计仍将增长。

　　比起《京都议定书》，为什么《蒙特利尔议定书》要显得成功得多呢？这里，我将指出，蒙特利尔的成功以及京都的复杂场景在很大程度上都受到美国决策的影响，而这种决策建立在国内成本收益分析基础之上。对美国而言，《蒙特利尔议定书》的货币收益大大高于货币成本，因而，美国支持甚至热情拥护这一协议，情势因而就非常有利。诚如我们将会看到的那样，美国因臭氧层消耗一直承受如此之多的损失，以至于即便它单方采取蒙特利尔所要求的措施也值得为之。而对于整个世界而言，对《蒙特利尔议定书》的支持也是压倒性的。

　　但是，细致分析和经济理性并不是事情的全部：国家的注意力也会被鲜活的图像所牵引，被南极上空那不祥之兆——日益扩大的"臭氧空洞"所锁定。普通人很容易明白这种观念，地球正在失去一种"防护屏障"（protective shield），这种防护屏障可以保护人们免于陷入皮肤癌的可怕境地。

《京都议定书》所给出的是一幅完全不同的图景。有影响的分析表明，美国因该议定书所获收益将远逊于所付出的成本。这些分析表明，如果美国自己遵守协议，那么，整个国家就会失者良多，而得者甚少。而如果所有缔约方都遵守协议，那么，美国仍然是一个净输家。由于该协议的这种突出性质，一些分析甚至指出，从《京都议定书》中，整个世界所得与所失是并不明确之事。由于这个原因，有关情势对一个协议而言，成功的前景并不光明，对美国而言，即使不考虑哪一个政党主持白宫，加入该协议的前景也极其黯淡。对于整个世界，尤其是对于美国而言的不利成本收益比例，是造成《京都议定书》复杂场景的一个核心原因。

这些不同的评估也有助于解释其他的一些反常现象。例如，它们说明了几乎一致遵守《蒙特利尔议定书》，而可能普遍不遵守《京都议定书》的情形；它们也有助于解释美国公司强烈支持《蒙特利尔议定书》，但却坚决反对《京都议定书》；它们还有助于说明欧洲国家，尤其是英国最初为何以理论或猜测的科学证据为依据，而在对臭氧消耗问题作出反应方面谨小慎微。然而，欧洲国家，尤其是英国，在号召采取行动回应气候变迁问题上一直都非常积极。

除非相关减少措施所认知的国内成本降低，所认知的国内收益增加，或者两种有利情况同时发生，否则，美国不可能批准加入减少温室气体的国际协议。当然，道德义务和行为因素可能影响最终判断。如果美国人心悦诚服地认为他们有义务采取行动，从而保护其他国家或未来世代免于面对灾难性后果，那么，他们可能乐于负担这些成本，但其他情形下，这些成本是不可接受的。如果鲜活的事例看起来能够表明气候变迁的风险真实并且严峻，那么，回应的可能就会多得多。但是，除非这样一种回应的成本降低，或者所认知的收益增加，否则美国将不太可能采取昂贵的行动来减少温室气体排放。

没有美国的参加，任何一项温室气体协议的成功程度都会很有限，因为，整个世界排放量中，美国所贡献的比例是如此之高。

臭氧消耗

含氯氟烃*（chlorofluorocarbons）最初被用作冰箱中的冷 76
冻剂，部分原因在于，它们远比其他可用的替代物安全，因为这些替代物要么易燃，要么就有危险的毒副作用。④ 除了被广泛用于制冷外，CFCs 还被用作气溶喷雾罐（aerosol spray cans）的发生剂（propelllants）。CFCs 以及相关化学物质，如著名的哈龙**（halons）具有广泛的商业和军事用途，这就为它们的制造厂商带来了数以亿计的营业收入。

1974 年，舍伍德·罗兰（Sherwood Rowland）和马里奥·

---

* 中国俗称氟利昂，由碳、氢、氯及氟构成的卤烃化合物，曾经作为喷雾容器中的推进剂及制冷剂被广泛使用，含氯氟烃被认为会导致大气臭氧层的枯竭。下文中，为方便起见，按照原文简写为 CFCs。

** 哈龙（Halons）是一类含溴的烃类衍生物，主要被用于制作灭火剂。——译者注

④ 参见 Dessler and Parson, *supra* note 1, at 20。

莫利纳[*]（Mario Molina）撰写了一篇举世瞩目的论文，最早提出 CFCs 给臭氧层造成了威胁。[5] 根据他们的分析，CFC 分子缓慢进入高层大气中，在那里，由于紫外线的照射而释放出氯原子，这些原子会危及保护地球免于过度日照的臭氧层。对于人类健康而言，其潜在后果很明显，因为，不过是在臭氧层破坏与皮肤癌联系起来仅两年之后，罗兰和莫利纳就撰写了那篇论文。[6] 1971 年，有人曾明确指出，1％的臭氧层损坏将导致每年新增7 000 人死于皮肤癌。[7] 如果罗兰和莫利纳是正确的，那么 CFC 排放就会造成严重的健康风险。

在紧接下来的一年里，臭氧层消耗问题在美国引起了广泛的关注，当时，在全球 CFC 使用方面，美国大约占了 50％。科学界做了大量的理论和经验研究工作。国家科学院（National Academy of Science）以及许多其他研究机构也为此出谋划策。大量研究结果支持了莫利纳和罗兰的最初观点。[8]

与之同时，CFC 工业也在努力行动并公布自己的研究，力
77 图发动一场积极的公共关系运动，以对将 CFCs 和臭氧消耗联系

---

* 弗兰克·舍伍德·罗兰（Frank Sherwood Rowland，1927 年 6 月 28 日— ）是美国化学家，诺贝尔化学奖得主，现为加州大学尔湾分校的化学教授。他的研究主要涉及大气化学和化学反应动力学。

何塞·马里奥·莫利纳-帕斯奎尔·恩里克斯（José Mario Molina-Pasquel Henríquez，1943 年 3 月 19 日— ，生于墨西哥墨西哥城）是一位墨西哥化学家，是最主要的发现南极臭氧空洞的先驱者之一。他因为解释了氯氟碳化合物（CFCs）破坏地球臭氧层的机理而成为 1995 年诺贝尔化学奖获得者之一。他也是唯一获得过诺贝尔奖在科学方面的奖项的墨西哥人。——译者注

[5] 参见 Percival et al.，*supra* note 2, at 1047。

[6] 参见 Dessler and Parson，*supra* note 1, at 24。

[7] *Id.*，at 25.

[8] *Id.*，at 33.

起来表示质疑。⑨ 杜邦公司是全球最大的生产商，在一个参议院小组面前，它的一个高级执行官论证指出，"此时此刻，氯-臭氧假设（chlorine-ozone hypothesis）纯粹是没有任何具体证据……支持的猜测。"⑩ 至少，工业代表提出一年的迟延不会引起任何损害，以及在进一步研究确定此种风险的确真实存在之前，不应当强加费用高昂的规制措施。⑪

消费者对这一问题的看法则非常不同。由于媒体对这种危险的强烈关注，美国消费者迅速消减了他们对气溶喷雾的需求，消减幅度超过一半，因而，这些产品的市场也就急剧疲软。⑫ 同样的公众关注也激起了国内规制。1977 年，国会修正了《清洁空气法》，允许环境保护署对臭氧消耗化学物质进行规制。⑬ 1978 年，环保署禁止在非必要应用中将 CFCs 用作气溶喷雾剂，并且对"必要使用"（essential uses）的豁免情形界定了标准。⑭ 由于这一禁令，美国的气溶胶产量锐减了大约 95％。⑮ 美国对臭氧消耗影响的显著降低很快就得以实现，并且实现的方式几乎没有强加什么成本。

为什么如此之多的消费者会作出回应？对此，有三种回答。第一，皮肤癌很容易想象，而一种容易想象的损害尤其可能影响行为。第二，人们容易想象得到地球上空的"防护屏障"处

---

⑨　参见 Richard Benedick, *Ozone Diplomacy*: *New Directions in Safeguarding the Planet* 12 (Cambridge: Harvard University Press, 1991)。

⑩　*Id*.

⑪　参见 Dessler and Parson, *supra* note 1, at 33。

⑫　参见 Benedick, *supra* note 9, at 28, 31。

⑬　42 U.S.C § 7457 (b).

⑭　43 Fed. Reg. 11301 (March 17, 1978).

⑮　参见 Benedick, *supra* note 9, at 24。

于危险之中，而这种图像是一种推动力。第三，对于消费者而言，做一点行为改变并不是那么难以承受。气溶喷雾罐很难说是日常生活所必要，因而，代之以其他产品不会带来严重的困难。

尽管国内行动汹涌澎湃，国际协作却仍然杳无踪影，而且最初看来，达成国际合作的努力注定是要以失败告终。一个关键的原因在于欧洲共同体（欧盟的前身）的怀疑和反对。欧共体坚决拒绝美国所采取的那类规制措施。[⑯] 在大多数欧洲国家，由于媒体几乎不予关注，因而，公众也就相对不大关心臭氧消耗问题。[⑰] 私人公司在相关结果中攸关的经济利益，由于受到这些公司的严重影响，大多数欧洲国家对这一问题都不过是作出象征性的姿态，比如自愿减排规则（voluntary emission code），而不是进行规制性限制。工业界所主张的此类要求的费用，数以万计的可能失业人口，很大程度上造成了欧洲反应微弱的局面。[⑱] 英国政府尤其受到帝国化学工业（Imperial Chemical Industries）的影响，后者是全球最大的 CFC 生产商。[⑲] 在英国，CFCs 的出口对英国外汇有着重大影响。

随着 1980 年里根总统的获选，美国政府变得更加怀疑规制性控制，因而，1980 到 1982 年，限制臭氧排放方面几乎没有什么进展。然而，1983 年，美国要求世界按照它自己的政策，禁

[⑯] 参见 Benedick, *supra* note 9, at 24。

[⑰] 参见 Dessler and Parson, *supra* note 1, at 43。

[⑱] *Id.*, at 24 - 27, 33.

[⑲] 参见 James H. Maxwell and Sanford L. Weiner, "Green Consciousness or Dollar Diplomacy? The British Response to the Threat of Ozone Depletion", 5 *International Environmental Affairs* 19, 21 (1993)。

止在气溶喷雾剂中使用 CFCs。[20] 意味深长的是，美国政府并没有要求采取会强加新的国内成本的国际行动，它仅仅是寻求一种可能取代既存国内限制的协议，将规制负担强加于其他国家，以微小的成本或零附加成本为美国赢得收益。尽管如此，美国国内的工业组织最初也激烈地反对这一新立场，认为它赋予了臆测的科学以不应得的信任，并担心对 CFCs 进行进一步的控制。[21] 尽管有这些反对意见，政府仍坚持了它的立场，但是，直到 1984 年，国际谈判仍一直陷于僵局。

然而，1985 年，一项新的科学分析指出，真正的灾难性损害是可能的，它可能因臭氧积聚层的突然崩塌而出现。这些科学新发现以及 1987 年的另外一些研究表明，在 1957 至 1984 年间，南极上空的臭氧层总量大约消耗了 40%，并且更为严峻的是，南极上空的臭氧层已经形成了一个"空洞"，这个空洞的大小相当于整个美国。[22] 这一鲜活的图像俘获了公众的想象力，并将美国人的观念之潮引向对 CFCs 进行全面禁止。同时，这些研究也催动了国际谈判的进程。[23] 由于存在这般的最差情形，即刻的行动看起来就至关重要。但是，欧洲领导者仍对此种科学持怀疑态度，并仍然纠结于成本，因而，他们继续拒绝国际协议，他们对此辩称，美国正在进行"恐惧兜售"[24]（scaremongering），并且"美国已经慌里慌张地采取了'草率的措施'"[25]。

79

---

　　[20]　参见 Percival, et al., *supra* note 2, at 1048。美国政策的改变似乎与美国环保署行政长官由威廉·鲁克萧斯（William Ruckelshaus）替代安·戈萨奇（Ann Gorsuch）有些关系。参见 Dessler and Parson, *supra* note 1, at 115。

　　[21]　*Id.*, at 117.

　　[22]　参见 Maxwell and Weiner, *supra* note 19, at 26。

　　[23]　*Id.*

　　[24]　*Id.*

　　[25]　Benedick, *supra* note 9, at 33.

其他细致的科学调查也使这一威胁显得越来越难以忽略。1986 年，美国国家航空和宇宙航行局（NASA）/世界气象协会小组提起了一次极其细微的证据讨论，得出结论认为，CFCs 的持续增长会对臭氧层造成重大损害。[26] 1988 年，NASA 建立的臭氧趋势小组（Ozone Treads Panel）重申了 CFCs 是臭氧"空洞"主要原因的基本发现，并且它提出了一项新的全球重大趋势分析。[27] 这些结论一般被视为权威，它们帮助扫清了通往《蒙特利尔议定书》道路上的障碍。

1986 年，美国工业界的立场开始动摇，明显的原因在于，安全的 CFCs 替代产品生产取得了重大进展。[28] 尽管仍然主张 CFCs 不会造成即刻的危险，但杜邦公司支持对 CFC 排放量实施的一项国际冻结，并将此看作发现南极上空臭氧"空洞"之后的合理预防措施。[29] 杜邦以及其他生产商承诺尽早地逐步取消生产，并同时支持国际控制。毫无疑问，公共关系是此处的一个因素，这一点正如这样的一个事实，即相关厂商不再特别有利可图。比起外国生产商，在开发替代产品和将其推向市场方面，美国生产商具有一种比较优势，因而，他们将此视为一个新的商机。[30] 欧洲共同体甚至曾猜测认为，1983 年，里根政府的"变节"是得知美国生产商已经秘密开发出了替代产品的情形之后的蓄谋之举。[31]

80

---

[26] 参见 Dessler and Parson, *supra* note 1, at 251。

[27] *Id.*, at 252.

[28] *Id.*, at 127.

[29] 参见 James Hammitt, "Stratospheric-Ozone Depletion", in *Economic Analyses at EPA* 131, 157（Richard Morgenstern ed.）（Washington, D. C.：Resources for the Future, 1997）。

[30] *Id.*

[31] *Id.*

执行部门的一些美国官员赞同工业界的观点，认为冻结而不是消减排放量可能是合理的。然而，国会的观点却并不含糊。以 80∶2 的优势，参议院通过了一项决议，要求里根总统采取积极行动保护臭氧层，包括即刻的冻结，以及将臭氧消耗化学物质完全消除。[32]

随之而至的是里根政府内部的激烈讨论期。行政管理和预算局（Office of Management and Budget）对积极的控制措施持怀疑态度，而环境保护署则倾向于支持。[33] 一项细致的成本收益分析表明，施以控制的成本远比预计的要低得多，而收益则高得多，在这之后，这样的内部分歧才得以解决。用这一过程的深度参与者理查德·培尼狄克（Richard Benedick）的话说，"重大突破……以总统的经济顾问委员会（Council of Economic Adviser）所作的成本收益研究形式出现。分析得出结论认为，尽管存在科学和经济上的不确定性，但是阻止未来因皮肤癌死亡的货币收益也远远超过了控制 CFCs 的成本，无论这种成本是工业界，还是环保署所评估的。"[34] 特别是环境保护署和经济顾问委员会都得出结论指出，臭氧层消耗将会造成死于皮肤癌人数的"惊人"增长，到 2165 年，这一数目将超过五百万。[35] 皮肤癌和人们所中意的休闲运动（如躺在海滩、园艺以及其他夏日活动）之间的这种因果关联无疑有助于激起这样一种共识：

81

㉜　参见 133 Cong. Rec. S 7750 (June 5, 1987)。

㉝　参见 Dessler and Parson, *supra* note 1, at 135 – 136。

㉞　Benedick, *supra* note 9, at 63.

㉟　参见 Stephen J. DeCanio, "Economic Analysis, Environmental Policy, and Intergenerational Justice in the Reagan Administration: The Case of The Montreal Protocol", 3 *International Environmental Agreements: Politics, Law & Economics* 299, 302 (2003); Hammitt, *supra* note 29, at 155。

这个问题需要予以积极应对。

美国人的立场确定之后，这就为一项新议定书的谈判打下了基础。在早期，主要由法国、意大利和英国领导的欧洲共同体力主谨慎，采取"知而后行"（wait and learn）战略。㊱ 由于担心帝国化学工业的立场，英国最初拒绝采取积极行动。㊲ 在施以严格的额外控制方面，美国发挥着领头羊的作用，其他几个国家也加入进来，包括加拿大、新西兰、芬兰和挪威。力主严格控制的那些国家极力强调不可逆性问题。由于一些 CFCs 存续时间达一个世纪或更为长久，为避免未来需要采取更加昂贵的措施，以及出现更具有破坏性的结果，立即行动起来就很有必要。

历时数月的讨论结果是在蒙特利尔召开了一次具有决定性的会议，这一会议于 1987 年 9 月 8 日开始，有 60 多个国家参与，其中超过半数为发展中国家。该议定书的核心条款并不仅仅是对 CFCs 进行一项冻结，而是要求到 1998 年消减 50％，同时附带规定自 1992 年起，开始对三种主要的哈龙进行冻结。50％的数字是一种妥协，妥协方为美国和欧洲，美国提议消减95％，而欧洲建议仅仅进行冻结。

棘手的问题在于如何对待发展中国家。尽管这些国家中的 CFCs 的消费不高，但它们的国内需要却处于持续增长之中，并且如果设计不周，那么，协议的结果无非是将 CFCs 的生产和使用从富裕国家转移到贫穷一些的国家，而这对于全球问题则毫无裨益。然而，发展中国家合理地提出，它们不应当坚持与富

㊱　参见 Hammitt, *supra* note 2, at 68。
㊲　参见 Maxwell and Weiner, *supra* note 19, at 27。

裕国家相同的标准，富裕国家应当首先为这一问题负责。印度和中国特别强调指出，占世界人口不足 25％的国家制造的 CFCs 超过全球总量的 90％。⑧

　　这种要求通过几个步骤予以满足，包括对发展中国家施以宽松的限制以及为它们提供经济援助。按照《蒙特利尔议定书》第 5 款的规定，10 年内，发展中国家有权将 CFCs 增至一个特定的水平，之后 10 年，它们就要受到消减 50％的约束。此外，一项基金机制也建立起来，通过这一机制，大量资金（最初为 4 亿美元）被移交到贫穷国家。这些规定被批评为过度暧昧，并最终成为推迟关键问题的方式。但是，它们却提供了一个最初框架，这是一个运转极其顺利的框架。《蒙特利尔议定书》对那些不遵守者施以商业惩罚，而这些措施产生了强烈的遵守动机。

CFC 规制的成本与收益

　　对臭氧消耗问题，美国为什么会摆出一副如此积极的姿态？很大程度上，答案在于经济顾问委员会及其他机构所做的成本收益分析，这些分析表明，通过设计良好的协议，美国的所得将远远大于所失。环保署的分析表明，依照目前的排放量计算，至 2165 年，将有超过 500 万人患上皮肤癌，另有两千五百万人患白内障。如果 CFC 消减 50％，那么，这两个数字将分别变为二十万和两百万（见表 2）。当然，作为其基础的科学并不绝对排斥尚有争议的估计。关键问题在于对国内成本和合收益的认知——而在 20 世纪 80 年代后期，几乎每一种系统分析都表明，

83

---

　　⑧　参见 Percival, et al., *supra* note 2, at 1052。

《蒙特利尔议定书》对美国极为有利。

根据环保署的数据，即便单方采取行动，美国也是完全有理由的，这是因为即便仅仅消除美国自己的 CFCs，美国所获得的健康收益也将为美国公众带来巨大收获。而如果全世界都加入《蒙特利尔议定书》，那么，这种收益将会翻两番，能够阻止 2.45 亿例癌症，包括避免至 2165 年因癌症而导致的 500 万人死亡。[39] 并且，《蒙特利尔议定书》的预计成本相对较低，不过 210 亿美元而已。而即便是这一数字，也可能是高估了的，因为没有考虑不可预见的技术革新之影响。[40]

臭氧消耗问题的一个最显著特征在于，随着时间的流逝，美国将越来越不再是这一问题的大户。短期来看，美国单独采取积极行动能够由国内的成本收益计算而充分合理化。然而，长期来看，如果能够进行国际合作，那么，美国将会有利得多，其中，尤其是与发展中国家建立合作，后者将日益成为臭氧消耗化学物质的主要排放源。只有以这种方式来审视，我们才能理解美国对于《蒙特利尔议定书》的热情。

表 2　《蒙特利尔议定书》对美国的成本与收益（1985 年）

（单位：10 亿美元）

	《蒙特利尔议定书》	美国单方执行《蒙特利尔议定书》
收益	3 575	1 363
成本	21	21
净收益	3 554	1 352

关于《蒙特利尔议定书》对整个世界的成本和收益，我们

---

[39]　参见 Barrett, *supra* note 3, at 146。

[40]　*Id.*, at 231.

没有完整账目。但是，如果我们以 1997 年加拿大的一项研究为基础，我们就能够计算出一个非常近似的大体估计（见表 3）。[41] 这些特定的数据之中，很多都是建立在有争议的假定基础之上，但是，不仅对美国，而且对整个世界而言，《蒙特利尔议定书》都是一种非比寻常的交易，就这一更为宏观的结论而言，今天基本上已无争议。[42]

表 3　1987—2006 年《蒙特利尔议定书》的全球收益和成本

（单位：美元）

避免皮肤癌数	20 600 000
避免死于皮肤癌数	333 500
避免白内障数	129 100 000
货币化收益（包括渔业损失、农业和物质资料；不包括健康收益）	$ 4 590 亿
预防死亡的货币化收益	$ 3 330 亿
货币化健康收益（避免非致命皮肤癌和白内障）	$ 3 390 亿
货币化成本	$ 2 350 亿
净收益	＞ $ 9 000 亿

《蒙特利尔议定书》签订后，对臭氧消耗物质的限制就迅速得到强化，直到 1990 年在伦敦，全世界范围内逐步消减 15 种不同的 CFCs 得到承诺。[43] 那时，欧洲共同体已对这种危险表示

---

[41]　参见 Barrett, *supra* note 3, at 237。

[42]　例如将一个人的生命作何种货币估算都极有争议，采用同意的数字也同样如此。有关探讨，参见 DeCanio, *supra* note 35, at 304 - 306；Cass R. Suntein, *Law of Fear：Beyond the Precautionary Principle*（New York：Cambridge University, 2005）。

[43]　有关信息摘要可见 Dessler and Parson, *supra* note 1, at 240 - 241。

85 信服，并对进一步的消减制定了一个时间表，这最终促成了
2000 年时达成了一项协议，该协议将完全消除 CFCs 的使用和
生产。在这个节点，英国作为最早对规制性控制表示怀疑的源
头，帝国化学工业扮演了一个非常不同的角色，它们开始行动
起来珍惜经济机遇，转向替代化学物质的生产。㊹

当欧共体宣称将在 1997 年消除 CFCs 时，由于不想被甩在
身后，美国宣布它将在 1996 年完成那一目标。加速的行动受到
如下证据的刺激，即取消的成本远比预计的低得多，而臭氧层
所遭受的损害则比近期所认为的还要大得多。而自从那时起，
几乎所有的国家都同意取缔 CFCs。臭氧层的新危险基本停滞，
因而，臭氧"空洞"也开始日益缩小。在环境领域中，《蒙特利
尔议定书》成为国际合作史上一个最令人惊叹的成功故事。

气候变迁

在对臭氧消耗化学物质进行关注的一个大致相同时期，对
温室气体的关注也开始升温。对这两个问题，最差的情形都曾
在公共讨论中发挥了重大作用。但是，许多禁止 CFCs 的主要角
色在温室气体方面倒置了它们的立场。在臭氧消耗问题上，美
国首先单方行动起来，然后寻求国际限制。而对于温室气体排
放，国际行动首先出现，而美国的国内控制则极其谨慎。

欧洲国家曾一度是规制臭氧消耗化学物质的重大障碍，那
时，它们钟情于"知而后行"方式。而对气候变迁，它们却一直
倾向于采取规制性控制，英国则扮演着领头羊的角色。立场的

㊹　参见 Dessler and Parson, *supra* note 1, at 33。

错位表明，将美国塑造成一副对环境问题的全球解决方案持怀　86
疑态度的形象，或将欧洲国家塑造成一副更致力于环境目标的
形象，就没有希望反映出问题的全部。同样，将美国对温室气体
的立场完全塑造成共和党领导的功劳，显然也并不充分。实际
情形正相反，前后差别取决于对国家利益、公众意见的衡量，
以及强势的私有主体所发挥的作用。

自 20 世纪 80 年代后期起，国际组织就对气候变迁问题表现
出极大的关注。1988 年 12 月，联合国大会（the United Nations
General Assembly）就发布了一项决议，宣称气候变迁是"人类共
同关心之事"（common concern of mankind），并号召作出全球回
应。1989 年，欧洲共同体表示，它将支持处理这一问题的国际协
议。1992 年，在里约环境与发展大会期间，包括美国在内的 180
多个国家签署了《气候变迁框架公约》（Framework Convention on
Climate Change）。事实上，美国是第一个批准该《框架公约》的
工业化国家，而这为以后随之发生的一切埋下了伏笔。

与《蒙特利尔议定书》不同，《框架公约》没有对减排规定
量化限制。在该公约谈判过程中，美国坚决反对规定此类限制，
这种姿态一如臭氧消耗化学物质的早期讨论中，英国曾经的所
作所为。该《框架公约》将它自己仅限于信息收集要求，以及
含糊不清的追求，诸如稳定排放量以防止"危险地妨害"（dan-
gerously interference）全球气候。后来，缔约各方同意制定一
种法律工具，以对发展中国家设定数量限制。该公约于 1992 年
由美国参议院批准，并于两年后生效。　　　　　　　　　　　87

《框架公约》开始了一项新的进程，包括每年举行会议。
1995 年，公约各方（包括美国，当时由克林顿总统领导）会聚
柏林，同意确定排放量限制的具体期间，并赞同达成一个具体

包括这些限制的议定书。克林顿政府似乎支持"柏林指令"
(Berlin Mandate)，它要求工业化国家承诺对温室气体排放进行
限制。然而，其他国家领导者对这种承诺并不热情。

1997 年，参议院一致通过 98 号决议（Resolution 98），根
据该决议要求，如果协议可能损害美国的经济利益，或者它仍
未能"在同等遵守期间内，对发展中国家缔约方规定限制或减
少温室气体排放的新的具体日程化义务"，那么，总统克林顿就
不能同意。⑮ 事实上，参议院一直得出结论认为，"对发展中国
家的任何豁免都与气候变迁的全球行动不一致，并且是对环境
的破坏。"它进一步指出，它"坚决认为"，所考虑的这些提议
"会对美国经济产生严重损害，包括大量的失业、贸易劣势、增
加的能源和消费者损失，或者以上表现的任意组合"。

作为一份参议院中没有民主党反对的两党支持议案，98 号
参议院决议非常重要，这是因为，它所要求的发展中国家承诺
几乎不可能实现。通过作出这一决议，参议院基本确保了美国
将不会批准温室气体减排的任何协议。与此相对，十年前的里
根政府期间，参议院几乎一致赞同采取积极行动保护臭氧层，
并且在 1996 年，参议院也曾一致赞同更快速地消除 CFCs，并
且是以超过《蒙特利尔议定书》及其修正案所要求的速度。

对于这一决议，事实上是对京都谈判，整体而言，克林顿
政府采取的是一种暧昧的态度。部分原因在于副总统阿尔·戈
尔的存在，政府确实支持一定的国际反应。⑯ 尽管如此，仍然声

88

---

⑮　参见 143 Cong. Rec. S 5622 (June 12, 1997)，available at http：//www. na-
tionalcenter. org/KyotoSenate. html。

⑯　参见 George W. Pring，"The United States Perspective"，in *Kyoto*：*From
Principles to Practice*，185，196（Peter D. Cameron and Donald Zillman eds. ）（New
York：Kluwer Law International，2001）。

称支持自愿性措施，而不是规制措施，此外，它支持会给国家
经济造成相对较小负担的措施。

在 1997 年 12 月的京都谈判期间，美国支持相对温和的规
制性限制，反对消减排放水平，而支持稳定当前的排放水平。[47]
显而易见，美国所支持的限制措施要比欧盟和日本所追求的强
度低。为遵守参议院决议，美国谈判官员对最主要的发展中国
家做了很大努力，以图说服它们同意在未来某个时期限制它们
的排放量，但这些国家表示拒绝。

事实上，在谈判过程中，美国的许多立场都遭到了拒绝。
最终，包括美国在内的多数主要发达国家达成了《京都议定
书》，该议定书对温室气体排放量作出了严格的定量限制。进行
具体消减者限于"附件 1"国家——这些国家接受该议定书规
制。整体来看，这个名单表目的在于，这些国家将会表现出一
种整体上的消减，从 1990 年整体排放量水平减低 5％，这一目
标必须在 2008 到 2012 年之前实现。例如，美国被要求将 1990
年的排放量消减 7％；日本消减 6％；欧盟消减 8％。有些国家
被允许增加排放量，这些国家包括冰岛、挪威和澳大利亚。值
得注意的是，《京都议定书》没有如《蒙特利尔议定书》那样，
对那些不能遵守承诺者强加商业惩罚，或者其他处罚。发展中
国家没有作出任何承诺，尽管它们被允许与附件 1 国家进行排
放交易*（emissions trade）。

为什么选择这些具体的特定排放量呢？最简单的答案在于
国家的自身利益，尤其是对于发展中国家而言，它们根本没有

89

---

　　* 已达到并超越减量目标的国家，可将其多减的额度卖给其他国家，仅限于京
都议定书中附件所列国家之间才可进行，它的第一个起算期为 2008 年至 2012 年。

　　[47]　*Id.*，at 198.

赞同任何限制。[48] 1996 年，印度的温室气体排放量超过德国；朝鲜超过法国。然而，这些国家没有一个受到《京都议定书》的限制。俄罗斯获得的目标排放率为它 1990 年水平的 100%，但是，1997 年，它的实际排放量就仅有那一数量的 70%了，这是因为经济困难导致能源使用的大量消减。《京都议定书》所创设的交易体系了俄罗斯大量的经济实惠，这一点我们每一个人都看得到。

德国似乎承诺进行重大消减，将 1990 年的水平消减 8%，在 2012 年实现。然而，实际上，1997 年时，它自己的排放量已经比 1990 年时下降了 10%。这种下降是与东德重新合并的结果，东德日益下滑的经济造成了排放量的巨幅下降。对于英国而言，所发生的故事版本也没有什么完全不同的地方。8%的消减目标并没有看起来那般残酷，这是因为，天然气国家补贴已经导致 1997 年的排放量水平比 1990 年时降低了 5%。到现在为止，就强制消减的实际成本来看，最大的输家就是美国。

因此，参议院中所出现的对批准持反对立场的强烈两党共识，就一点也不奇怪。无论是民主党，还是共和党，都没有一个议员公开支持《京都议定书》。尽管副总统戈尔在谈判过程中发挥了关键作用，但是，克林顿政府向国会承诺，参议院批准之前，它不会采取任何措施以执行该议定书。并且，除非该议定书获得发展中国家"有意义的参与"（meaningful participation），否则它不会寻求批准。[49] 事实上，整个过程都弥漫着一种不现实，因为"大西洋两岸的每一个人 1997 年时就都早已知

90

---

[48] 参见 Rechard Benedick, "Morals and Myths: A Commentary on Global Climate Policy", 109 *WZB-Mitteilungen Heft* 15, 15–16 (Sept, 2005)。

[49] 参见 *Pring*, *supra* note 46, at 205。

道，美国永远都不会加入如起草那般的议定书"⑤。

布什政府没有表现出这样的犹疑不定。2001 年，总统布什对发展中国家的不参与大肆渲染，从而将《京都议定书》描述为"存在致命瑕疵"，并且是"实际上的死亡"（effectively dead）。在一份重要函件中，布什总统写道，"我反对《京都议定书》是因为，它豁免了 80％的国家遵守规定，其中包括主要的人口中心，如印度。并且，它会对美国经济造成严重损害。"事实上，美国曾试图说服其他国家也拒绝这一议定书，尤其是日本和俄罗斯。

《京都议定书》于 2005 年生效，而最初正式对它作出承诺的国家数量确实令人惊讶。在最初参与《京都议定书》制定过程的那些国家中，只有美国和澳大利亚没有批准加入。2001 年，《马拉喀什协议》（Marrakech Accord）作出了进一步的创新，根据该协议，发展中国家成为技术转让协助基金的受益者。⑤ 尽管这一基金的水平尚未具体确定下来，但是，欧盟已经承诺每年捐赠4.1 亿美元。⑤ 就此而言，《蒙特利尔议定书》和《京都议定书》可能看起来几乎平行。但是，表象常常具有恶劣的误导性。诚如我们应当看到的那样，整个世界最不可能靠近《京都议定书》设定的目标。

京都目标的成本和收益

对于美国和整个世界来说，《蒙特利尔议定书》的预计收益

---

⑤ Benedick, *supra* note 48, at 16.

⑤ 参见 Percival, et al., *supra* note 2, at 1072 - 1073；Matthew Vespa, "Climate Change 2001：Kyoto at Bonn and Marrakech", 29 *Ecology Law Quarterly* 395（2002）。

⑤ 参见 Percival, et al., *supra* note 2, at 1073。

91 比成本要高。那么,《京都议定书》的相关数据又如何呢？由于气候变迁问题的属性,任何回答都将极富争议,因此,我应当对这里的争议花费点精力。⑤ 我的目的并不是要解决这些争议,而是要澄清那时那刻认知到的成本和收益。当然,参议员们不会以正式的成本收益分析为基础作出他们的决策,并且,此类分析在执行部门内部所发挥的作用也并不稳定。然而,基本数据或者说至少是对它们数量的大体认识,无疑对国内行为产生了影响。

从美国的成本开始。克林顿政府较早的一份分析认为,至2010 年,《京都议定书》产生的成本是"适度的",仅会造成汽油价格上涨 4％到 6％,平均每个家庭能源账单每年增加 70 到 110 美元。⑭ 但是,这些预算是充满争议的,即便在政府部门内部也是如此。能源部（the Department of Energy）预计,2010 年,汽油价格的上涨幅度为每加仑 1.39 美元到 1.91 美元,电

---

⑤ 相关具有启发性的探讨,参见 Nordhaus and Joseph Boyer, *Warming the World: Economic Models of Global Warming* (Cambridge: MIT Press, 2000); William R. Cline, "Climate Change", in *Global Crises*, *Global Solution* (Bjorn Lomborg ed.) (Cambridge: Cambridge University Press, 2004)。Frank Ackerman and Ian Finlayson, *The Economics of Inaction on Climate Change: A Sensitivity Analysis* (Forthcoming 2007)。也可参见 P. Watkiss, et al., "The Impacts and Costs of Climate Change", (Brussels: European Commission DG Environment, (September 2005), available at http: //ec. europa. eu/environment/climat/pdf/final _ report2. pdf; Claudia Kemfert, "Global Climate Protection: Immediate Action Will Avert High Costs", 1 *DIW Weekly Report*: 135 (2005)。有关当前及未来变化的一般阐述,参见 "Climate Change 2007: The Physical Science Basis, Summary for Policymakers", available at http: //www. ipcc. ch/SPM13apr07. pdf。作者预计,接下来的 20 年,每 10 年温度升高 0.2 摄氏度。*Id.*, at 12。他们还认为,即便温室气体浓度稳定了,"由于气候进程和反馈相关的时间因素,生态变暖和海波升高都会持续数个世纪"。*Id.*, at 16。

⑭ 参见 Pring, *supra* note 46, at 194。

力价格的增长幅度为 20％到 86％。⑤ 受工业资助，沃顿商学院
（Wharton School）做了一份研究，所预计的成本远远高于以上
这些估测。⑥ 除了每加仑汽油价格上涨 65％，能源和电力价格
接近翻倍之外，它还预测，将会损失 240 万个工作岗位，国家
的国民生产总值减少 3 000 亿美元。平均每个家庭每年负担的成
本总额达 2 700 美元。⑤

在我看来，这些数据过于浮夸，不过，它们却获得了巨大
的公众关注。最为细致、客观并且很有影响力的分析中，有一
种是由威廉·诺德豪斯（William Nordhaus）与约瑟夫·博伊
（Joseph Boyer）于 2000 年时发表的。⑧ 正如他们所表明的那样，
很大程度上，这些要取决于排放交易额。如果交易是自由可及
的，美国公司的成本就会巨幅降低，因为它们可以避免昂贵的
排放消减要求，并相应地依赖于购买许可证。这些数据的其他
不确定性因这样的事实产生，即技术创新可能使成本降低，这
可能会如 CFCs 情形时一样。《京都议定书》的最差情形，即没
有有效交易的情形，按照现值（present value）计算，将会给美
国造成的成本总额为 8 520 亿美元；最好的情形，包括全球交

92

———————

⑤　参见 Pring，*supra* note 46，at 196。

⑥　参见 Wharton Economic Forecasting Associates，"Global Warming：The
High Cost of the Kyoto Protocol，National and State Impacts"（1998），available at ht-
tp：//www. heartland. org/pdf/11399. pdf。

⑤　*Id.*

⑧　参见 Nordhaus and Joseph Boyer，*supra* note 53。有关减排成本的一个比较
乐观的观点，可参见 "Climate Change 2007：Mitigation of Climate Changes，Summa-
ry for Policymakers"，available at http：//www. ipcc. ch/SPM040507. pdf。在作者看
来，通过"净负成本"达致缓解的机会很多，这意味着，有利可图的选择，比如降
低的能源成本，超过了它们的成本，但不包括所避免的气候变迁带来的收益。*Id.*，
at 12。到 2030 年，全球国民生产总值下降的总值低于 1％，这是一个稳定水平。
Id.，at 16。然而，认为这种生产是建立在高度乐观的假定之上是合理的。

易，将会给美国造成的成本总额为 910 亿美元。诺德豪斯和博伊提出，最为可能的数据为 3 250 亿美元，这一数据假定只有附件 1 中国家的交易，而不包括其他国家。

在附件 1 交易的情形下，整个世界所承担的成本预计较低，仅为 2 170 亿美元，而在无交易的情形下，这一数据为 8 840 亿美元。[59] 原因在于，许多国家将从许可证出售中获得大量收益，尤其是东欧国家，从而，即便撇开它们可能收获的环境收益不算，它们也将会成为纯粹的赢家。仅仅是授予许可证就会为俄罗斯和欧洲国家带来数百亿美元的收益（附件 1 交易的总额为 1 120 亿美元）。这数以亿计的美元收入等同于一种交易，而它们是否能被算作《京都议定书》带来的"收益"则是一个合法性问题。但是，即便将这一数额囊括进来，该议定书的全球成本仍然得以千亿美元计算。

对于这些预计成本，美国和世界所能够获得的回报是什么呢？这里再次涉及大量的不确定性，甚至比成本方面的不确定性更多。[60] 我们从整体的气候变迁预计成本开始，然后分析《京都议定书》的影响。这两个问题非常不同，将它们分开处理十分重要。即便气候变迁的预期成本很高，某一特定的反应可能在减少这些成本方面碌碌无为，并因而也不能带来丰厚的收益。

在它的 2001 年报告中，政府间气候变迁问题小组（Interg-

---

[59] 参见 Nordhaus and Joseph Boyer, *supra* note 53。

[60] 有价值的概述，可参见 *Avoiding Dangerous Climate Change* (Hans Joachim Scellnhuber et al. eds.) (Cambridge: Cambridge University Press, 2006); Richard Tol, "The Marginal Damage Costs of Carbon Dioxide Emissions: An Assessment of the Uncertainties", 33 Energy Policy 2064 (2005); Nordhaus and Joseph Boyer, *supra* note 53; Cline, *supra* note 53; Ackerman and Finlayson, *supra* note 53。

overnmental Panel on Climate Change）预计，到 2100* 年，温度将增长 1.4 至 5.8 摄氏度。2007 年，国际小组（international panel）缩小了不确定性的范围，根据各种情形，提出了到 2100 年，变暖的最佳估计值为 1.8 至 4.0 摄氏度之间。很显然，上升 1.4 摄氏度所造成的损害远比上升 5.8 摄氏度少得多。[61] 但是，专家对可能的损害，甚至是假定全球平均温度的某一特定增长，都极不赞同。[62] 如果气候变迁骤然而至，那么，所造成的损害将远远超过其他非此情形，突发的气候变迁可能导致全球性灾难。[63] 巨灾风险的数量也有争议，而任何此类风险都必须纳入全局分析之中去[64]，但如何纳入某种巨灾风险同样也充满争议

93

---

　　* 原文为 2001，应为 2100 年，应为印刷错误。——译者注

　　[61] 参见 Percival, et al. , *supra* note 2, at 1058。根据对当前趋势的一种阐述，接下来的 50 年内将会变暖 2 到 3 摄氏度。参见 *Stern Review：The Economy of Climate Change At Vi*（2006）, available at http：//www. hm-treasury. gov. uk/independent_reviews/stern_review_economics_climate_change/sternreview_index. cfm。从长远来看，温度升高超过 5 摄氏度的变暖概率超过 50％。*Id*。

　　[62] 参见 Tol, *supra* note 60; Houghton, *supra* note 2; *Stern Review*, *supra* note 61, at 55 - 84。关于共识的论述，参见 "Climate Change 2007：Impacts, Adaptation, and Vulnerability, Summary for Policymakers", available at http：//www. ipcc. ch/SPM13apr07. pdf. 作者得出结论认为，气候变迁 "正在使许多自然系统遭受影响"，*id* at 1，并且，未来的影响可能包括："史无前例的组合，涉及气候变迁、相关混乱，例如洪水、野外火灾、虫害、海洋酸化（ocean acidification）以及其他全球变迁影响，包括污染"。*Id.*, at 5。由此，将会对数百万人的健康产生不利影响，包括因炎热、洪水、风暴、火灾和干旱而增加的死亡。*Id.*, at 7。特别严重的影响预计是对亚洲所产生的，包括 "至少国内生产总值 5％~10％的适应成本"。*Id.*

　　[63] 参见 Richard A. Posner, *Catastrophe：Risk and Response*（New York：Oxford University Press, 2005); *Avoiding Dangerous Climate Change*, *supra* note 60。

　　[64] 参见 *Stern Review*, *supra* note 61, at v, 152 - 165, 195（探讨极其糟糕结果的可能性）; Nordhaus and Boyer, *supra* note 53（预计发生巨灾性风险的可能为 2％到 6％之间）; Peter Challenor, et al. , "Towards the Probability of Rapid Climate Change", in *Avoiding Dangerous Climate Change*, *supra* note 60, at 55, 61（预计出现突发性气候变迁，即可能的巨灾风险大约是 30％到 40％之间）。

（见第 3 章）。此外，大量分析指向折扣率的选择。因为，从消减排放量所得收益多为未来才能获取的，与一个较高的折扣率相比，一个较低的折扣率显然将意味着从降低风险中所得收益要高得多（见第 6 章）。

根据诺德豪斯和博伊的分析，气候变迁的当前世界成本大约为 4 万亿美元。[65] 让我们正确审视一下这一成本：美国每年的国民生产总值是 13 万亿美元，所意味的资本储备价值至少为 100 万亿美元。[66] 然而，4 万亿美元是一个庞大的数目，并且如果使用的是一个较低折扣率，或者气候变迁发生得很突然，那么，即便是这一数据也可能远远偏低。[67] 根据其他估计，气候变迁将造成发达国家的 GDP 下降 1％或 2％，造成发展中国家的 GDP 下降 5％或更多。[68] 现在，还有一些其他的估计提出，气候变迁的全部成本将非常之高，或许高达全球 GDP 总量的 6％到 8％，甚或更高。[69]

如果《京都议定书》能够消除气候变迁的全部成本，那么，

---

[65] 参见 Nordhaus and Boyer, *supra* note 53, at 130–132（4 万亿美元）；也可参见 Posner, *supra* note 63, at 44（细究并质疑了 4 万亿或 5 万亿美元的估算）。有关一个新近得多，并且更为体系化的研究努力，参见 *Stern Review*, *supra* note 61, at i–xi（提出因全球变暖 5 到 6 摄氏度，全球国民生产总值预计损失 5％到 10％，其中贫穷国家损失 10％）。对此，一个批判回应提出，由于不合理的低折扣率，损失数额被夸大了，可参见 William Nordhaus, "*The Stern Review* on the Economics of Climate Change"（November 17, 2006）, available at http：//nordhaus. econ. yale. edu/SternReviewD2. pdf. 对气候变迁和移民战略问题，理查德·托尔（Richard Tol）曾撰写了许多颇有见地的论文，有关合集可参见 http：//www. uni. -hamburg. de/Wiss/FB/15/Sustainability/tol. htm＃publications。

[66] 参见 Posner, *supra* note 63, at 44。

[67] 参见 Ackerman and Finlayson, *supra* note 53。

[68] 参见 Houghton, *supra* note 2, at 188。

[69] 参见 Kemfert, *supra* note 53; *Stern Review*, *supra* note 61, at x（预计总损失为世界 GDP 总量的 5％到 20％之间）。

自然就没有什么分析家来质疑是否物有所值了。但是，在诺德豪斯和博伊看来，这一协议实际上具有极其微小的作用，至2100 年，不过是将预计的升温降低 0.03 摄氏度。[70] 而根据其他估计，至 2300 年，该协议将会使预计升温降低 1.2 摄氏度。[71] 气候变迁是全部温室气体排放的一个函数，而《京都议定书》对全部温室气体排放仅具有很小的影响。这里涉及三点：第一，印度以及其他发展中国家根本不受该协议规制，而这些国家现在已经是气候变迁的重要因素。不久的将来，预计它们将成为影响更大的因素。第二，既存的温室气体排量将继续导致温度上升，即便是未来的排放量巨幅消减，也将不能消除这一问题。第三，《京都议定书》没有要求缔约方实质消减排放量，而不过是要求它们回复到略低于 1990 年的排放量水平——这个时期的排放量已经在导致气候变迁。

94

对美国来说，气候变迁和《京都议定书》的预期效果又是什么呢？根据著名的预测，美国极不可能因气候变迁而面临最严重的损害。[72] 一些估计表明，实际上，美国农业将会成为全球变暖的净受益者。[73] 其他一些评估指出，美国将是一个净输家，但却不会达到其他国家那样严重的程度，这部分是因为，大多

---

[70]　参见 Nordhaus and Boyer，*supra* note 53，at 152。

[71]　参见 Cline，*supra* note 53，at 29。

[72]　参见 Nordhaus and Boyer，*supra* note 53，at 96 - 97。有关北美的一个悲观阐述，可见 "Climate Change 2007: Impacts, Adaptation, and Vulnerability, Summary for Policymakers"，available at http: //www. ipcc. ch/SPM13apr07. pdf, at 9 - 10。证明这种悲观主义合理性的完整报告，可参见 http: //www. ipcc. ch。

[73]　参见 Oliver Deschenes and Michael Greenstone，"The Economic Impacts of Climate Change: Evidence from Agricultural Output and Random Fluctuations of Weather"（2006），available at http: //www. aei-brookings. org/publications/abstract. php? pid＝1031；也可参见第 1 章注 77 中有关经济影响的其他预测。

数严重的负面健康影响并不如预计的那样；部分则是因为，美国的经济依赖于农业的程度相对较低。[74] 如此来看，对于《京都议定书》之于美国自己的成本和收益，我们就能够给出一个大致的预计。这种预计并无意给出任何具体数值的评估，而是对美国进行关键决策之时，对卓越的分析家所提出的意见进行描述（参见表4）。[75]

表 4 《京都议定书》对美国的成本与收益（2000 年）

（单位：10 亿美元）

	《京都议定书》	单边行动遵守《京都议定书》
收益	12	0
成本	325	325
净收益	−313	−325

根据这些数值，对于美国，《京都议定书》不是一项有利的交易。120 亿美元的预计收益虽然并非微不足道，但比起 3 250 亿美元的预计成本而言，它就相形见绌了。为遵守《京都议定书》而单边采取实质行动，很可能不会有任何收益。如果美国自己单方消减排放量，那么，这可能是为了臆想的收益而采取费用极为高昂的行动。或者，这至少是当时的重要人物理解具体情势的方式。

这并不是说，美国单方采取的行动没有任何理由可言。[76] 或

---

[74] 参见 Nordhaus and Boyer，*supra* note 53。与另一探讨相比较，参见 *Stern Review*，*supra* note 61，at 130（注意到，温度上升 3 摄氏度，可能的影响是 GDP 损失在 1.2％到 GDP 增加 1％之间浮动，并且强调，这种评估没有充分考虑极端天气事件的影响，如飓风）。

[75] 根据以下内容整理，Nordhaus and Boyer，*supra* note 53，at 156 - 167。

[76] 参见 Posner，*supra* note 63。这里存在一个可以类比的疑问，即为什么加利福尼亚州于 2006 年单方对温室气体排放实施了重大限制，限制程度基本与《京都议定书》的限制等同。参见 Felicity Barringer，"In Gamble, California Tries to Curb Greenhouse Gases"，*New York Times*，Sept. 15, 2006, at p. 1。下文中，我将对这种疑问予以说明。

许，这样的行动能够带起一个范围更广、更具包容性（inclu-
sive）的进程，并最终成功地说服其他国家，包括印度，也减少
它们的排放量。或许，此类行为能引发技术创新，以此对气候
变迁产生实质性长期影响，并因而以一个低于现在所预计的成
本而实现目标。然而，对于气候变迁，任何这样的战略都是一
场赌博，而根据杰出分析家提供的数据，坚守传统的成本收益
方式，并不是最容易的事。

　　更重要的是，对于美国而言，所认知的《京都议定书》成
本要比《蒙特利尔议定书》高得多（大约 3 130 亿美元），而所
认知的收益则低得多（大约 35 620 亿美元）。参议员和布什政府
中最为杰出的官员可能不会意识到这些具体的数据，也可能不
会依据某种正式的成本收益计算作出他们的决策。然而，《京都
议定书》后果的直觉意识对他们作出不予支持的决策发挥着关
键作用。在参议院，共和党和民主党议员似乎都清楚，由于没
有将发展中国家包括在内，该议定书将带来沉重的成本，而仅
获得相对较低的收益。在执行部门，大家普遍持这种低回报高
成本的认知，即便是认为气候变迁是一个严峻问题的那些人也
同样如此。

　　当然，利益群体的力量，或道德义务可能使国家远离专家
预测的成本和收益结果。在美国有关气候变迁的争论中，利益
群体和道德义务都发挥了重要的作用。但是，就《京都议定书》
而言，在阻止批准该议定书方面，正式和非正式的国内成本收
益评估发挥了重大作用。

　　对于整个世界而言，《京都议定书》的收益—成本比要更优
一些，但也不是特别好，不是好得接近《蒙特利尔议定书》的
对应数据（见表 5）。当然，对待这些数据，必须持诸多保留，

这是因为，它们建立在有争议的假定基础之上，这些假定有关如下内容，包括排放交易程度、技术创新、折扣率、突发性或巨灾性升温概率，以及生命和健康估价。若使用更低的一种折扣率，或对这些基础性假定作细微的改变，都会使降低温室气体的收益巨幅增加。[77] 理性的人们可能期望成本变得非常之低，或者能给出一个收益非常之高的评估。[78] 或许，《京都议定书》可能不过是作为，并且可能仍将继续作为一个起点，从而走向一个更为广泛、更具包容性的协议。然而，考虑到美国那时所面对的数据，依据整个世界所获收益而论证批准《京都议定书》当然暧昧，并且远比《蒙特利尔议定书》的批准论证要暧昧得多。

97

表5　《京都议定书》对世界的成本与收益（2000 年）

（单位：10 亿美元）

	《京都议定书》
收益	96
成本	338 或 217（如将东欧的 1 120 亿美元许可证算作抵消成本）
净收益	－242 或－119

现在，我们可以明白为什么美国会对《京都议定书》如此地吹毛求疵。但是，为什么这么多的国家对它表示出了支持热情呢？问题的部分原因在于对国内成本和收益的评估——对很多签字国而言，评估的结果看起来有利可图，或者至少看起来无所损益，而结果不过仅仅对美国不利。无论全球收益可能是

---

[77]　参见 Ackerman and Finlayson，*supra* note 53。关于折扣率的影响究竟多大的阐述，参见 William Nordhaus，"The Stern Review on the Economics of Climate Change"（2006），available at http：//nordhaus. econ. yale. edu/recent _ stuff. html。

[78]　参见 Cline，*supra* note 53，at 31。指出《京都议定书》会以巨额成本为世界谋取收益，同时也指出，它在降低变暖方面发挥作用相对较小。

什么，或可能不是什么，为数不少的独立国家，尤其是东欧国家，从签订议定书中所得要远远大于所失，这些所得包括那些价值不菲的排放许可证，因为它们能够进行货币交易。有些国家，比如德国和英国，看上去似乎作出了雄心勃勃的承诺，要消减其排放量，事实上，它们根本不会这样做。在达成条约中的具体国家目标时，国内私利发挥着重要的作用，因而，这些目标根本就不会那么让这些国家劳心费神。

有些国家，或是它们的领导者可能从参与签署的影响中获利，尤其是当它们同时可以借此置美国于尴尬之地时。如果某些国家的领导人能表达出应对全球国际挑战的强烈承诺，诸多国内选民就会为此而欣喜，并留下深刻印象。如果看起来强烈承诺并不会强加大量成本，那么一切就会更好了。

也许，一些国家确实以全球利他主义者自居，或许，一些 _98_ 国家对气候变迁的后果有着非比寻常的悲观（或准确）理解，或者相信《京都议定书》将启动一系列协议，从而最终来看，所得远远大于所失。并且，或许一些国家，尤其是那些将会因此所失最多的国家，并不相信《京都议定书》实际真的能够具有拘束力。在这种观点看来，该协议不过是"廉价磋商"（cheap talk），即一种表达不会付诸实践之承诺的方式。我们来考虑一下支持这一观点的一些证据。

尽管附件 1 国家中，除了美国和澳大利亚都进行了批准，但是，签署《京都议定书》的几个国家距离它们的消减目标仍遥不可及。直到 2008 至 2012 年之间（具体时间因国家而异），才被要求遵守承诺。而即便实际日期到来之时，情势将会发生好转也仍不过是可能。[79] 然而，完全遵守是不可能的。欧盟的许

---

[79] 所有数据均来源于：UNFCCC, Key GHG Data: Greenhouse Gas (GHG) E-missions Data for 1990—2003 submitted to the UNFCCC, at 16 - 17 (November 2005)。

多国家离它们于《京都议定书》下的目标尚有十万八千里之遥（参见表 6）。当前数据和既有趋势表明，几个欧洲国家将不能履行它们的义务。相反，《蒙特利尔议定书》的遵守情况近于完美。

99

表 6　欧盟的京都目标

国家	目标	1990—2003 年排放量变化（%）	与 2008—2012 年要求相符度
澳大利亚	−13.00	16.50	否
比利时	−7.50	1.30	否
丹麦	−21.00	6.80	否
芬兰	0	21.50	否
法国	0	−1.90	是
德国	−21.00	−18.20	接近
希腊	25.00	25.80	接近
爱尔兰	13.00	25.60	否
意大利	−6.50	11.50	否
卢森堡	−28.00	−16.10	否
荷兰	−6.00	1.50	否
葡萄牙	27.00	36.70	否
西班牙	15.00	41.70	否
瑞典	4.00	−2.30	是
英国	−12.50	−13.00	是

将附件 1 国家作为一个整体来看，它也并不比欧盟做得更好（见表 7）。[80] 一些国家排放量的增长与美国不相上下，甚或比之更高。这些国家包括加拿大、新西兰、澳大利亚、希腊、

---

[80]　所有数据均来源于：UNFCCC, Key GHG Data：Greenhouse Gas（GHG）Emissions Data for 1990—2003 submitted to the UNFCCC，at 16 - 17（November 2005）。

爱尔兰、葡萄牙、西班牙以及意大利。的确，温室气体排放量的大幅消减确实出现在了保加利亚、爱沙尼亚、拉脱维亚、捷克共和国、立陶宛、匈牙利、波兰、俄罗斯、乌克兰、冰岛、卢森堡、英国、瑞典以及德国。然而，这些国家大多数都位居中欧和东欧，而这些地区刚刚遭受了严重的经济萧条，因而能源使用水平大幅降低。那里的经济形势导致了排放量在相关时期整体下降了37%。[51]

100

表7　附件1国家的京都目标

国家	目标	1990—2003 年排放量变化（%）	与 2008—2012 年要求相符度
保加利亚	−8	−50.00	是
捷克共和国	−8	−24.20	是
欧盟	−8	−1.40	否
爱沙尼亚	−8	−50.80	是
拉脱维亚	−8	−58.50	是
列支敦士登	−8	5.30	否
立陶宛	−8	−66.20	是
摩纳哥	−8	30.00	否
罗马尼亚	−8	−46.10	是
斯洛伐克	−8	−28.30	是
斯洛文尼亚	−8	−1.90	否
瑞士	−8	−0.40	否
美国	−7	13.34	否——拒绝批准
加拿大	−6	24.20	否

[51]　参见 "Rich Countries' Greenhouse Gas Emissions Ballooning", available at http：//www. commondreams. org/headlines03/0610—07. htm。

续表

国家	目标	1990—2003 年排放量变化（%）	与 2008—2012 年要求相符度
匈牙利	−6	−31.90	是
日本	−6	12.80	否
波兰	−6	−34.40	是
克罗地亚	−5	−6.00	是
新西兰	0	22.50	否
俄罗斯联邦	0	−38.50	是
乌克兰	0	−46.20	是
挪威	1	9.30	否
澳大利亚	8	23.30	否——拒绝批准
冰岛	10	−8.20	是

由于中欧和东欧的形势，一个好消息是，1990 年到 2003 年间，附件 1 各缔约国的温室气体排放总量减少了 184 亿吨，平均减少比例为 5.9%，表面看来与京都 5.2% 的目标相符。⑧ 但是，平均数是极具误导性的，因为，若依据京都在各个国家中的目标分配，那么比起已出现的整体消减，今天所应达到的整体消减水平要高得多。原因在于，消减发生在那些排放率已经很低的国家，而那些高排放率国家（尤其是美国）的排放量，整体上仍然在增长，而不是在减少。

到 2010 年，富裕国家的整体排放量比 2000 年的水平可能增长高达 17%，因而将远远高于京都的目标。⑧ 一个重要的结论是，如果美国努力实现《京都议定书》所设定的目标，那么，

---

⑧　参见 UNFCCC，*supra* note 79，at 14。

⑧　参见 "Rich Countries' Greenhouse Gas Emissions Ballooning"，*supra* note 81。

它就必须强行实施非常积极的规制性限制。鉴于大多数富裕国家排放量的可能增长，以及东欧经济的日益复苏，京都的目标很可能无法实现。

经验教训

《蒙特利尔议定书》非比寻常的成功，《京都议定书》一波三折的复杂场景，从对这些的理解中，我们能够得到什么样的经验教训呢？这里，我们只有两个数据来源，因而，在作出一般性结论时，我们必须慎而又慎。[84] 但是，有两点经验似乎不仅重要，而且没有争议。

第一点经验是，美国的公众意见有着重大影响，至少在实际行为中有所反映。当臭氧消耗受到媒体的狂轰滥炸之时，美国消费者便会予以回应，而回应的方式就是减少购买含有 CFCs 的气溶喷雾剂。这种行为弱化了工业界对规制的抵制，因为，包含 CFCs 的生产线不再如以往那样有利可图。此外，来自消费者的市场压力催动了开发 CFC 替代品的技术创新。如其他领域

---

[84]　参见 Barrett, *supra* note 3。参见 Jack Goldsmith and Eric A. Posner, *The Limits of International Law* (Oxford: Oxford University Press, 2005); Jack Goldsmith, "Liberal Democracy and Cosmopolitan Duty", 54 *Stanford Law Review* 1667 (2003)。参见 Maxwell and Weiner, *supra* note 19, at 37–38。参见 Wojciech Kopszuk, et al., "The Limitations of Decentralized World Redistribution: An Optimal Taxation Approach," 30 *European Economic Review* 1051 (2005)。关于以下辩护，我暂时置于一旁，一是《京都议定书》可能是走向更好协议起点的可能性，或者，在美国看来，积极的技术推动会大大有助于温室气体排放控制。参见 Nordhaus and Boyer, *supra* note 53, at 175（提议征收国际烟尘排放税，以大约每吨 15 美元起征）; Cline, *supra* note 53, at 37（提议征收更高的烟尘排放税，以 150 美元每吨起征，到 2100 年增至 600 美元）。

一样，在环境领域中，市场本身也可以是技术催动型的。与此
102 同时，公众意见对公职官员施加了巨大压力，影响着立法者和
白宫官员的行为。

与此相对，在欧洲，介入 CFC 生产和使用的那些主体几乎
感觉不到公众意见的压力，至少在初期，这一点是肯定的。这
种压力的缺位，以及组织有序的私人集团的运作，共同确保了
至少在谈判之初，欧洲国家在规制问题上持一种弱势立场。后
期，英国和欧洲的公众意见和消费者行为已经发生了巨大转变，
并且，这种转变也对那里的政治领导人的态度产生了巨大
影响。⑧

对于气候变迁，美国的态度和欧洲早期对待蒙特利尔的态
度极为明显地相似，敦促规制者"知而后行"；直至今天，高层
官员也只是建议进行调查研究和采取自愿行动，而不是发布减
排命令。确实，自 1990 年以后，在美国，气候变迁问题已经引
起了大量的媒体关注。但是，公众还没有通过消费者选择对这
种关注作出回应，并且最有力的证据表明，大多数美国公民事
实上并没有对气候变暖的风险保持警戒。无论是对市场，还是
对官员，美国消费者和选民都没有施加什么压力，以求对那种
风险作出反应。

当然，对于这一话题，公众意见还没有定型，因而，官员
确实仍有很多操作空间。⑧ 如果卓越的政治家宣布气候变迁造成
严重风险，并且无须多少成本就能减少这种风险，此外，道德
要求美国保护未来世代免于这些风险危害，那么，采取更为积

---

⑧　参见 Maxwell and Weiner, *supra* note 19, at 32 - 33。

⑧　参见 "Doing It *Their Way*", *The Economist* 22 (September 9 - 16, 2006)
(报道了美国民意转向)。

极的行动就很有可能。加利福尼亚已经采取重大措施来控制温
室气体，其中，部分原因正在于它的公民希望如此。行为因
素，而不是简单地痴迷于成本收益，能够将公众意见引入新的
方向。

　　第二点经验是，没有美国的参与，意图解决全球环境问题
的国际协议将极有可能沦为纸上谈兵，而美国参与的唯一可能
是，所认知到的国内收益至少在国内成本的大致范围内。一般
而言，在国际法中，后面这一点并不新颖，尽管这一点的强势
形式争议重重。[37] 这里，我微不足道的看法是，要使全球性的环
境保护协议有效力，美国必须被劝服认为，它的所失将不会比
它的所得高出很多。

　　当然，美国不过仅占全球温室气体排放量的五分之一——
从平均数来看，这确实让人瞠目，但是，如果其他国家愿意采
取没有美国参加的行动，那么，这个数字还没有高到可以羁绊
国际行动的程度。实际上，如果能够对那另外的80％排放量进
行大幅消减，那么，就能够对气候变迁大有影响。问题在于，
如果美国站在一边冷眼旁观，那么，依靠其他国家采取合作的、
积极的行动几乎肯定没有可能。

　　在京都，即便在美国提议它加入的情况下，印度等仍对致
力于减排不大情愿。除非存在一定程度的互惠，以及可能的大
额单方支付（如蒙特利尔协议中那样），否则，那些国家以及其
他的发展中国家将很可能不愿意将收益转交给工业化国家。

---

　　[37]　参见 Goldsmith and Posner, *supra* note 19, at 32 – 33。参见 Oona Hathaway
and Ariel Lavinbuck, "Rationalism and Revisionism in International Law", 119 *Harvard Law Review* 1404 (2006)。

施害者与受害者

如果那些造成气候变迁的最大源头国家同样也会因变暖的温度而失去最多，那么，要达成一项国际协议就极为容易。这样的话，它们就会有强烈的动机去消减它们的排放量。在臭氧消耗化学物质的情境中，一定的此类道理确实存在，最大的施害者（美国）同时也处于特别的风险之中。但是，如果主要的施害者相对而言不会有什么损失，那么，要达成一项这样的协议就要困难得多。

表8对气候变迁的预计损失给出了一份可以信赖的评估。[88] 但是，必须有所保留地对待这些特定数据：它们假定到2100年变暖2.5摄氏度，但存在一种最差情形，涉及温度上升4摄氏度或更高，损害无疑将会高得多。即便按照2.5摄氏度的假定计算，这里的数据也很难说反映了最差的情形。但是，即便我们对数据作了重大调整，一些国家显然也比其他国家要更为脆弱得多。[89] 由于农业所获巨额收益，俄罗斯定然是全球变暖的净

---

[88] 参见 Nordhaus and Boyer, *supra* note 53。更新一些的论述可见 "Climate Change 2007: Impacts, Adaptation, and Vulnerability, Summary for Policymakers", available at http://www.ipcc.ch/SPM13apr0707.pdf, 以及 *Stern Review*, *supra* note 61。

[89] 参见 Cline, *supra* note 53, and Ackerman and Finlayson, *supra* note 53, 给出一幅气候变迁引起的较为严重的货币化损害。同时注意到诺德豪斯和博伊认为，中国和美国容易遭受巨灾性气候变迁损害，两国的预计损失为 GDP 的 22.1%。参见 Nordhaus and Boyer, *supra* note 53, at 90。较为完整的论述可参见 *Stern Review*, *supra* note 61, 104-106, 128-129。一般阐述可见 "Climate Change 2007: Impacts, Adaptation, and Vulnerability", available at http://www.ipcc.ch/SPM13apr0707.pdf, at 9-10。

获利者。印度尤为容易遭受健康风险和农业损失，而非洲国家肯定会因气候相关的疾病而遭受巨额损失。因此，印度和非洲　*105*
GDP 的大量损失并不仅仅是货币性的，它们反映了疾病和过早死亡的大量增加。

表 8　2100 年温度上升 2.5 摄氏度的 GDP 损失百分比

国家（地区）	GDP 损失百分比
印度	4.93
非洲	3.91
欧洲经济合作与发展组织	2.83
高收入石油输出国组织	1.95
东欧	0.71
日本	0.50
美国	0.45
中国	0.22
俄罗斯	−0.6

根据这些数据，我们可能预测到，对于控制温室气体排放，俄罗斯将不会特别热情，除非是，某一种排放交易制度可能确保俄罗斯会获得大笔货币（如《京都议定书》实际上正是这样）。如俄罗斯一样，根据预测，中国也会从农业生产中获益，而它的健康损失则相对较少，远比非洲和印度所预测的少得多。在农业和健康方面，美国都面临着有限的威胁。因为，农业不过占美国经济的 2％，即便美国农业遭受气候变迁的损害，这也不可能对美国经济造成毁灭性的打击。并且根据一些预测，美国农业还可能因之获益。[90] 毫无疑问，更高的温度会导致疾病和死亡

---

[90]　参见 *supra* note 73。

的一定增长，但是，与其他国家比起来，美国远没有那么脆弱。

106　　因此，我们应当预测到，相对而言，美国对减少温室气体排放不会太有兴趣，并且，正如我们已经看到的那样，它的行为与预测也相符合。当然，世界经济是互相依赖的，因而，如果许多国家遭受了严重的负面影响，那么，美国也将受到影响。并且，如果升温幅度超过 2.5 摄氏度，那么，和世界其他国家一样，美国也会变得非常容易遭受巨灾侵袭。然而，关键问题是很清楚的。当前世界上气候变迁问题中的最大的施害者，即美国，却位居所预计损失的序列底端。与日本、法国、西班牙、印度、英国和德国的公民相比，美国的公民更不担心气候变迁问题，或许这没有什么可惊讶的。[91]

现在，我们来对比一下各国预计会因全球变暖遭受多少损失，以及如果它们减少温室气体排放会遭受多少损失。表 9 简要列出了 2000 年全球施害者（限于二氧化碳，首要的温室气体）。根据这些数据，如果被要求减少它们的排放量，美国和中国将最难以承受高额负担和成本。当然，如果美国或中国开发出了一种廉价的温室气体减排方法，那么，这一图景就会发生改变。然而，在没有这种创新的情形下，如果巨幅消减排放量，那么，可以预计，温室气体的首要排放国将会承受巨大负担。

表 9　2000 年二氧化碳施害者构成（%）

国家（地区）	占比
美国	20.6
中国	14.7
欧盟—25	14.0

---

[91]　参见 "Doing it Their Way", *supra* note 86, at 22。

续表

国家（地区）	占比
俄罗斯	5.7
印度	5.6
日本	3.9
德国	3.0
巴西	2.5
加拿大	2.0
英国	1.9
意大利	1.6
韩国	1.5
法国	1.5
墨西哥	1.5

Kevin Baumert et al., *navigating the numbers* 12（2005）

当然，还存在一个重要问题，有关随着时间变化的趋势。过去的主要施害者可能未必是将来的主要施害者。现有数据表明，最大的施害者可能继续维持现状。但是，随着中国和印度排放量的增长，俄罗斯和德国排放量的下降，也将出现重大的转折（见表 10）。

107

表 10　二氧化碳排放变化（1990—2002 年）

国家（地区）	变化值（%）
中国	49
美国	18
印度	70
韩国	97
伊朗	93
印度尼西亚	97
沙特阿拉伯	91

续表

国家（地区）	变化值（%）
巴西	57
西班牙	44
巴基斯坦	60
波兰	−17
欧盟—25	−2
德国	−13
乌克兰	−48
俄罗斯	−23

Kevin Baumert et al., *navigating the numbers* 15（2005）

108　　　　根据这些趋势线，我们可以预测 2025 年的变化。那时，预计发展中世界的总排放量将增长 84%，占世界总额的 55%。⑫换句话说，贫穷国家将成为这一问题的主要原因，也正是这一点可以解释，为什么美国一直以来都对不减缓发展中国家排放量的协议如此吹毛求疵（见表 11）。⑬

表 11　各国/地区随时间变化年二氧化碳排放量相对值
（占世界总排放量的百分比）

国家	1990	2003	2010	2015	2020	2025
美国	23.4	22.8	21.0	20.0	19.4	18.9
欧洲	28.0	21.4	19.1	18.2	17.4	16.8
中国	10.6	14.1	19.3	20.8	22.2	23.3
印度	2.7	4.1	4.5	4.7	4.9	5.0

---

⑫　参见 Kevin A. Baumert，et al.，*Navigating the Numbers*：*Greenhouse Gas Data and International Climate Policy* 17—18（World Resources Institutes，2005），available at http：//www.oecd.org/dataoecd/28/43/36448807.pdf。

⑬　参见 EIA，*International Energy Outlook* 2006 at Table A10，available at http：//www.eia.doe.gov/oiaf/ieo/pdf/ieoreftab_10.pdf。

续表

国家	1990	2003	2010	2015	2020	2025
日本	4.8	4.8	4.0	3.6	3.3	3.0
非洲	3.1	3.6	3.9	4.0	4.0	4.0

然而，一些国家，尤其是中国和印度，可能会合理地提出反对，它们自己的份额要比这里数字所表明的要小。在对相对份额进行评估时，我们可能更加关注**累积**（*cumulative*）排放量，而不是年度排放量。[94]重要的可能是总量，而不是当前流量（见表12）。即便中国到2009年的排放比例超过美国，它也很可能坚持认为，与那些应对全部排放量承担大得多份额责任的国家相比，它不应当承担相同的经济负担。毫无疑问，对于任何国家的决策而言，对于成本和收益的纯粹国内算计将会发挥重大作用。

表12 二氧化碳累积排放量（1850—2002）　　　单位：比

国家	比例	国家	比例
美国	29.3	欧盟25国	26.5
俄罗斯	8.1	中国	7.6
德国	7.3	英国	6.3
日本	4.1	法国	2.9
印度	2.2	乌克兰	2.2

Kevin Baumert et al. , *navigating the mumbers* 32（2005）

这里并不是说国内成本收益分析在原则上应当是决定性的。事实上，它不应如此。如果一个国家正在对他国的公民施加严重损害，从正在实施那些损害的国家视角来看，即使因为纯粹

---

[94] 参见 Jiahua Pan, "Common But Differentiated Commitments: A Practical Approach to Engaging Large Developing Emitters under L20" at 3（September 20-21, 2004）（on file with author）（参考了累计排放量，但强调1990年—2000年这一结果广为人知的时期）。

的国内分析表明，减排并不合理，它也不应当继续这样做。臭氧消耗和气候变迁问题不均衡地渊源于富裕国家的行为，它们的公民也已不成比例地受益。温室气体排放甚至可以被视为一种侵权行为，对于所造成的损害，排放者以及该行为的那些受益者应当补偿。[95] 例如，如果美国的能源和汽油价格中包括了一定额度，以应对气候变迁风险，即对其他国家的人民造成毁灭性威胁的风险，那么，与应当的情况相比，现在的价格就显得低得太多了。

这类国家是否应当被要求承担责任，以及这种责任究竟具体包括什么呢？这则是非常复杂的问题。然而，美国已经从给其他国家的公民带来风险的活动中取得如此之多的收益，从这样一种事实的视角来看，似乎很明确的是，美国应当负有一种特殊的义务，以减少损害，或者为那些可能遭受损害者提供帮助。帮助的形式可能采取经济或技术援助，使得达到排放目标更加容易，或提供一定的货币额度使得更容易适应更热的气候。

一个额外的道德问题因这样一个事实而产生：非洲和印度是最易遭受损害的地区，这些地区的公民相对贫穷。相对富裕和贫穷的问题应当在分配减排成本方面发挥重要作用。[96] 非洲和印度国内公民所面对的极端剥夺感，使得过去的施害者和发达国家为其提供帮助显得更加重要。

---

[95] 参见 Dale Jamieson, "Adaptation, Mitigation, and Justice", *In Perspective on Climate Change: Science, Economics, Politics, Ethics* 217 (Walter Sinnott-Armstrong and Richard Howarth eds.) (Oxford: Elsevier JAI, 2005); Julia Driver, "Ideal Decision Making and Green Virtues", in *id.*, at 249。一般性探讨，可参见 J. Timmons Roberts and Bradley C. Parks, *A Climate of Injustice* (Cambridge: MIT Press, 2006)。

[96] "收入较高的国家……被认为应承担较高的减轻负担。"参见 Pan, *supra* note 95, at 4。

气候变迁引发的道德问题不可计数，并且，它们必须被作为国内讨论和国际谈判的一部分而严肃对待。[57] 有关于此，《蒙特利尔议定书》提供了一点希望：它的各种规定中，道德义务和支付能力判断都产生了重要的影响。（臭氧消耗的风险主要由浅肤色人类所面对，他们更容易得皮肤癌；然而，最为严重的气候变迁风险主要由明显包括深肤色的人类群体所面对，尤其是非洲和印度。这一点可能并非没有关系。）气候变迁情境中，帮助贫穷国家的初步行动也已经展开。但是，这里所列的证据对以下主张提出了一定质疑：面对显然不利的成本收益分析，道德义务本身将能够提供充分的动机。

但是，让我们重新回到简单一点的问题。对美国而言，《蒙特利尔议定书》的经验可以一言以蔽之：国内评估强烈支持单方行动，并且，同样的评估表明一个国家可能因一项国际协议斩获颇丰时，这个国家就会支持这种协议，否则，或许有序组织的私人集团会说服它不要这样做。对于《京都议定书》来说，经验也同样简单：当国内评估表明单方行动几乎行不通，并且同样的评估表明一个国家可能因一项国际协议而遭受大量损失，这个国家就不可能支持这种协议，除非，或许公众希望要求它这样做。根据这些简单的经验，这两个议定书提供了两个极端情形，并且事实是相当简单的情形。

可能世界

技术官僚，包括科学家和经济学家，都能够表明《蒙特利

---

[57]　参见 Driver, *supra* note 96。

尔议定书》对于美国是一场了不起的交易，而《京都议定书》
所能够给出的图景就远没有那么受欢迎了。参议院压倒性的投
票结果正反映了此类评断。然而，如果相关数字被认为只是贴
近，那么，对此作出一个整体判断就可能要困难得多——如果
科学判断和经济判断共同表明，理性人也可能作出不同判断的
话。即便美国在一定程度上是一个净输家，但也许道德因素发
挥了作用，或在将来可能发挥作用，从而使得国家利益衡量倾
向于支持控制气候变迁的协议。如果能够发现一些方法，从而
降低成本而提高收益，那么，这样一种方法就能够使相关协议
更加具有吸引力，不仅是对美国，而且是对整个世界——对现
在那些表现出不支持倾向的国家而言，这也因此增加了它们遵
守协议的可能性。[98] 这里，我并无意勾勒出这样一种理想型协议
的具体细节，很大程度上，这取决于减排和适应之间的关系，
以及任何减排的正确水平等难题。[99] 但是，我们来思考一下若干
的可能性，从提高比例的收益项开始。[100]

---

[98] 我曾简单论及复杂的执行问题；或许，在这方面，《蒙特利尔议定书》不是一个好的范例。有关探讨，参见 Barrett, *supra* note 3；David Victor, *The Collapse of the Kyoto Protocol and the Struggle to Slow Global Warming* (Princeton：Princeton University Press, 2001)。

[99] 参见 Alan Carlin, Global Climate Change："Is There A Better Strategy Than Reducing Greenhouse Gas Emissions?"，*U. Pennsylvania Law Review* (forthcoming 2007)。

[100] 参见 Nordhaus and Boyer, *supra* note 53, at 123 - 144。参见 Sheila M. Olmstead and Robert N. Stavins, "An International Policy Architecture For the Post-Kyoto Era", 96 *American Economic Review Papers & Proceedings* 35, 35 - 36 (2006)。Barrett, *supra* note 3, at 379。根据最近的预计，碳的社会成本为平均每吨二氧化碳12 美元，范围不超过 0 到 90 美元每吨之间。参见 "Climate Change 2007：Impacts, Adaptation, and Vulnerability，Summary for Policymakers"，available at http：// www.ipcc.ch/SPM13apr0707.pdf, at16。

有用的一个步骤是明确区分存量（stock）和流量（flow）。[⑩]
为与过去的排放量份额相称，各国可能共同创造某种气候变迁
损害赔偿基金，而各国的加入要反映出它们对既存排放总量的
施害份额。对这样的基金，中国和印度将无须贡献太多，因
为，到目前为止，它们一直都不是主要的排放国。美国将被要
求作出大量贡献。不同的国家对温室气体浓度的贡献也显著不
同，对于这样一种事实而言，这样的一个步骤可能是合理的
反应。

另一个步骤将涉及对现流量的反应。也许，可以将"污染
者付费"（polluters pay）原则作为一部分纳入某一国际协议之
中，如此一来，相关国家就将支付反映它们持续排放份额的费
用。[⑩] 对温室气体的相关赋税也可能导致消减。对于国内排放者
加征某种此类税收是很容易的事情，而国际协议可在整体上为
国内温室气体征税提供一个指导框架。另外一种可选方案如下，
过去贡献和当前排量之比例可以纳入一个如《蒙特利尔议定书》
的一个类似架构中去，助作减排要求和经济交换的基础。转账
可以被设计用以对这一问题的过去和将来原因都进行补偿。如
果当前的较大施害国进行了重大消减，或许它们的转账额无须
如此之大。如果它们继续是大施害者，它们的转账额就可能非
常高。如果目标是确保所有参与者的重大收益，那么，这种措
施可能是一个恰当的起点。

⑩ 精彩短评，参见 Jagdish Bhagwati, " Global Warming Fund Could Succeed Where Kyoto Failed", *Financial Times*（Aug. 16, 2006), available at http://www.ft.com/cms/s/7849f5b2—2cc3—11db—9845—0000779e2340.html，我在此予以借鉴。

⑩ *Id.*

事实可能证明，无论是对国内，还是对整个世界而言，与若干年前那些著名分析相比，温室气体减排的整体收益可能要高得多，尤其是如果所认知的气候变迁损害增加的情况下。[103] 如果能够采取措施来减少这种损害，那么，出现一种坚定国内反应的可能性当然就会增加。

对于比例的成本项这边，第一步可能是为全球排放交易创立一种目标远大并且可以信赖的制度，这种制度可以使任何协议都有一个更可接受的成本收益比率。第二步是设置较为优化的目标和要求，根据新的技术能力而随时增加严厉程度。

在"酸雨"情形中，通过富有远见的交易制度，美国成功地将积极规制的成本减少了数十亿美元。[104] 对于气候变迁来说，通过允许美国公司从其他国家的温室气体制造者那里"购买"美国排放信用，这种制度就会使昂贵规制的需要减少很多。对于《京都议定书》，根据一项预计，一项全球交易制度会将国内成本从 3 250 亿美元降低到 910 亿美元，而将世界成本从 2 170 亿美元降低到 590 亿美元。[105] 如果存在有效的全球排放交易制度，那么印度和其他贫穷国家将会从特别高的交易权利分配中得到补贴，以此来与它们过去相对较少的制造量、它们的整体贫困，以及它们的整体需求相匹配。

114

---

[103] 参见 *Stern Review*, *supra* note 61, at ⅰ–ⅩⅧ; Cline, *supra* note 53; Ackerman and Finlayson, *supra* note 53。对 *Stern Review* 的一个回应指出，这一损害数据建立在一个并不合理的低折扣率基础之上，可参见 William Nordhaus, "The *Stern Review* on the Economics of Climate Change" (November 17, 2006), available at http://nordhaus. econ. yale. edu/SternReviewD2. pdf。预计损害的详细阐述可在气候变迁国际小组的 2007 年报告中找到，available at http://www. ipcc. ch/。

[104] 参见 A. Denny Ellerman et al., *Markets for Clean Air: The U.S.A. Acid Rain Program* (Cambridge: Cambridge University Press, 1999)。

[105] 参见 Nordhaus and Boyer, *supra* note 53, at 159。

《京都议定书》中的减排目标僵化并且武断。它们以一个看似随意的年份为起点（1990 年），并要求各个国家对那一年份的排放量作出看似随意百分比的消减量。[106] 然而，那些目标当然不是随意而定的：国内私利而非理性政策产生了这些数字。而更好的做法可能包括征收碳排放税，或是制定随着技术进步而随时调整的减排要求。[107] 对于臭氧消耗化学物质而言，比如铅，美国遵循了一种逐步消减政策，这一政策能够给出时间用以发展充分的替代产品，并为其进行市场开拓。没有人倡议全面消除温室气体，然而，随着时间流转而加紧限制将会很有道理。[108]

要成功消减成本，技术催动方面的试验也同样可行，它们可以检验减排的成本是否被夸大。2006 年，加利福尼亚州颁布一部法律，它规定到 2020 年，将本州的排放量稳定在 1990 年的水平——对于 2020 年"一切如旧"所会达到的排放量水平，这项措施要求消减 25％。就其本身而言，到 2050 年，2100 年，或任何其他年份，这部法律对于气候变迁的贡献就会几近于无，并且毫无疑问，它将会给加州的公民强加数量不菲的成本。为什么加州会实施一个看起来不会产生任何收益，但却强加了真实成本的项目呢？

115

无疑，加州特定的选举动力发挥了作用。显然，出于道德原因，许多加州人都很关注气候变迁问题，因此，通过展现自己对这一问题的承诺，该州州长无疑将会增强他赢得再选的前景。或者，这些公民不仅受到道德因素的推动，同时也还受到

---

[106]　参见 Nordhaus and Boyer, *supra* note 53, at 159。

[107]　*Id.*，一个清晰且有益的摘要，参见 Nordhaus, *supra* note 104。

[108]　波斯纳提出了一个反对观点，其理由在于一个突然性的规制"震撼"可能是必须的，并且是激发创新的应然之举。参见 Posner, *supra* note 63。

并不确定的成本收益认知的推动；或许，这些公民以及支持它的一些官员错误地相信，加州的行动本身就将会产生重大影响。

然而，还有另外一种可能性：或许，加州合理地希望，本州的行动可能激起其他国内层面和国际层面的消减行动，并且也会导致技术创新，从而减少控制排放的成本。或许，立法者和公民都相信，加州的首创行动将会给其他州，甚至其他国家，发出一个强烈的信号，从而在实际上产生巨大的全球收益。如果加利福尼亚的技术催动制造了低成本选择，如臭氧消耗情境中那样，那么，出现高收益和费用降低的可能性就会提高。当然，加利福尼亚是在进行赌博。然而，如果低成本替代品没有出现，法律中的命令也就可能放松。因而，这些命令是否如它们看起来那般坚挺，我们仍需拭目以待。

对于本章的基础论述，加利福尼亚的立法提出了一个具有启发性的复杂情形。在一定意义上，就《京都议定书》而言，加州和美国的处境相同，都在一种看起来只能以重大成本产生微小收益的选项中探索。然而，与整个国家不同，加利福尼亚愉悦地选择了那个选项。当然，至少就当前来说，国家层面上的政治动力非常不同。但是，或许这些动力将发生变化，尤其是当加州试验田被证明成功之时。

成功与失败

粗略一看，臭氧消耗问题和气候变迁问题极为相似。在这两种情境中，各个国家看起来都会从协作行动中获益良多；作为减低规制成本的手段，技术创新被高度重视；代际平等是一个严重且复杂的问题；富裕国家首先对相关问题负责；此外，贫穷国家具有一种可能的补偿请求权，既是因为已经造成的损害，也是为了弥补它们未来减少排放量的意愿。

　　尽管存在着这些相似之处，但是，《蒙特利尔议定书》成为令人瞩目的成功，而《京都议定书》在很大程度上却失败了。结果对比鲜明，而最好的解释是诉诸美国所采取方式的截然不同，因为，平均来看，无论是对于臭氧消耗问题，还是对气候变迁问题，美国都是最大的问题制造者。将这些不同的方式归咎于相关政府的不同政治信念确实具有吸引力。但是，迫切推动《蒙特利尔议定书》的里根政府对环境保护问题的积极追求却鲜有所闻。此外，克林顿政府期间，参议院也对《京都议定书》毫无兴趣。美国的立场在很大程度上由所认知的收益和成本所决定，这也因而决定了两个议定书的命运。

　　美国的公民曾从给他国造成损害的活动中获得收益，从这种意义上而言，要求那些公民提供帮助就不无不当——通过减少他们自己的排放量，通过为其他国家的减排付费，以及通过为便利适应而付费等。但是，在有关气候变迁的国际协议中，国内私利仍将继续具有重大的推动力量。未来的任务是设计出在关键方面与《蒙特利尔议定书》相似的一个国际协议，这个关键之处就是：它的签字国，尤其是美国，有理由相信它们将会所得大于所失。

117

第 3 章

巨　灾

国家应当如何考虑最差的情形呢？如果人们的直觉失灵，并且如果公众决策错误非常之糟糕，那么，我们是否能够设计出一种或许有助于此的框架？当前，人们常常认为，诸多国际文件中所使用的预防原则对此提供了一个答案。[①] 考虑以下几个例子：

（1）1990 年，联合国欧洲经济会议（the United Nations Economic Conference for Europe）闭幕时的部长宣言（Ministe-

---

[①]　有关预防原则最好的一些研究已由乔纳森·维纳（Jonathan Wiener）完成。例见 Jonathan Wiener, "Whose Precaution After All? A Comment on the Comparison and Evolution of Risk Regulatory Systems", 13 *Duke J. Comparative & International Law* 207 (2003); Jonathan Wiener and Michael D. Rogers, "Comparing Precaution in the United States and Europe", 5 *J. Risk Research* 317 (2002)。较有价值并且略显技术性的探讨，一般可参见 Christian Gollier and Nicolas Treich, "Decision-Making under Scientific Uncertainty: The Economics of the Precautionary Principle", 27 *J. Risk & Uncertainty* 77 (2003)。

rial Declaration）宣布："在可能出现严重的，或者不可逆转的
环境损害威胁的情况下，缺少充分的科学确定性不应当成为推
迟采取防止环境恶化措施的理由。"②

（2）1992 年，里约热内卢宣言（Rio Delcaration）宣称：
"在可能出现严重的，或者不可逆转的环境损害威胁的情况下，
缺少充分的科学确定性不应当成为推迟采用防止环境恶化成本
有效措施的理由。"③

（3）《联合国气候变迁框架公约》宣布，"在可能出现严重
的，或者不可逆转的环境损害威胁的情况下，考虑到处理气候
变迁的政策和措施应当是成本有效的，从而能以最低的可能成
本确保全球收益，缺少充分的科学确定性不应当成为推迟采用
［规制性］措施的理由。"④

（4）首届欧洲"海洋危机"（Seas at Risk）会议最后宣言宣
布，如果"某种活动的'最差情形'足够严重，那么，即便是对
该活动的安全性只有极少量的怀疑，也足以停止它继续进行"⑤。

无论预防原则具体采用何种措辞，在如何对待安全、健康
以及环境等方面威胁的无数探讨中，最差情形以及巨灾性损害
威胁都是核心议题。对于恐怖主义、飓风、战争、臭氧消耗、
禽流感以及气候变迁，对于私人和公共行为，潜在的巨灾都有

119

②　引自 Indur M. Goklany, *The Precautionary Principle：A Critical Appraisal of Environmental Risk Assessment* 5（Washington，D. C.：Cato Institute，2001）。

③　引自 Bjørn Lomborg, *The Skeptical Environmentalist：Measuring the Real State of the World* 348（Cambridge：Cambridge University Press，2001）。

④　Goklany, *supra* note 2，at 16.

⑤　"Final Declaration of the First European Seas at Risk Conference"，at Annex I（Copenhagen，1994），available at http：//www. seas-at-risk. org/1mages/Microsoft％20Word％20—％20SAR％20shadow％20declaration％20for％204NSC. pdf.

着很大影响。对于所有这样的风险，很多人力主一种百分之一
论。他们想知道：在一些战争中，一个军事中队是否存在百分
之一被消灭的风险，那么，难道我们不应该为保护我们的士兵
而采取额外措施？美国某一大城市中，是否存在发生毁灭性飓
风的微小可能？那么，难道政府不应该为保护它的公民而大展
作为？如果我们无法排除禽流感在欧洲严重暴发的可能性，那
么，难道欧洲政府不应该为了消除这种可能性而立即行动起来？

如果我们专注于巨灾风险，那么，有可能获得预防原则的
一个特定形式：**当风险具有巨灾性最差情形时，就可以采取特
定措施消除这些风险，即便现有信息不足以使规制者对最差情
形发生的可能性作出一个可靠判断。我应将这一表述称为巨灾
性损害预防原则。**

这一原则最多只是一个起点，这不过是因为它令人扼腕的
表意不清。它没有界定"特定预防措施"，因而，一切事情都会
演化为究竟有多特别的问题。此外，这一原则也没有确定三个
关键问题的答案：启动这一原则的信息界限；成本的作用；以
及规制者应当如何吸纳现有有关巨灾可能性的信息。为阻止最
差情形，我们不会愿意采取无限的繁重措施，即便它们可能是
巨灾性的。"9·11"袭击之后，没有人提议美国境内的所有航
空旅行中止一年，即便巨灾性损害预防原则可能需要采取那样
的措施。没有人认为，为了回应禽流感风险，我们应当禁止国
际航空旅行。艾滋病出现之后，许多人采取了预防措施，但是，
大多数人并没有完全停止性生活。

此处，我的目标是探究巨灾性损害预防原则的各种形态，
表明它们如何可能被支持，并对它们作出具体限定。作为靠近
目标的第一步，我们希望同时确定最差情形的概率和严重性，

120

并且，我们希望将预防的预期价值和它们的预期成本进行对比。预期价值和预期成本都需要通过福利（well-being），而非金钱进行衡量。重要的是生活在实际上如何遭到影响，而不是得到或失去多少钞票。

当然，福利（well-being）的理念是极具争议的，而福利（welfare）（我将此作为同义词使用）理念也同样如此。假定气候变迁预计会导致大量的物种灭绝，以及数百万的动物死亡，那么，我们在对气候变迁对福利的影响进行估算时，那究竟应当如何影响我们？至少可以说，关于如何回答这一问题，人们无法达成一致。或者假定，温室气体的某些限制将导致国内生产总值下降百分之一，从而引起失业和贫困的某种确定增长。如果我们关注福利，那么，当结果是将气候变迁降低一个特定程度时，那百分之一的损失是否可以接受？有些人可能会通过对人类能力的影响来回答这样的问题，即以人们能够是什么以及做什么来理解。⑥ 支持"能力进路"的那些人就和诸多其他的福利（well-being）理解产生争辩。

基于当前目的考虑，我应当在不具体限定其具体内涵的条件下而使用福利（well-being 或 welfare）的理念，这一理念应仅仅被作为一种表意符号。我希望，对很多问题，那些对"福利"（well-being）有不一致理解的人，以及不确定正确理解的人，都能够赞同适当的行动，而对他们的不一致或不确定不置可否。在这个领域中，诚如在诸多其他领域中那般，我们应当能够就做什么达成"未完全理论化协议"，即在证明实践合理的

---

⑥ 参见 Amartya Sen, *Development as Freedom*（New York：Random House，1999）；Martha Nussbaum, *Women and Human Development：The Capabilities Approach*（New York：Cambridge University Press，2000）。

具体理论仍存在不一致或混乱之时，就其中的正确实践所达成的协议。⑦

无论福利的正确阐述到底是什么，每一个人都应当赞同，如果最差情形非常不可能发生，那么，我们究竟应当为了消除它们付出多少，就应当有明确的限制。假定那样的预防措施会造成巨大负担，或存在使数百万人陷入非常差情形（very-bad-case scenarios）的较高可能性。如果这样，那么，采取一切措施以避免最差情形就不可能是明智之举。简而言之，探究消除最差情形的所得所失既是必要的，也是可能做到的。

正如我们应当看到的那样，当各种结果，包括那种巨灾性结果出现的概率可以确定时，对预防预期价值进行分析就会变得不仅合理，而且还具有可行性。例如，假定巨灾性损害很可能不出现（比如说，低于百分之一论所限定的界点），并且消除相关风险的成本非常高（比如说，会极大地加剧失业和贫困）。在那些情形下，预防措施就可能会物无所值。即便安全边际为约数，并且即便分析也没有最后定论时——即便分配因素具有很大作用，预防措施的预期价值分析也应当是有关系的，如此一来，规制者应当考虑是否会对最弱势的人们造成损害，或是对那些最不可能处于保护他们自己地位的人们造成损害？

对待巨灾性损害最适度的方式是既关注损害概率，又关注损害数量，并且谨慎对待这样一个事实，即巨灾的预期价值常常比我们预想的大得多。对于第 1 章所研究的一些问题，这种方法能够给出一种有益的回应。适度程度稍低的方式会提供额

---

⑦　参见 Cass R. Sunstein, *Legal Reasoning and Political Conflict* (New York: Oxford University Press, 1996)。

外（extra layer）预防——一种规制性保险形态，用以防止出现最差情形。额外的规模取决于我们因它的得失，包括该种额外预防本身所可能产生的其他最差情形。那么，对于大多数问题而言，根据巨灾性损害预防原则，就变得非常简单了，即无论是普通人，还是规制者，都应该通过评估选择的预期价值（包括对真正巨灾相关的独特损害的评估），并通过添加一个安全边际（其规模取决于它自身的预期价值），来继续行动。

当我们不能确定各种后果的概率时，问题就会变得困难得多，例如，假定对于气候变迁有多大可能会引起巨灾性损害，我们一无所知。对于这一问题，我的探讨细致入微，并且在某种程度上是技术性的，但是，我应当建议，即便当我们不能确定概率时，通过关注消除最大的巨灾性后果的所得和所失，我们也同样能够为巨灾性损害预防原则确定一个范围。如果与某一种行动相关的最差情形比与第二种行动相关的最差情形要糟糕得多，并且，如果采取第二种行动不会遭受巨大损失，那么，我们就应当选择第二种行动。最简单的经验在于：不是去忽略最差情形，也不是去为防止它们自动倾注大量资源，相反，我们应当首先问一问，它们究竟有多坏，以及阻止它们究竟需要多少资源。

预防原则

面对严重损害时，求助于预防原则已成常识。[8] 副总统切尼

---

[8] 例见 *Precaution, Environmental Science, and Preventive Policy*（Joel Tickner ed.）（Washington, D. C. : Island Press, 2003）。本部分主要引自 Cass R. Sunstein, "Beyond the Precautionary Principle", 151 U. *Pennsylvania Law Review* 1003（2003）。

的百分之一论本身就是一种预防原则，它坚持认为，即便恐怖主义相关的一种严重损害极为不可能发生，我们也应当为防止它而采取特别措施。并且，"9·11"袭击之后，作为对那些不太可能发生的风险之回应，美国事实上遵循了一种预防原则。伊拉克战争被公开以预防原则进行辩护：即使我们不能确定萨达姆·侯赛因是否拥有大规模杀伤性武器，或是否会使用它们，但是，仅就作为一种消除这一威胁的方式而言，这种战争也是合理的。（为什么要和萨达姆·侯赛因碰运气呢？）那么，我应当对最差情形作何见解？为了理解这一点，我们必须返回一点点，并对预防原则进行更为一般的探讨。

弱势形式，强势形式。很不幸，这种探讨要比它看起来难，这是因为，我们不清楚我们正在探讨什么。对这一原则提出的定义有二十种或更多，并且它们相互之间也并不能够协调相处。[9] 最为谨慎且弱势的形式提议，缺乏损害的有力证据不应当成为拒绝进行规制的一个理由，这种形式非常理智。考虑一下与烟草相关的健康风险。数十年前，如果政府和个人仅仅因为有关证据不确定而将这种风险视同为零，那就毫无道理。即便不可能确定它们之间存在确定联系，例如低度暴露于致癌物质之中和对人类健康之间，采取控制措施也是合理的。1987年，伦敦召开第二届保护北海国际会议，其部长宣言理智地提议："为保护北海免于最危险物质的可能损害，即便是在绝对明确的科学证据确定因果关系之前，要求对这种物质的输入采取控制措施的一种预防原则也可能是必要的。"

---

⑨ 参见 Julian Morris，"Defining the Precautionary Principle"，in *Rethinking Risk and the Precautionary Principle* 1 - 19（Julian Morris ed.）（Oxford：Butterworth-Heinemann，2000）。

1998 年一次环保主义者会议上所提出的温斯布雷德宣言（Wingspread Declaration）极具影响力，它走得要远得多："当一种活动对人类健康或环境造成损害威胁，即便尚未科学地确定存在一些因果关系，也应当采取预防措施。在此类情形下，应当承担举证责任的是该活动的支持者，而非公众。"⑩ 这里，举证责任移转到那些意图进行风险制造（risk-creating）活动的主体。在欧洲，有的时候，预防原则被以一种更为强势的方式予以理解，认为规制者应当设立"所有决策过程中的安全边际"⑪。另一种强势形式提议，"只要是损害可能会发生，而非等损害已经发生之后，就应当采取那样的行动以纠正这个问题。"⑫ 这里"可能"一词至关重要，因为它传递了即便只存在严重风险的猜测证据之时，也采取纠正行为的需要。

预防原则的弱势形式不但无可非议，而且重要。我们并不 *125* 是在夜幕中于适度的危险区中行走；我们锻炼；我们购买烟雾探测器；我们系安全带；我们甚至避免吃高脂肪食品（或糖类）。每一天，无论是个人，还是国家，都在采取措施避免那些远未确定的危险。我们购买保险，而诸多预防行为与购买保险非常相似。对于个体情形甚或整体情形，发生概率远低于 100％的风险，理智的政府同样也进行规制。一个人可能在某

---

⑩ 参见 Julian Morris, "Defining the Precautionary Principle", in *Rethinking Risk and the Precautionary Principle* 1‒19（Julian Morris ed.）（Oxford: Butterworth-Heinemann, 2000）。强势形式的定义可见 Carolyn Raffensperger and Peter L. deFur, "Implementing The Precautionary Principle: Rigorous Science and Solid Ethics", 5 *Human & Ecological Risk Assessment* 933, 934（1999）。

⑪ Lomborg, *supra* note 3, at 349（解释错置有关损害缺失的"确定性"如何在延误预防性行动方面发挥关键作用的）。

⑫ http://www.wordspy.com/words/precautionaryprinciple.asp.

一特定年份忽略掉一种 1/500 000 的致命风险，因为那种风险确实很小。然而，如果是 1 亿公民面对那种风险，预期的死亡数字就会达到 200，因而，国家应当认真对待那一问题。对于很多风险而言，包括那些农药和毒素所引发的风险，事实上，我们确实会规制 1/100 000、1/200 000 甚或 1/500 000，或更低的风险。

为了能够明白这些基本问题，让我们先对强势形式的预防原则进行理解，这种形式认为，对健康、安全或环境的可能风险，即便支持证据仍然是臆测的，并且即便规制的经济成本是高昂的，也需要以规制作出回应。为避免陷于荒谬（absurdity），"可能风险"这一理念的理解需要一定可信性界限。没有人会认为，如果有人在某地声称某一风险值得认真对待，规制者就应当作出回应。但是，根据强势形式的预防原则，负担的界限很低，并且一旦符合，就假定支持采取规制性控制。

瘫痪和不融贯。 如果这样理解，那么，预防原则的真正问题就在于，它没有提供任何指导：这并不是说它是错误的，而是说它禁止了所有的行为，包括规制。[13] 认真思考一下，它正在使它同时所需要的那些行动陷于瘫痪，沦入禁止之列。如果你接受强势形式，那么，哪怕一天，你也将无法度过，这是因为，一切行为，包括不作为（inaction），都是这种原则所禁止的，而你却正试图依此原则而生活。你会被禁止上班；你会被禁止待在家里；你会被禁止吃药；你会被禁止忘记吃药。对于试图遵守预防原则的政府来说，同样的判断也一样适用。

---

[13] 我曾细致地研究过这一理念，本部分我将相关内容借用于此，参见 Cass R. Sunstein, *Laws of Fear: Beyond the Precautionary Principle* (Cambridge: Cambridge university press, 2005)。

在一些情形下，严厉的预防实际上会玷污预防原则。思考一下"药品滞后"（drug lag）现象，一旦政府采取一种高度预防方式对待将新药物投入市场，这一问题就会产生。[⑭] 如果政府坚持采取这种方式，那就将会保护人民免受未充分检验药物的损害，这种方式非常符合预防的目标。但是，它同时阻止了人们从这些药物中获取可能的收益，并由此将人们置于一种严重风险之中，而这种风险是其他情形下他们所不会面对的。要求进行广泛的上市前检验，或者采取与此背道而驰的做法，难道是"预防"吗？

或者，思考一下 DDT* 的情形，出于减少鸟类和人类风险之原因，它经常被禁止或规制。[⑮] 这种禁止的问题在于，在很多贫穷国家中，它们取消了看起来对抗疟疾** 的最有效方式。由

　＊　DDT 又叫滴滴涕，二二三，化学名为双对氯苯基三氯乙烷（Dichlorodiphenyl-ltrichloroethane），化学式（ClC6H4）2CH（CCl3）。中文名称从英文缩写 DDT 而来，为白色晶体，不溶于水，溶于煤油，可制成乳剂，是有效的杀虫剂。在 20 世纪 60 年代，科学家们发现滴滴涕在环境中非常难降解，并可在动物脂肪内蓄积，甚至在南极企鹅的血液中也检测出滴滴涕，鸟类体内含滴滴涕会导致产软壳蛋而不能孵化，尤其是处于食物链顶级的食肉鸟，如美国国鸟白头海雕几乎因此而灭绝。1962 年，美国科学家卡尔松在其著作《寂静的春天》中怀疑，DDT 进入食物链，是导致一些食肉和食鱼的鸟接近灭绝的主要原因。因此从 70 年代后，滴滴涕逐渐被世界各国明令禁止生产和使用。

　＊＊　疟疾：一种传染性疾病，症状为周期性地感到冷、热和发汗，病因是寄生于红细胞的一种疟原虫，属原生动物，这种动物通过已感染病菌的雌性疟蚊传播，而 DDT 是杀死雌性疟蚊的有效药物。

　⑭　参见 Henry Grabowski and John Vernon, *The Regulation of Pharmaceuticals: Balancing the Benefits and Risks* 5 - 6（Washington, D. C. : AEI, 1983）; Kenneth I. Kaitin and Jeffrey S. Brown, "A Drug Lag Update," 29 *Drug Information J.* 361（1995）。

　⑮　参见 Robert Percival, et al. , *Environmental Regulation* 1122 - 1123（Boston: Aspen, 2003）。

于这一原因，它们极大地损害了公共健康。在许多国家中，
127 DDT 很可能是防止严重健康风险的最佳方法。就 DDT 而言，
基于强势形式的预防理念而言，预防措施既是命令性的，又是
禁止性的。而要知道要做什么，我们需要确定 DDT 产生和防止
的损害的概率和数量，而不是简单地坚持那样的预防。

在某种抗抑郁剂是否存在引发乳癌的（低）风险争论中，
也提出了类似的问题。[⑯] 因为它们的致癌可能，预防进路可能会
主张反对使用这些药物。但是，不使用这些抗抑郁剂本身也可
能会引发风险，可以肯定的是心理上的，甚至可能是生理上的
（因为心理上的损伤有时也会伴随着生理上的损害）。或者思考
一下苏联为防止切尔诺贝利沉淀物的负面影响风险，将超过 27
万人疏散并重新安置。总体而言，很难说清楚这种大规模迁徙
是基于健康理由：“应当将采取这种措施的心理负担和医疗负担
（焦虑、心理疾病、抑郁和自杀）和所可能防止的损害进行一下
对比。”[⑰] 更一般地说，一个理智的政府可能希望忽略这种与低
度辐射相关的微小风险，理由在于，预防反应会造成忧虑（忧
虑当然不利于你的健康），而这可能将超过那些反应的健康所得
收益。[⑱]

在有关转基因食品方面，也常常会使用预防原则，就这种

---

⑯　参见 Judith P. Kelly, et al., "Risk of Breast Cancer According to Use of An-
tidepressants, Phenothiazines, and Antihistamines", 150 *American J. Epidemiology*
861 (1999); C. R. Sharpe, et al., "The Effects of Tricyclic Antidepressants on Breast
Cancer Risk", 86 *British J. Cancer* 92 (2002).

⑰　Maurine Tubiana, "Radiation Risks in Perspective: Radiation-Induced Cancer
among Cancer Risks" 39 *Radiation & Environmental Biophysics* 3, 8 - 10 (2000).

⑱　*Id.* 关于重要情境中的一些反证，可参见 Lennart Hardell et al., "Further
Aspects on Cellular And Cordless Telephones and Brain Tumours", 22 *International
J. Oncology* 399 (2003)（探讨移动电话和癌症之间关联的证据）。

转基因实践所可能造成的多重风险而言，这是一种可信的担心。[19] 但是，许多人认为，不允许转基因农作物很可能会导致很多死亡。[20] 原因在于，转基因承诺生产出既便宜，又更有营养的食物。例如，它制造的"黄金米"（golden rice）就在发展中国家拯救了许多生命。[21] 我并不是说转基因将可能带来这些收益，或这些转基因收益必然超过风险。我不过是认为，如果预防原则被自由运用，那么，无论是规制，还是不规制，都可能对它构成违反。如果我们担心最差的情形，我们就可能希望采取特殊措施来规制转基因食品，然而，此类规制同样也具有其本身的最差情形。

　　正如这个例子所指出的那样，有些时候，预防措施会破坏预防原则，因为它们会造成替代风险（substitute risks），这种风险以规制结果所导致的危险形态，或所增加的危险形态而出现。然而，问题可能比那还要严重。一些证据表明，任何昂贵的规制都将对生命和健康产生负面影响。[22] 早期的一项研究发

128

---

⑲　参见 Benoit Morel，et al.，"Pesticide Resistance，the Precautionary Principle，and the Regulation Of Bt Corn：Real Option and Rational Option Approaches to Decisionmaking"，in *Battling Resistance to Antibiotics And Pesticides* 184 - 186（Ramanan Laxminarayan ed.）（Washington，D. C.：Resources for the Future，2003）。

⑳　参见 Kym Anderson and Chantal Nielsen，"Golden Rice and the Looming GMO Debate：Implications for the Poor"（2004），available at http：// papers. ssrn. com/so13/papers. cfm？abstract＿id＝508463。

㉑　同上。也可参见 Goklany，*supra* note 2，at 30 - 41（讨论工程作物的环境和健康收益）。

㉒　参见 Ralph Keeney，"Mortality Risks Induced by Economic Expenditures"，10 *Risk Analysis* 147（1990）（"某些意图拯救生命的昂贵规制和项目实际上可能导致更多的死亡"，对此所表明的结果进行解释）；Randall Lutter and John F. Morrall III，"Health-Health Analysis：A New Way to Evaluate Health and Safety Regulation"，8 *J. Risk & Uncertainty* 43，49 table 1（1994）。

现，每花费 700 万美元，就会造成一条统计生命损失[23]，稍后的一项研究指出，每花费 1 500 万美元，就会造成一条生命损失。[24]另外一项分析发现，穷人尤其容易遭受这种影响——减少最穷之人 20％财富的规制将比减少最富之人 20％财富的规制具有两倍的致命影响。[25]

这种现象及其基本机制都极具争议，并且我也无意采用这里的任何一种论述，或是指出死亡率和规制费用之间存在一种关联已经毫无疑义被证明出来。[26]只有一点需要指出，即许多理性人都相信这种关联真实存在。如果真的这样，那么，比如说如花费 6 亿美元阻止一种不利健康影响，就将会导致大约多达60 人死亡。

一旦规制需要承担大量成本，这一点就会使预防原则难以实施。这样的话，预防原则本身就会对许多预防措施提出诸多质疑。对存在造成巨大损害之微小风险的任何行动，如果该原则都反对，那么，规制者就应当不愿意为减少风险而采取费用高昂的措施，这仅仅是因为这些花费本身也带有风险。这就是预防原则处于瘫痪状态的含义：它本身既是规制，又是不规制（nonregulation），并且是任何二者中间状态的障碍。

处处预防处处冒险。 称一些国家比另外一些国家更加预防，

---

[23] 参见 Keeney, *supra* note 22, at 155。

[24] 参见 Robert W. Hahn, et al., *Do Federal Regulations Reduce Mortality*? 7 (Washington D.C.: AEI, 2000)。

[25] 参见 Kenneth S. Chapman and Govind Hariharan, "Do Poor People Have a Stronger Relationship between Income and Mortality than the Rich? Implications of Panel Data for Health-Health Analysis", 12 *J. Risk & Uncertainty* 51, 58 - 63 (1996)。

[26] 参见 Lutter and Morrall, *supra* note 22。

更加关注最差情形已经成为标准说法。例如，欧洲国家据称比
美国更加预防。如果这种论断迄今仍是正确的，那么最终而言，
这一结论是不可信的。首先，它在经验上不可信。一些国家会
对一些风险采取强势预防，但是，没有任何一个国家对每一种
风险都进行预防。正如我们已经看到的那样，美国对臭氧消耗
问题遵循一种预防原则，当然对恐怖主义也同样如此，然而，
对气候变迁或转基因食品问题，却并不如此。英国并不特别关
注臭氧消耗相关的最差情形，但却密切关注气候变迁情境中的
那些最差情形。法国并不对核武器进行预防，因而它对萨达
姆·侯赛因并不采取强势预防原则。但是对许多健康和安全问
题，法国都采取了积极的预防措施。没有任何一个国家在整体
上是预防的，只有为了应对那些看起来特别显著或紧急的危险
时，它们才会采取不可避免的昂贵预防措施。㉗ 通过比较欧洲国
家和美国，乔纳森·维纳和迈克尔·罗杰斯（Michael Rogers）
已经细致地明确表达了这一点。㉘

　　然而，更大的反对来自观念层面，而非经验层面。一个国家
可以对一些风险以及一些最差情形预防，但不会对所有的都这
样。通过最强势并且最粗陋的形式，预防原则错误地认为各个
国家能够并且应当采取一种一般的风险厌恶（risk aversion）形
式。尽管可以采取预防措施对付特定的（particular）危险，但
却不能以它们来对付所有的（every）危险。

130

　　㉗　参见 David Vogel，"The Hare and the Tortoise Revisited：The New Politics
of Consumer and Environmental Regulation in Europe"，33 *British J．Political Sci-
ence* 557，570 - 571（2003）（将欧洲对预防性规制日益增长的热情，归因于认识到了
过去规制失败的紧迫性）。

　　㉘　参见 Wiener and Rogers，*supra* note 1。

仅提供发生损害建议性证据的预警常常被证明是正确的，以此为理由拥护预防原则很有吸引力，对健康、安全和环境尤其如此。²⁹我已经作出强调，不应要求无可争议的损害证据来论证规制，在该原则的弱势形式既无可争议又重要之时，这是合理的。但是，必须认真对待建议性证据的事实并不能使强势形式变得融贯。在一个问题的所有方面，常常都能够找到损害的建议性证据。并且，无论如何，损害的建议性证据常常最终被证明是并不值得关注的一种预警，而不过是一场虚惊，并造成不合理的忧虑以及各种各样的大量社会损失。³⁰

思考一下这些恐惧：20世纪50年代对氟化水（fluoridated water），1959年对污染浆果，1968年对中餐馆的味精，1968年对糖精（cyclamates），以及1970年对金钱鱼中的水银。这些被广泛宣传的"危险"，没有一种最终证明给公共健康带来了严重威胁。根据区别预见性警告和虚假警告的一项具有指导意义的努力，"1948—1971年间，对于真正的公共警告而言，其最鲜明的特点是一个有名望的科学消息来源。比起那些由政府官员或公民提倡者所发布的消息，正统科学机构中依传统方式工作的科学家向媒体发出的警告，真实性程度要高出两倍"³¹。可靠的消息来源是请求更认真地进行预防的一个理由，但是，即便是这样的来源，也不能对预防原则的强势形式给以一般的支持。

认知和预防。到此为止，如果这种论断是正确的，那么，我

㉙ 参见 Poul Harremoës, *The Precautionary Principle in the 20th Century：Late Lessons from Early Warnings* (London：Earthscan Publications，2002)。

㉚ 参见 Allan Mazur, *True Warnings And False Alarms* 2 (Washington，D. C.：AEI，2004)。

㉛ *Id.*，at 97.

们就需要问一下为什么理智的人们会采用那一原则。如果预防本身会造成风险，并且如果没有行动不存在重大的最差情形，人们为什么会认为预防原则能够给出真正的指导就很令人迷惑。最简单的答案在于，一种弱势形式起着关键作用。更加有趣一点的答案是，该原则似乎能够给出指导的原因在于人们能够将实际所涉及的风险子集筛选出来。换句话说，采用这一原则的人是戴着眼罩的。然而，他们戴着什么样的眼罩呢，而且他们为什么如此呢？我认为，有两个因素很关键。第一个是可及性，这在第 1 章中已经强调过。第二个涉及损失厌恶（loss aversion），我们目前还没有讲解到。

因为一个简单的原因，可及性有助于解释预防原则的运作，这一原因即：有的时候，认为需要预防的风险在认知上是可及的，而其他风险，包括那些规制本身相关的风险，却并非如此。例如，每一个人都知道核动力潜在地具有危险，在文化中，由于切尔诺贝利灾难和有关核灾难的通俗电影，与之相关的风险以及最差情形获得了广泛认知。与之相对，限制核动力可能导致人们依赖更不安全的替代选择，比如矿物燃料，作出这一判断所需要的思维活动就相对复杂。预防原则似乎能够提供指导的诸多情形，其原因在于，有些相关风险是可及的，而其他的却鲜为人所见。

在以预防原则为 2003 年伊拉克战争申辩时，布什政府对与萨达姆·侯赛因政权有关的风险高度警惕，而对与战争及其后果相关的风险却并不如此警惕。布什的智囊似乎将他的注意力集中于萨达姆·侯赛因相关的最差情形，而非战争相关的最差情形。一般而言，可及性能够解释为什么当事实上所有方面都存在风险和糟糕结果时，预防原则好像能够提供指导。

132

但是，还有另外一个因素。人类倾向于损失厌恶，这意味着比起取得可欲的一份所得，现状的一份损失被认为更令人沮丧。[32]另外提一下，损失厌恶并不仅限于人类：鸽子、老鼠以及猴子也都特别地厌恶损失。由于我们不喜欢损失的程度要远远高于我们对相应所得的喜欢，因而，对我们的决策来说，以不增加所得形式而出现的机会成本常常只有微小的影响。当我们预计现在拥有的会遭受一定损失，通常情况下，比起预计当前所有会有所增加的惬意感，我们真实的担心程度要远远过之。

危险情境中的意义很明确：人们将变得密切关注任何新生风险或既存风险恶化所造成的可能损失。但是，对于因当前风险降低所可能获得的未来收益，他们却可能永远也看不到。通常，损失厌恶有利于解释预防原则得以运作的原因。现状（status quo）是衡量收益和损失的分水岭，并且现状的一定损失看起来糟糕的程度，要远比现状的一定收益看起来美妙的程度高得多。

这就是药品检验中所具体发生的情况。回忆一下，在美国，所强调的是药品不充分检验的风险，而与之相对的则是推迟这些药品可及性的风险。如果进行大量的检验，人们可能将仅仅因为药品变得不可及而加重病情，甚至死亡。然而，如果无视*133* 推迟的这种风险，预防原则就将可能给出指导，尽管对此我已

[32] 参见 Richard H. Thaler, *Quasi Rational Economics* 143 (New York: Russell Sage Foundation, 1991)（认为"损失比收益被放得更大"）; Daniel Kahneman, Jack L. Knetsch, and Richard H. Thaler, "Experimental Tests of the Endowment Effect and the Coase Theorem", 98 *J. Political Economy* 1325, 1328 (1990); Colin Camerer, "Individual Decision Making", in *The Handbook of Experimental Economics* 587, 665 – 670 (John H. Kagel and Alvin e, Roth, eds.) (Princeton, N. J.: Princeton University Press, 1995)。

经予以反对。同时，失去的收益有时候也会给预防原则的使用造成毁灭性问题。在转基因食品的情境中，即是如此，许多人关注于基因转变的风险，但却没有注意因规制或禁止所可能损失的收益。当借助预防原则来支持禁止非生殖性克隆时，我们也能够发现同样的问题，对于很多人来说，比起因禁止相关实践所无法取得的可能治疗收益，克隆的可能损害要严重得多。

当然，我并不是说，人们对未来损失将总是会进行预防。抽烟、肥胖、日照，以及许多其他健康风险都会造成现状的严重损失，但却很少受到关注。我只是说，当人们认为预防原则给出指导的时候，有些情况下是因为，他们关注于现状的损失，而没有过多地思考一项行动可能最终带来的收益，以及风险的减少。面对各方风险之时，祈灵于预防原则会带来诸多难题。可及性和损失厌恶并不能解决它们，但是却提供了一些有益的线索。

分配问题。就支持预防原则的那些人而言，这样做的理由在于，他们相信这一原则将有助于社会中最为弱势的成员。[33] 然而，预防原则确实具有这样的作用吗？

在美国，《清洁空气法》采取了一种高度预防的方式，要求"充分的安全边际"，并因而在存在科学的不确定性时，也进行规制。[34] 那就是说，《清洁空气法》接受了预防原则。与之同时，*134*
《清洁空气法》尤其给穷人和少数群体成员带来了巨大收益，总

---

[33] 例见 Frank Ackerman and Lisa Heinzerling, *Priceless: On Knowing the Price of Everything and the Value of Nothing* 230 (New York Press, 2004)。

[34] 42 U.S.C. § 7409 (b) (1). 参见 *American Petroleum Institute v. Costle*, 665 F. 2d 1176, 1186 (D.C. Cir. 1981) ("在设置安全边际时，管理者不需要仅对已知的健康危险进行规制，而是可以通过设置一个完全充分的安全边际，从而'偏向'过度保护一边")。

体而言，要比给富人带来的收益更大。[35] 在国际领域中，采取积极行动以防止气候变迁，贫穷国家尤其是印度和非洲国家因此所获收益可能要大于富裕国家，后者依赖农业的程度较低，更有能力适应，并且更不容易遭受与气候变迁有关的疾病，如疟疾的伤害。在支持对温室气体采取积极规制的理由中，气候变迁的这些分配影响是最重要的原因之一。

然而，许多情形中，预防原则会具有不幸的分配影响。对DDT 的禁止就已经在一些贫穷国家造成了不利影响，这是由于疟疾病例的增加。[36] 转基因食品也同样可能是一个类似的例子：根据一些预测，有关收益将主要由穷人享有，而非富人。[37] 因而，一般性的规制将对穷人具有一种不成比例的严重影响，这仅仅是因为，它们所带来的价格上涨对于穷人而言更加难以应对，并且因为，规制有时意味着有酬工作会变得更少。

确实，对于任何防止最差情形的努力而言，分配问题应当成为所应当考虑的核心问题。然而，就吸纳分配问题来说，预防原则是一种粗陋的、间接的，并且有时甚至是有悖常理的方式。真正的问题在于，能否为该原则提出一种更为限定的理解。那么，就让我们转到这一问题上来。

巨灾性损害，形式 1：预期价值

通过第 1 章的探讨，一个合理的总结是：当低概率事件发

㉟　参见 Matthew E. Kahn, "The Beneficiaries of Clean Air Act Regulation", 24 *Regulation* 34, 37 (Spring 2001)。

㊱　参见 Goklany, *supra* note 2, at 13 – 27；Cass. R. Sunstein, *Risk and Reason: Safety, Law and the Environment* 14 (New York: Cambridge University Press, 2002)。

㊲　参见 Goklany, *supra* note 2, at 55。

生时，人们变得比他们应当的那样更加忧虑；但是，一般而言，　*135*
对于此类事件，人们却显得没有他们应当的那样关心。⊗ 反应过
度与反应不足都会造成严重的困难。

要了解为什么，思考一下以下三种类型化问题，它们分别
造成三类极为不同的风险。

● 第一类问题造成没有人将会死亡的 999 999/1 000 000 概
率，以及 2 亿人将会死亡的 1/1 000 000 概率。

● 第二类问题造成没有人将会死亡的 50％概率，以及 400
人将会死亡的 50％概率。

● 第三类问题造成 200 人将会死亡的 100％的概率。

假定政府能够以同等成本消除所有这三种问题。如果简单
地将概率和后果相乘，那么，这三种问题就基本相同：各种情
形中的预期损失都是 200 条生命。对于第一种问题，显然是一
种最差情形后果，对于不应花费资源用以消除潜在风险的观点，
如果要予以支持，那么，我们就会面对极度的困难。就让我们
从最适度的巨灾性损害预防原则形式开始，这种形式支持立基
于预期价值的调查而采取的预防措施。适度形式可能认为：**即
便在最差的情形极为不可能出现时，规制者也应当考虑巨灾性
风险的预期价值。规制者应当选择成本有效措施来减少那些风
险，并且应当努力比较风险的预期价值和预防措施的预期价值。
按照这种方式，巨灾并不会受到任何特殊的关注，它所受到的
关注甚至比那些具有相同预期价值的高概率损害更少。**

如果小行星发生碰撞的风险非常微小，并且如果小行星碰　*136*

⊗　参见 Elke Weber, et al., "Predicting Risk-Sensitivity in Humans and Lower
Animals: Risk as Variance or Coefficient of Variation", 111 *Psychological Review* 430
(2004).

撞不可能造成严重损害，那么，只有当我们无须作出巨大牺牲时，我们才应当去努力阻止小行星碰撞。许多最差情形都能够以这种方式进行评估。当然，分配因素也可能被考虑在内。即便是损害的预期价值比预防的预期价值要高，也只是当最脆弱的人们会受益，而最不脆弱的人们会损失的情况下，我们才可能采取那些预防措施。（或许，分配因素应当作为预期价值考察的一部分。）

按照我刚刚勾勒出的巨灾性损害预防原则，就很容易理解百分之一论。如果巴基斯坦科学家正在帮助基地组织获取核武器的可能性有百分之一，这一风险的预期价值就非常高；我们应当采取大量措施以消除这种 1/100 的风险，即决心杀害美国人的那些人实际取得核武器的风险。（究竟应当采取多少措施来避免一个大城市毁于一旦的 1/100 风险呢？）尽管适度，但是，这种形式的预防原则具有重要的用途。它能够防止人们将低概率风险当作零概率事件对待，并且，它迫使人们从相关问题的各个方面去思考，甚至去想象相关结果，而不是仅仅桎梏于认知可及性。

当然，真实世界中的许多问题并没有特定的概率。通常情况下，我们并不能说一种最差情形具有 1/100 000 或 1/1 000 000 发生的概率。[39] 有的时候，我们将获得一个概率范围，而不是一个估计点。但即便在这种情况下，我们仍然能够谈论预期价值，尽管对于特定数值可能没有那么信心十足。例如，想象一下，一种风险概率有 50％的可能为 1/10 000，也有 50％的可能为

---

[39] 另一方面，我们常常可以发现此类可以确定概率的风险，参见 Richard Wilson and Edmund Crouch, *Risk-Benefit Analysis* (Cambridge: Harvard University Press, 2001)。

1/100 000，有一百万人遭受这种风险。这意味着，有 50％ 的可　*137*
能预期价值是 100 个生命，而有 50％ 的可能预期价值是 10 个生
命。因而，这种风险的预期价值就是 55 个生命。但是，由于存
在 50％ 的可能预期价值是 100 个生命，因而，我们可能希望采
取特别预防措施，而我们是否这样做则决定于预防措施本身的
预期成本。（或许预防措施本身也会造成致命风险。）或者，也
许我们知道的更少，或许，会造成 100 例死亡的相关范围在
20％ 到 70％ 之间，而造成 10 例死亡的概率也在一个类似范围之
内。最明确的一点在于，对预期价值进行研究可以定位这种要
求，而无论是否可能评估到具体的点。通常情况下，即便是在
数据可以被合理质疑的情况下，那样的研究也能够告诉我们去
做什么。

　　较之采纳一般的直觉和行为，我所勾勒的这种原则很可能
提供了更多的保护。为了对那些有直接的了解，我对 176 名法
科学生做了一个试验，这些学生被问到以下问题[40]：**政府正在考
虑两个环境问题。第一个造成 2 亿人死亡的 1/1 000 000 风险，
而没有人死亡的 999 999/1 000 000 的风险。第二个造成 2 000
人死亡的 1/10 风险，而没有人死亡的 9/10 风险。你是否认为：**

　　（a）第一个问题较为优先？

　　（b）第二个问题较为优先？

　　（c）两个问题具有同等优先性？

　　有 41％ 的绝大多数人选择（b），而 36％ 的人选择（c），但
只有 22％ 的人选择（a）。对于低概率灾难风险，很多人宁愿去

---

[40]　其中 104 名为亚拉巴马大学法学院学生，72 名为芝加哥大学法学院学生。

138   碰运气，但却偏好应对具有同等预期价值（这个例子中都是 200
个生命）的高概率风险。当然，特定院校的法科学生可能不能
够代表全部人群，但是，我们能够预测到，整体上的人类甚至
会对概率低、后果严重的风险表现出更低的关注。如果事实如
此，那么，号召关注预期价值就可以确保社会去应对，而不是
去忽略潜在的巨灾性损害。

　　许多人对气候变迁问题几乎不予关注，就此而言，部分原
因在于这样的事实，即人类常常忽略概率低、后果严重的风险，
尤其是在相关成本需要立即承担，而相关收益却要待到遥远的
未来才能获取之时。由于关注于预期价值，巨灾性损害预防原
则会对这种倾向提供一个宝贵的更正。

巨灾性损害，形式 2：风险的社会放大

　　刚刚所勾勒出的适度形式的巨灾性损害预防原则带来了一
些问题。最明显的就是，当预期价值看起来相同时，比起高概
率风险，某个低概率巨灾风险是否可能值得予以更多的关注？
原因在于，2 亿人的损失可能比 2 000 人的损失糟糕 1 000 倍。
仔细思考一下，对于美国而言，失去 2 亿人对于现实世界的意
义究竟是什么。这个国家将很难再恢复元气。私人和公共机构也
会在很长的时间内，或者是永远遭受破坏。将会出现一个什么样
的政府呢？它的经济状况又将是什么样呢？后代必将遭受浩劫。
一次巨灾的影响远远超过某个特定数目生命损失的简单叠加。失
去三分之二美国人口的整体"成本"远远高于失去 2 000 人成本
的 100 000 倍。

139   　　当相关数据较小时，同一判断也同样有道理。弗吉尼亚布法

罗溪谷（Baffalo Creek）的大坝崩塌，造成 120 人死亡，4 000 人无家可归，灾难发生两年后，精神病研究者在此持续发现了重大的心理和社会变化。幸存者仍然煎熬于方向感和精力的丧失，同时伴随着其他的性格障碍变化。[41] 一个评估者将这种"布法罗溪谷综合征"（Baffalo Creek Syndrome）特别归咎于"传统的亲缘和邻里关系纽带的丧失"[42]。

真正的巨灾牵涉数以万计或百万计的死亡，它们可能会将那种损失扩大到一种难以想象的程度。"风险的社会放大"方面的细致文献探讨了第二级社会损失，它大大超过特定事件的最初影响。[43] 例如，"9·11"袭击的损害远远不止于场景恐怖的当日死亡。很明显的一个例子是：那次袭击之后，许多人不再飞行，而转向长途驾驶。而这种转变造成的高速公路死亡数量几乎和那次袭击本身一样多，这不过是因为驾驶远比飞行危险得多。[44] 那次袭击还对个人、商业和政府的其他行为具有巨大影响，由此造成的损失数以千亿计，并同时伴随着持续的恐惧、担心以及因阿富汗和伊拉克战争而造成的数千人的额外死亡。

因此，我们可以确定第二种形式的巨灾性损害预防原则，它同样关注于预期价值，但却强调可能被忽略掉的巨灾性风险的一些特征：**即便在最差的情形极为不可能出现时，规制者也**

---

[41]　参见 Daniel J. Fiorino, "Technical and Democratic Values in Risk Analysis", 9 *Risk Analysis* 293, 295 (1989)。

[42]　*Id.*, at 295. 也可参见 J. D. Robinson, M. D. Higgins, and P. K. Bolyard, "Assessing Environmental Impacts on Health: A Role for Behavioral Science," 4 *Environmental Impact Assessment Review* 41, 48 - 49 (1983)。

[43]　一般可参见 *The Social Amplification of Risk* (Nick Pidgeon et al. eds.) (Cambridge: Cambridge University Press, 2003)。

[44]　参见 Gerd Gigerenzer, "Out of the Frying Pan into the Fire: Behavioral Reaction to Terrorist Attacks", 26 *Risk Analysis* 347 (2006)。

应当考虑巨灾性风险的预期价值。在评估预期价值时，规制者应当考虑巨灾性损害的特征，包括此类损害的"社会放大"。规制者应当选择成本有效措施来减少那些风险，并且应当努力比较风险的预期价值和预防措施的预期价值。

140

巨灾性损害，形式 3：作为保险的预防

对于一些风险，人们寻求设立一种能够作为一种规制性保险的安全边际。在决定我们自己的行为以及理智政府的行为时，我们可能支持防止最差情形的特别预防。或许，以风险厌恶原则来看，为巨灾性风险"购买"额外保险不无道理。当发生巨灾的低概率风险变得能够为人所见，以致人们将无法忽略它们时，为避免那样的风险，较之所能够担保的预期价值而言，许多人都会愿意支付更高的数额。

事实上，对于预期效用理论，一个广为人知的替代选择被称为前景理论；它预测指出，正是在此类情形中，人们将表现出风险厌恶。[45] 按照前景理论，较之微小损失的极高风险，人们更偏好于保护自己免于巨大损失的极低风险，即便微小损失的预期价值更高。前景理论指出，如果合理限定相关问题，那么，人们可能希望赋予一个低概率巨灾风险以特别的优先性。优先的程度则取决于两个因素：风险厌恶的程度，以及获取安全边际所必须放弃的代价。[46] 许多人愿意为避免最差情形花费大量金

---

[45] 参见 Daniel Kahneman and Amos Tversky, "Prospect Theory: An Analysis of Decision under Risk", in *Choices, Values, and Frames* 17, 28 - 38 (Daniel Kahneman and Amos Tversky eds.) (New York: Cambridge University Press, 2001); Daniel Kahneman and Amos Tversky, "Advances in Prospect Theory: Cumulative Representations of Uncertainty", in *id.*, at 44, 64 - 65。

[46] *Id.*

钱，额度要远远高于保护措施以预期货币价值计算的额度。

这难道是一种非理性吗？答案取决于人们所花费金钱的所得和所失。减少风险的成本是黄金法则，而一些保险费显得过于高昂。但是，为避免真实的糟糕结果而支付某一特定的费用远非失去理智。考虑一个司空见惯的例子。如很多美国人一样，我也是美国汽车协会（"3A"）*的会员。每年缴纳 75 美金，在我的汽车抛锚时，我的会员身份使我能够享受各种拖救服务。对于很多 AAA 会员来说，包括我在内，会员费很可能要比它的预期货币价值高。在多数公历年份中，许多会员，包括我在内，都从没有叫过 AAA。并且，如果我的汽车真的抛锚了，我也很可能找到某个家伙把它拖走，而所花费用要比我在那段时间里已经交付的会员费少。

然而，作为 AAA 会员仍然是有道理的，至少在我们不以金钱，而是以福利思考问题时的确如此。如果你的车抛锚了，你很可能会很焦虑，并且甚至可能会很害怕，这时，如果你有一个电话号码能提供可靠的帮助，那么，它当然具有价值。事实上，提前知道发生一种糟糕或最差情形时，你口袋里就已经装着那样的电话号码更是物超所值。人们购买他们的 AAA 会员身份，部分是购买一种保险确信，在事实发生之前，如果他们的车子出现抛锚，他们无须过多担心。或许，他们是在为自身（并非完全理性）的恐惧（理性地）购买保护。并且事实上，人们常常为了避免恐惧和焦虑而采取保护性预防措施。从严格的

---

* 美国汽车协会（全称 American Automobile Association，简称 AAA）。1902 年 3 月，9 个汽车俱乐部在芝加哥召开会议，宣布成立美国汽车协会，并接纳了 1 000 个会员。目前，全美 69 个地区俱乐部为其成员，现有会员 4 800 万，初级会员年费为 70 美元左右。

金钱视角来看，AAA 会员身份可能并不是一桩好买卖，但是从人们的福利感觉来看，它的确很有道理。

对于保险以及一般预防而言，这一点具有重要意义。如果约翰价值 150 000 美元的房子被毁，他可能从精神上和经济上双重崩溃。那么，他每年花费 2 000 美元以确保发生那种情况时，他的经济损失会得到赔偿，那么，即便这种损失的预期货币价值并不能证明该项花费合理，这也很可能是值得而为的。约翰可能想提前知道，如果他的房屋被毁，他能够重建家园，并能够很快地将他的生活完全恢复常态。因而，他可能乐于为这样一种心态的安宁而付出不菲的花费，即便是那种损失的预期价值不能证明该费用成本合理。人们想拥有健康保险也是出于同样的原因：如果家庭中的某一成员生病，他们不希望将大量时间放在忧心于经济崩溃上，他们的精力可以更好地用于照料家庭中的病号。即使在大多数年份里，一个家庭从没动过健康保险，而它的成本超过了它的预期价值，这种日常的安全感本身也已经非常宝贵。

此外，金钱和福利之间的关系并不直接。以福利视角来看，比起第一笔 10 000 美元大额存款，最后一笔 10 000 美元的存款价值更高。[47] 即便其预期经济成本高于其预期经济价值，你仍可能购买保险，因为，从福利来看，你的所得要大于年的所失。对于约翰而言，每年有 120 000 美元或有 118 000 美元的差别并没有多大影响，因为 118 000 美元上的 2 000 美元并不是一个多大的事情。然而，如果发生一下子遭受失去 150 000 美元的损

[47] 关于这些问题，参见 Duncan Luce and Howard Raiffa, *Games and Decisions* 20 - 21 (New York: Wiley, 1957)。

（左侧页码：142）

失，那就是很大的事情了。就福利而言，从他现有财富中减去
2 000美元是可以忍受的。即便他的房屋损失的货币价值只有
1 990美元，但由于这种损失极度不可能，避免它的发生就物有
所值，要知道，差钱时，一分钱也能难倒英雄汉！如果那笔付
款能够确保他获得房屋损失的赔偿，那么，约翰可能乐意为此
每年支付 2 000 美元。换句话说，人们之所以购买保险，是因
为，当他们拥有很多钱时，他们就不会特别在乎钱（正如约翰
每年支付保险费时那样），而当他们没有什么钱时，他们就会更
加珍视手中的钱（如约翰失去房屋时可能的那样）。

　　对于为最差情形购买保险或采取预防措施的意愿，一定程
度的"纯粹"风险厌恶有助于作出解释。假定你正在考虑一项
手术。如果你不做，你将会失去一定量的福利（我们暂时称之
为 10 单位福利）。通过该手术，你有 60％的概率将不会失去那
10 单位，但有 40％的概率发生意外，而你将失去 20 单位福利。
以预期价值而言，该手术很有道理。但是，福利并不是金钱，
而你则可能并不愿意以损失如此之多的福利作为赌注，即便概
率偏向于净收益。眼部手术就是一个例证，即便数据很有利，
你仍然可能拒绝做近视手术或轻度白内障手术，即便手术的预
期价值远远高于现状。在还没有那么糟的情况下，为什么要拿
着失明来下注呢？

　　以保险为对象进行类比，我们可能希望在预防巨灾损害的
规制性措施中设置一个特别保费，我们称之为巨灾厌恶。对于
第三种，而且更为积极的巨灾性损害预防原则而言，这一理念
可以作为其基础，它体现着这种保险费用：**即便在最差的情形
极为不可能出现时，规制者也应当考虑巨灾性风险的预期价值。
在评估预期价值时，规制者应当考虑巨灾性损害的特征，包括**

143

此类损害的"社会放大"。规制者应当选择成本有效措施来减少
那些风险，并且应当努力比较风险的预期价值和预防措施的预
期价值。规制者也应当考虑以成本有效措施为巨灾性风险设立
一个"安全边际"，这种安全边际的范围应当根据设立它的所失
和所得来选择。

　　成本和权衡。假如消除最差情形会耗费不菲，或者这样做
会导致出现它本身的最差情形。那么，在这样的情况下，规制
者是否应当消除最差情形就并不是很清楚。如果消除一个巨灾
性风险本身就近乎一个巨灾，那么，或许该巨灾性风险就不应
被消除：至少在最差的情形极不可能出现，而规制所导致的近
乎巨灾风险却不可避免的情况下，理应如此。

　　通过关注风险—风险权衡（risk-risk tradeoffs），或巨灾性
风险—巨灾性风险权衡，或是风险—巨灾性风险权衡，巨灾性
损害预防原则可能得到进一步限定。其中，巨灾性风险—巨灾
性风险权衡最为有趣。伊拉克战争被作为避免巨灾的一种手段
进行辩护，并且，它甚至可能通过巨灾性损害预防原则证明其
合理：如果萨达姆·侯赛因拥有大规模杀伤性武器（并且当时
他确实具有拥有的一定可能），那么，巨灾性核袭击或生化袭击
的风险就不能被完全排除。但是，一场解除他武器的战争本身
也造成了严重的风险。相应的风险权衡要求对概率进行评估：
战争的风险是什么，以及因拒绝进行战争而发生巨灾性损害的
可能性是多少？

　　一些人相信，这种战争本身所导致的风险现在已经达到了
巨灾水平，因而，我们必须将巨灾性风险与巨灾性风险进行比
较。很容易以类似术语对控制温室气体排放的努力进行分析。
至少可以明确的是，它们涉及风险—巨灾性风险权衡。

现在，我们的主导原则的表述正逐步变长，但更加完备：**即便在最差的情形极度不可能出现时，规制者也应当考虑巨灾性风险的预期价值。在评估预期价值时，规制者应当考虑巨灾性损害的特征，包括此类损害的"社会放大"。规制者应当选择成本有效措施来减少那些风险，并且应当努力比较风险的预期价值和预防措施的预期价值。规制者也应当考虑以成本有效措施为巨灾性风险设立一个"安全边际"，这种安全边际的范围应当根据设立它的所得和所失来选择。在决定减少巨灾性风险的措施时，规制者应当考虑那些措施本身可能带来风险，包括带来巨灾性风险的可能性。**

145

适时性。巨灾发生的风险可以是即刻的，比如恐怖主义袭击。但是，有的时候，某种潜在性巨灾并不会带来任何威胁，直到相对遥远的未来到来时，比如很多人认为气候变迁就是这么一种情况。假定预防的负担需要即刻承担，而收益却要到数十年后才能够获取，如果这样的话，人们就可能苛刻对待预防性措施，即便这些措施不过是对于某种严重风险的一般性回应。

为什么会这样呢？你很可能宁愿现在就拥有 500 美元，而不是 20 年后才拥有 500 美元。大多数人会将未来才能获得的金钱折扣计算。有关规制收益的恰当折扣率问题涉及很多富有争议的问题，我将在第 6 章中处理这些问题。但是，无论我们使用什么样的折扣率，多数人都会赞同，未来的损失或收益不应与当前损失或收益相等估价，而应当以较低的数值估价。

但另一方面，我们可以很容易想到过于不重视未来损失的情形，将相关成本折扣得太过厉害。由于短视、一厢情愿，或仅仅是不能想象或是设身处地考虑那些将会处于风险之中的人

们，他们可能认为这些损害无关紧要，或不过如此。[48] 一项调查
发现，对于水质改善问题，人们表现出相当高的时间偏好：较
146 之收益要多得多的两年后改善，人们非常支持现在就改善。[49] 结
论是，人们将未来收益视为他们正确折扣价值的一半。[50] 由于这
些原因，当风险直到遥远的未来才会出现时，就需要一种巨灾
性损害预防原则的特殊形式。

　　这一点可以通过理解可能的政治动力予以强化。假定预防
的成本需要即刻承担，而收益要在数十年后才能获取，如果这
样的话，民选官员就将会有强烈的拖延动机。原因在于，他们
将会因强加即刻承担的成本而面对政治惩罚，但却只能从长远
利益的制造中获取极少甚至于无的政治收益。我们已经看到，
在气候变迁情形中，成本与收益之间那种世俗的不等价导致了
拖延的强烈动机，即便是在即刻的预防合理之时也同样如此，
原因很简单：那些最有可能获得收益的人不能投票。

　　对采取一种巨灾性损害预防原则，这一点提供了另外一个
理由，这一理由试图克服未来风险无法受到应当关注的危险。
如我已经列出的那样，这一原则应自动克服那种危险。

巨灾性损害，形式 4：不确定性 vs. 风险

　　在一些情境中，与风险相关的问题涉及具有确定概率的危

---

　　[48] 参见 George Ackerlof and William T. Dickens, "The Economic Consequences of Cognitive Dissonance", In *An Economic Theorist's Book of Tales* (New York: Cambridge University Press, 1984)。

　　[49] 参见 W. Kip Viscusi and Joel Huber, "Hyperbolic Discounting of Public Goods", NBER Working Paper 11935 (2006)。

　　[50] 参见 W. Kip Viscusi, "Rational Discounting for Regulatory Analysis", *U. Chicago Law Review* (forthcoming 2007)。

险和最差情形，而这种可以确定的概率一直是目前为止所进行
探讨的一个假定。我们可以说，对于比如 1 000 万人而言，从事
某种运动的死亡风险是 1/100 000，或至少是范围在 1/20 000 到
1/500 000 之间。我们或许可以说，因气候变迁引发巨灾性损害
的风险是在 10％以下，但在 1％以上。但是，诚如经济学家弗
兰克·奈特（Frank Knight）所强调的那样，我们也能想象到分
析家甚至连概率范围都无法限定的情形。[51] 规制者以及普通人可
能发现，他们正在一种不确定性情境中（可确定后果，但不能
确定任何概率）行动，而非在一种风险情境中（可用确定后果
以及各种后果的概率）行动。[52] 甚至出现更糟的情形，规制者以
及普通人有时会在无知之幕下行动：他们既不能具体确定糟糕
后果的概率，也不能确定其性质——他们甚至都不知道他们所
面对损害的数量。[53]

当现有的知识允许规制者确定后果，但却不允许他们确定各
种后果的概率时，遵守最大化最小原则（Maximin* Principle）就

---

* 关于这一原则的翻译，有很多版本，最为出名的应当是何怀宏、何包钢、廖
申白先生在翻译约翰·罗尔斯的《正义论》所采用的"最大最小值"。本书认为，该
原则中，"maximizing"的动词表意应当予以体现，而"the minimum"在伦理学中，
也不能仅仅是一个数值，桑斯坦在本书中也多次强调，福利很难以数量计算。所以，
本书译为"最大化最小"。

[51] 参见 Frank H. Knight, *Risk, Uncertainty, and Profit*（Boston: Houghton
Mifflin Co., 1933）；也可参见 Luce and Raiffa, *supra* note 47, at 275 - 286。

[52] 参见 Knight, *supra* note 51; Paul Davidson, "Is Probability Theory Relevant
for Uncertainty? A Post-Keynesian Perspective", 5. *J Economic Perspectives* 129
(1991)。一些人反驳认为，不确定性并不存在，因为对于决策制定者而言，它总是
可能的，通过采取对一系列后果抽彩就可以进行概率确定。但是，如果不是基于理
论或重复试验，这种确定没有任何认识上的可信性，并且很多与风险有关的问题，
比如全球变暖所涉及的那些问题，并不属于那种类型。下文我将详细介绍这一观点。

[53] 关于忽略和预防，参见 Poul Harremoës, *Ethical Aspects of Scientific In-
certitude in Environmental Analysis and Decision Making*", 11 *J. Cleaner Produc-
tion* 705（2003）。

可能是理性之举：**选择具有最优最差后果的政策**。⑭（"maximin"一词是"maximizing the minimum"的缩写。）在环境情境中，或许，要求官员确定各种规制性选择的最差情形（"如果我们采取 X，这一坏事可能是后果；如果我们采取 Y，这种稍微不那么坏的事可能是后果"），并选择那种最差情形最没有那么坏的选择，借此可以证明精细预防的合理性。或许，最大化最小原则会导致第四种并且特别积极的巨灾性损害预防原则形式：这种形式将力主采取精细措施，以防止恐怖主义、禽流感以及气候变迁。

在其最简单，也最粗陋的形式中，这一原则可能认为：**规制者应当确定，并努力消除最差情形**。这一原则含糊并且粗糙，它没有具体限定规制者应当据以行动的选项。对于气候变迁或整体意义上的环境，或美国人所面对的各种挑战，或世界所面对的各种挑战等问题，难道要他们研究所有的方法？但是，出于展开分析之目的，这种原则提供了一个起点。

假定相应的预防措施会带来各种困难，但是，即便是这些困难的最差情形也没有恐怖主义、禽流感和气候变迁的相关最差情形更加糟糕。如果采取特别积极措施来减少这些危险相关的风险是合理的，那么，其中一个原因就在于，它们本身也会附随潜在的巨灾性后果，并且，现有信息不允许我们确定这些最差情形的概率。对于很多问题，包括核能、纳米技术、艾滋

---

⑭　有关最大化最小之可能理性的技术性处理，可参见 Kenneth Arrow and Leonid Hurwicz, "An Optimality Criterion for Decision-Making Under Ignorance", in *Uncertainty and Expectations in Economics: Essays in Honor of G. L. S. Shackle* (C. F. Carter and J. L. Ford eds.)（Oxford: Blackwell, 1972）；有关非技术性观点，可参见 Jon Elster, *Explaining Technical Change* 185－207 (Cambridge: Cambridge University Press, 1983)。

病、小行星碰撞以及转基因食品等，都可以运用同样的分析。

要理解支持或反对运用最大化最小原则的理由，我们需要略微回溯一点。消除最差情形一般有道理吗？让我们暂且将不确定性问题放在一边，而对涉及风险的数例进行探讨：你偏好哪一个？

（1）99.9％的可能获取 2 000 美金，同时有 0.1％的可能损失 6 美元；或者

（2）50％的可能获取 5 美元，同时有 50％的可能失去 5 美元。

根据最大化最小原则，选项 2 更优，因为选项 1 有一种最差的情形。但是，我们中的大多数人会选择选项 1，它所具有的预期价值要高得多。选择 2 的话，你就会表现出一种非同一般的风险厌恶程度。但不管怎样，如果你倾向于选择选项 2（很难想象——失去 6 美元真的如此恐怖吗？），那也很容易设计出一个几乎没有人会采取最大化最小原则的例子。你会选择哪一个：99.9％的可能赢取 50 亿美元，同时有 0.001％的可能损失 5.25 美元；或是 50％的可能赢取 5 美元，同时有 50％的可能损失 5 美元？

让我们想象一下日常决策实例，在这些实例中，最大化最小原则似乎具有吸引力：一个记者，住在洛杉矶，他被告知可以在两个任务中选择一个。他可以去伊拉克，去报道美国人对克服暴力和恐怖主义所作的努力。或者，他可以去巴黎，去报道法国的反美情绪。在他看来，伊拉克的任务有两个极端后果：（1）他可能获得他职业生涯中最有趣、最有益的经历，或者（2）他可能被杀掉。巴黎的任务也有两种极端后果：（1）他可能获得一次有趣的经历，同样也有很多乐趣，或者（2）他可能

很孤单，并患上思乡病。我们的记者很可能会选择巴黎，理由在于，该选择的最差情形（思乡病）远比伊拉克的最差情形（死亡）好得多。当此种或彼种方案具有一种被认为要糟糕得多的最差情形时，这种思维方式就常常影响到生活中的许多决策（换工作、就读法学院、生小孩、结婚）以及规制政策。

但是，消除最差情形并不总是做决策时的一种理智原则。假定这个记者具有一个不同的选择：待在洛杉矶或去巴黎。同时假定，基于个人和职业理由，巴黎要好得多。当然，去巴黎的路上，存在飞机撞毁的微小可能。飞机撞毁极为不可能发生，但却不能将其排除掉。在这种情境中，如果这个记者采取最大化最小原则，那么，他将留在洛杉矶。然而，这么做看起来荒谬不堪，甚至是一种疯癫。（它的一种形式实际上有一个名字：陌生环境恐惧症）。有这样的一种例子，约翰·海萨尼（John Harsanyi）主张，应当拒绝最大化最小原则，因为它造成了非理性："如果你严格遵从最大化最小原则，你甚至不能跨过一条街道（毕竟，你可能被一辆车撞倒）；你永远也不能驶过一座桥（毕竟，它可能倒塌）；你永远也不能结婚（毕竟，它可能以灾难为结局），等等。如果任何人真的依此行事，那么，他将很快就会被送到精神病医院。"⑤

即便是在伊拉克和巴黎之间进行选择，也同样可以运用海萨尼的观点进行争论。那个记者可能努力去确定在伊拉克被杀的可能性，而不是仅仅确定最差的情形。或许，尽管存在广为宣传的确实发生过的死亡（当被害者是记者时，尤其显著），但

150

---

⑤　John C. Harsanyi, "Morality and the Theory of Rational Behavior", in *Utilitarianism and Beyond* 40（Amartya Sen and Bernard William eds.）（Cambridge：Cambridge University Press，1983）.

被杀的可能性真的非常小；或许，这个记者应当拒绝第四种形式的巨灾性损害预防原则；或许，最大化最小原则只不过是一种忽略概率问题的方法，因而没有任何意义。我们已经看到，在一些情形中，概率忽略确保了人们将仅仅关注于最差的情形。但是，如果概率实际上能够被评估出来，同时，如果那样的情形极度不可能发生，那么，即便是对于那些极其风险厌恶的人们而言，也很难支持概率忽略。

假定，对于一个记者来说，死于伊拉克的风险是一百万分之一，而无论对人还是对职业而言，选择伊拉克都要比选择巴黎好得多。那么，我们可能需要了解一下这个记者的情况：价值观，以及对如何处理这种问题的理解方式。但是，可以肯定的是，比起决策时心无旁骛地纠结于可能发生的最差情形，这个记者会根据所表明的低风险而选择伊拉克则更为可信。

但是，海萨尼的论断中，以及这个记者对洛杉矶和巴黎的选择分析中，都漏掉了一些重要的东西：风险，以及同样糟糕的最差情形来自所有方面。如果这个记者待在洛杉矶，他可能以此种或彼种方式被杀死，因而，运用最大化最小原则本身并不能合理化留在美国的决策。或许，不时之死（untimely death）更可能发生在洛杉矶。而与海萨尼的论断相反，最大化最小原则并不是真的意味着人们不应当穿越一条街道、驶过一座桥，以及拒绝结婚。原因在于，不采取这些行动可能带来其他灾难：你可能因为没有穿过那条街道、驶过那座桥，或和那个好人结婚而死去。要运用最大化最小原则，或预防措施的一般命令，甚或第四种形式的巨灾性预防原则，我们必须确定所有的相关风险，而不仅仅是其中的某个子集。

海萨尼忽略了这种可能性，即防止一系列风险的预防措施会造成它们本身的风险。如果我们不够小心，意图消除最差情形的某种巨灾性损害预防原则就可能带来噩梦，或者甚至也同样造成巨灾情形。反对一般性预防原则时，我已经作出的言论很可能也同样适用于限定形式：它忽略了全部的风险，包括预防本身的风险。无论怎样，在风险情境中，的确存在对最大化最小原则更为一般的反对。如果可以确定各种后果的概率，我们就不应仅仅因为它同样附随有最差情形，而拒绝采取预期价值高得多的行动。如果你的外科医生告诉你"如果你做这个手术，你有 99.99％的可能治愈你的背裂之痛，但有 0.01％的可能瘫痪"，大多数人将会，并且应当接受这一手术。

当然，许多人是风险厌恶的，或对特定的风险厌恶。生命诚短暂，人人皆忙碌，偶尔的时候，他们也会更不乐意冒险，*152* 而不是接受预期价值分析的建议。[56] 但是，如果去巴黎的现实可能后果好得如此之多，而风险却非常之小，那么，我们的记者就应当从最差情形的痴迷中挣脱，踏上飞向巴黎的飞机。当能够确定概率时，采取最大化最小原则似乎需要无限的风险厌恶，而正是由于这个原因，它不过是愚蠢之举。

对于规制性政策，其意义非常明确。如果它强调预期价值，一种巨灾性预防原则就有道理。甚至在它涉及以防止最差风险的"安全边际"的风险厌恶时，它同样有道理。但是，仅仅是确定最差情形，并努力消除它却没有道理。诚如所言，第四种形式的巨灾性损害预防原则必须被拒绝。然而，不确定性问题仍然引起了明显的问题。

㊉　参见 Richard A. Musgrave, "Maximin, Uncertainty, and the Leisure Tradeoff", 88 *Quarterly J. Economics* 625, 626–628 (1974)。

巨灾性损害，形式 5：不确定性和预防

我已指出，在不确定性而非风险的情形中，有的时候会推荐使用最大化最小原则，即"选择具有最优最差后果的政策"[57]。在有关环境政策的一篇很有价值的论文中，斯蒂芬·加德纳（Stephen Gardiner）借用了约翰·罗尔斯在论述分配正义时所作的有关最大化最小原则的论断。[58] 罗尔斯的主张是对其著名差别原则（Difference Principle）一般论证的一部分。差别原则认为，在无知之幕状态下，即缺少对他们的能力、性格以及个人处境等的知识，只有在不平等符合最小受惠者（the least well-off）利益的程度内，人们才会允许这些不平等存在。

按照罗尔斯的观点，人们不会通过比如说，选择一种绝大多数人最终会处于非常有利地位，而一些人却会变得极为不利的情形，从而选择最大化平均效用（按照全部人口福利的平均水平来理解）。罗尔斯主张，（在无知之幕下）仅当他们有必要帮助那些底层人民时，人们才会允许不平等存在。这样的话，例如，如果通过确保帮助那些最弱势者的经济增长，一个资本主义社会中的不平等得以"提高最低水准"（raise the floor），那么，它们就是合理的。但是，如果不平等使一些人陷于绝望的境地，它们就是不平等的。在一定意义上，可以用罗尔斯来论证，在无知之幕下，人们会对最差的情形予以大量关注，并

153

---

[57] 例见 Elster, *supra* note 54, at 188 - 205。

[58] 参见 Stephen Gardiner, "A Core Precautionary Principle", 14 J. *Political Philosophy* 33（2006）。有关加德纳所引文献，参见 John Rawls, *A Theory of Justice* 132 - 139 (Cambridge: Cambridge University Press, rev. ed. , 1999)。

且他们会努力消除它。

为什么罗尔斯会认为人们将选择差别原则，而不是最大化平均效用？罗尔斯认为，当涉及"重大风险"，并且当这些风险发生的可能性不能确定时，最大化最小原则就是一种适宜的决策规则，至少是在选择者"对于他遵循最大化最小规则，事实上所能够确定的高出最低报酬之所得，即便有，也近乎不在乎时"[59]。接着，罗尔斯提出，最大化最小原则在以下三种条件下是合理的：（1）面对可能的巨灾性后果，（2）不能确定概率，以及（3）遵循这一原则的所失是一件相对无关紧要的事。[60] 那么，这就是他的差别原则主张：如果选择者选择平均效用，他们可能最终面对巨灾，或许他们可能注定陷入悲惨、绝望的生活。根据假定，在无知之幕下，人们不能确定各种后果的概率。在罗尔斯看来，抛弃平均效用，而拥护差别原则，对于他们会失去什么，人们不可能过于关心。

在分配正义情境中，这些主张已经显得极富争议。或许，在无知之幕下，你不会选择消除最差的情形；或许，你会乐于选择平均效应，至少是当平均效用足够高时。你也许会选择非常不利的做法，来赌一下你的运气。但是，正如加德纳已经表明的那样，环境语境中，罗尔斯的观点可被用作一种"核心"预防原则的基础，而事实上，其适用范围要一般得多，涵括恐

154

---

　　[59]　参见 Stephen Gardiner，"A Core Precautionary Principle"，14 J. *Political Philosophy* 33（2006）。有关加德纳所引文献，参见 John Rawls，*A Theory of Justice* 132 - 139（Cambridge：Cambridge University Press，rev. ed.，1999）. at 134.

　　[60]　*Id*. 罗尔斯转而参见了 William Feller，*Probability and Profit：A Study of Economic Behavior along Bayesian Line* 140 - 142（Homewood, Ill.：R. D. Irwin，1965）。他对罗尔斯所提的最大化最小提出了一些修正的辩护，参见 John Rawls，"Some Reasons for the Maximin Criterion"，64 *American Economic Review* 141（May 1974）.

怖主义、禽流感、飓风，也包括小行星碰撞等领域。当满足这三个条件时，就可能采取（以避免最差情形出现的）预防。那么，这就是巨灾性损害预防原则的第五种形式：**当各种后果的概率不能确定，并且当消除最差情形的成本近乎为零时，如果它可能是巨灾性的，规制者就应当消除最差的情形。**

加德纳理智地补充指出，要合理论证这样一种原则，潜在的巨灾危险必须符合一些最低的概率限度。如果它们完全可以被认为不切实际（如果如此安排奥林匹克的举办，那么，外星人可能会接管地球）而予以排除，那么，就应对这样的威胁置之不理。加德纳认为，这些方式可以用来对气候变迁问题进行有益的分析，并且它给出了一个运用最大化最小原则的很好的例子。同样，乔恩·厄尔斯特（Jon Elster）在谈起核能时提出，当可以确定最差的情形，并且其他选择的最优后果也与之相同时，那么，消除最差的情形就是适当的选择。[61] 事实上，厄尔斯特似乎确信，就对核能实施的积极限制而言，这种理由可以证明其合理性。

那么，副总统切尼的百分之一论可以通过这一点来理解吗？答案是否定的。如果概率是百分之一，我们就是在风险，而非不确定性的情形中行动。但是，考虑一下百分之几论（Some Percent Doctrine），这很可能切中副总统切尼言中的实际含义：如果存在发生严重损害的一定可能，而我们不能确定它的具体概率，那么，或许我们就应当将之视为确定之事——至少在一旦风险真的发生，其后果将会很恐怖的情况下。

那么，这就是支持一种特别强势形式巨灾性损害预防原则的基础理论，这种原则形式要求，规制者在不确定性环境中确

155

---

[61]　参见 Elster, *supra* note 54, at 203。

定和消除最差情形。严格来说，至少是在不确定性较为常见的情形中，这种原则将会对规制政策产生重大后果。但是，也可以提出一些异议，并且，最终我将拒绝这种强势形式的巨灾性预防原则，理由在于，它没有关注两个关键问题：最差情形与次最差情形（second-worst-case scenario）的区别；以及通过对最差情形的预防，我们实际上失去了什么。

异议1：该论断琐碎。加德纳论断首先的一个问题是，它冒琐碎性之风险，首先因为条件（3）要求人们对采纳最大化最小原则的所失不太关心。如果人们能够以近乎无的成本消除一种不确定的巨灾危险，那么，他们当然应当消除这一危险！如果要你付1美元以避免一种不能确定概率的潜在巨灾性风险（你的死亡以及所爱人的死亡），你当然将会付这1美元。而如果两种选择具有相同的最佳情形，而第一种选择具有好得多的最差情形，那么，人们当然应当选择第一种选项。

这样的论断没有任何错误——事实上，它给出了一种宝贵的澄清。但是，真实的世界中鲜有这种形式的问题。当政策和法律出现争议时，消除不确定的巨灾危险既会强加负担，又会带来风险。例如，在恐怖主义情境中，消除最差情形的努力——通过伊拉克战争、限制个人隐私、限制自由——就很难说没有成本。它们创造风险，并具有它们自身的最差情形。我们很容易就能够想象到消除恐怖主义相关最差情形的其他措施：限制言论自由、种族和宗教压制、对阿拉伯后裔强加旅行限制，以及造成百万平民伤亡的战争。在某些领域中，如果严格采用最大化最小方式，同样也会造成非常高昂的成本。

在禽流感、小行星碰撞以及气候变迁的情形中，声称规制者能够或应当"即便有，也近乎无"地在乎消除最差情形的可能所失，这令人难以置信。如果国家在禽流感问题上遵循最大化最小原则，那么，它们就将杀死很多鸟类，并且它们也将会承受巨大的负担和成本。如果它们在小行星碰撞问题上采取这一原则，它们就会投入大量资源用以学习如何摧毁小行星，或使其改道。如果国家通过努力消除最差情形的方式来对待气候变迁问题，它们就得在减少温室气体排放方面作出巨大投入，而几乎可以肯定的结果将是更高的汽油和能源价格，以及失业和贫困的增加。对于转基因食品，也可以作出一些类似判断，因为，通过积极规制消除最差情形很可能会消除了一种廉价的营养来源，而对于那些生活在极度贫困中的无以计数的人来说，这种来源具有极为宝贵的价值。

那么，真正的问题在于，在真实的世界中，当这么做会强加负担并造成风险之时，规制者是否应当采纳最大化最小原则？如果它们应当，那就是因为条件（3）过于严苛，而应当予以摈弃，而这就需要一种巨灾性损害预防原则的相应修正形式。即便消除最差情形的成本高昂，并且即使规制者非常在意承受那些成本，问题也仍然是，当国家面对巨灾的不确定危险时，消除最差的情形是否合理。在环境情境中，一些人如此主张，相应地就形成了可用于许多问题的公式[62]：**如果它是巨灾性的，并且无法确定各种后果的概率，规制者应当消除最差的情形；即便这样做所涉及的负担非常之高，他们也应当消除最差的情形。**这种明显含糊的公式直接将我们引向下一个异议。

异议 2：最大化最小原则假定无限风险厌恶。罗尔斯支持为

157

---

[62]　参见 Richard T. Woodward and Richard C. Bishop, "How to Decide When Experts Disagree: Uncertainty-Based Choice Rules in Environmental Policy", 73 *Land Economics* 492, 505 (1997).

分配正义而采取最大化最小原则，这一观点遭到来自经济学家的严厉批评。[63] 核心质疑在于，这一原则只会被那些表现出无限风险厌恶的人选择。要了解这种异议，我们要回到罗尔斯的语境之中：在人们处于对他们的能力或未来，或他们的社会地位一无所知的无知之幕下时，人们会选择一种什么样的分配？比较以下可能性：**(1) 在一百万人中，每一个人年收入均为 10 000 美元。(2) 同等人口中，除 1 人年收入 1 000 美元外，其他每一个人年收入均为 1 000 000 美元。** 如果我们不知道我们在这种分配中所处的位置，那么，我们是否将会选择（1），从而消除最差的情形？或者我们是否将会选择（2），理由在于预期收入（对我们自己以及几乎所有其他人）多得多，并且最差情形（1 000 美元）的可能性很微小，只有一百万分之一。

158　　罗尔斯自己说的并不是金钱，而是一种"基本善"（primary goods）的指数，这种基本善不仅包括财富和收入，还包括公民自由以及自尊的社会基础。为了忠于罗尔斯原意，我所使用的数字，即 10 000 美元和 1 000 000 美元将被转换为某种"基本善指数"。但是，即便我们正在谈论的是这样一种指数，或是其他一些福利数量，理智的人们也不可能选择（1），而拒绝一种他们（以及几乎所有其他人）若处其中，就将具有获取更多收入的更多机会的情形。

用罗尔斯最有影响力的一位批评者的话来说，"即便风险很大，人们也很可能持舍不得孩子，套不着狼的心态"[64]。将这种

---

[63] 例见 Musgrave, *supra* note 56；Kenneth J. Arrow, "Some Ordinalist-Utilitarian Notes on Rawls' *Theory of Justice*", 70 *J. Philosophy* 245 (1973)；J. C. Harsanyi, "Can the Maximin Principle Serve as a Basis For Morality? A Critique of John Rawls' Theory", 69 *American Political Science Review* 594 (1975)。

[64] Musgrave, *supra* note 56, at 627。

异议用于规制语境中：对巨灾性损害某种程度的风险厌恶是可信的，并且，这一点支持某些适度形式的巨灾性损害预防原则（上文探讨的前三种形式）。但是，即便是在不确定性环境中，这种遵循最大化最小原则的主张也同样表现出无限的风险厌恶。在我们原本可以使用同等资源来避免其他可能性更高，但却明显具有不那么差的最差情形之风险时，我们为什么应当对小行星碰撞、或禽流感、或气候变迁等风险无限地厌恶，并使用非比寻常程度的资源来克服那些风险？

尽管富有蛊惑力，但这种质疑却是错误的，这是因为，最大化最小原则并没有假定无限风险厌恶。假定人们真的在真正的不确定性中行动，不能确信地确定各种后果的发生概率。消除最差情形假定了无限风险厌恶，这种异议的成立决定于对不确定性存在的否定。如果我们真的不确定，那就不能确定任何概率，但是，风险厌恶的理念只有在可确定概率的语境中具有解释力。如果你为了避免一个可怕后果的**微小**可能，而愿意去做任何事，或不计开销，那么，你就真是无限风险厌恶的。但是，如果你为了避免一个可怕后果的**不确定**可能，而愿意去做任何事，或不计花销，那么，你就并非真是无限风险厌恶的。要理解这种区别，我们就需要直接研究不确定性。

异议 3：不确定性不存在。许多社会科学家已经否认了不确定性的存在。人们总在做决策，即便当他们无法作出概率判断时也同样如此，而恰恰是这些决策表明，人们在确定概率，而不是在不确定性环境中行动。例如，米尔顿·弗里德曼（Milton Friedman）就有关风险—不确定性的区别写道："我没有提到这种区别，因为我不相信它真的存在。我赞同 L. J. 萨维奇（L. J. Savage）的人为概率（personal probability）观点，这种观点否认以这种方式进行的任何有效区分。我们可以认为人们对每一个可认知的事件都赋予了各种概率。"⑥

弗里德曼和其他的怀疑者坚持认为，人们的决策表明他们是在确定事件的概率，这是对的。我们有关是飞行还是驾车的决策，是否夜间在附近走走的决策，以及是否接受有风险工作的决策等，都可以被理解为对糟糕甚至灾难性事件概率的默示确定。规制者自己也根据可以计算的主观概率作出决策，包括有关恐怖主义和气候变迁的决策。或许，通过确定美国、法国、以色列、叙利亚、朝鲜、伊朗和德国的实际选择，我们就能够推断出相关国家对于有关，比如说巨灾性恐怖主义袭击或巨灾性气候变迁或灾难性飓风的概率判断。

160　　　但是，这些观点并不能构成对奈特的有力反驳：他关注的是客观概率，而非主观选择。⑥ 奈特认为，有的时候，即便人们

⑥　参见 Milton Friedman, *Price Theory* 282（Chicago：Aldine Pub. Co.，1976）。也可参见 Jack Hirshleifer and John G. Riley, *The Analytics of Uncertainty and Information* 10（Cambridge：Cambridge University Press，1992）："本书中，我们摈弃了奈特的区分，它已被证明是贫瘠的理论。对于我们而言，风险和不确定性的意义相同。我们认为，'客观'分类是否可能是无关紧要的。因为，我们自始至终都在解决'主观概率'的概念（尤其是萨维奇于 1954 年所提出的）：概率仅仅是一种信念程度……［因为我们从不知道真实的客观概率］，决策者……就从未处于奈特的风险世界中，而总是处于他的不确定性世界中。那种替代性方法，即根据主观信念程度来确定概率，是一种可行的，并且卓有成效的程序，这一点，贯穿本书，将会被建构性地展现出来。对于赫舒拉发和莱利的分析而言，这种主观概率的确定也可能是最好的方法。但是，当规制者思考做些什么，但却缺乏各种后果相关的概率信息时，区分风险和不确定性就不再那么没用了。"

⑥　参见 Stephen F. LeRoy and Larry D. Singell, Jr., "Knight on Risk and Uncertainty", 95 *Political Economy* 394（1987）（与许多批评者相反，认为奈特的研究支持主观概率的理念）。关于不确定性为什么存在的一个明确解释，参见 Elster, *supra* note, at 193–199, 199（"一个政治学家那里推断出他倾向于挪威在 3000 年后是民主政体，而非独裁政体的预见，你肯定可以从中推断出主观概率，但问题是，难道有人会考虑一下以这样的数据为基础而采取行动吗？"）。

努力想这样做，但他们也根本缺乏允许他们确定概率的知识。
要理解这一点，考虑一下这样的事实：动物也在作出并不比人
类更少的选择，主观概率借此也能予以确定。我的狗是一只罗
马尼亚猎犬，名叫佩里（Perry），它每天都作出很多决策。从
它的决策中，我们也许能够推断出它对概率的判断，比如说死
于一次车祸，或死于一次恐怖主义袭击，或死于被另外一个人
杀害，或被雷电劈死。经过数年的细致观察，从它的行为中，
我可能估算出它的判断大致分别为20％（车祸）、0％（恐怖主
义袭击）、10％（人类），以及99.9％（雷电）。但是，我们要这
样的数字有什么用呢？难道它们表明奈特的不确定性不存在吗？
狗、马以及大象那里所得出的主观概率判断，并不意味着那些
动物从不曾面对真正的不确定性，即它们身处其中却无法确定
各种结果概率的环境。

我们甚至可以想象一下原始社会，无论是历史上的，还是
现存的，在那里，人们防避各种威胁，但却完全不能确定这些
威胁发生的概率。或者，假定这样一个问题：10 000 年后，至
少有 1 亿人将会继续生存。对于大多数人而言，以他们当前所
具有的知识，根本无法合理地确定任何概率。或许，不确定性
也不是没有限制的，我们可以合理地将可能性描述为0％以上，
100％以下。但是，除了那点以外，我们几乎无可作为。

假定我给你一个瓮，里面有 250 个小球，并要你拿出一个。
如果拿出一个蓝色球，你得到 1 000 美元。但是，如果你拿到一
个绿色球，你就得付我 1 000 美元。假定我拒绝说出瓮中蓝色球
和绿色球的比例，或者假定，我自己也不知道具体比例，因为
那是电脑决定的。这些例子表明，否认不确定性的可能存在是

161

错误的，不确定性的标志是客观概率的缺失。⑰ 有些国家有些时候的行动如原始社会，或如被问及 10 000 年后人口规模的那些人，或如对猜测瓮中之物游戏而迷惑的那些人。

对于弗里德曼以及其他质疑者而言，否认不确定性的存在还提出了另外一个问题。必要之时，人类当然确实会为未来事件，包括巨灾性事件确定主观概率。但是，这种确定是如何描述具体情形的一个函数，并且，形式相同的描述可以产生极为不同的判断。对于问题"10％ 的人将遭受某一特定风险不利影响的可能性有多大？"，以及问题"90％的人将不会遭受某一特定风险不利影响的可能性有多大？"，人们很可能不会给出相同的答案。仅仅是语义重构就可以影响概率判断，并且在包括恐怖主义、气候变迁、禽流感，以及诸多俗世危险中，这种情况也肯定真实存在。⑱ 如果的确如此，那么，我们就很难说，从主观评估中，我们能够推断出任何如客观判断那样的东西，从而可以使我们脱离风险的不确定性。

我们已经看到，主观概率判断常常以经验法则和偏见为基础，而这会导致严重错误，因此，主观概率判断不可靠早已名声在外。既然它们受制于框框、可及性偏见，以及其他问题，那么，在面对客观困难，或者不可能作出概率判断的时候，为什么规制者应当相信主观评估具有一席之地呢？假定规制者得出结论认为，确定气候变迁引起的巨灾性损害风险的概率，在客观上不可能，那么，即使个人和政府确定了主观概率，他们的确定是否应当对实际所为有所影响？

162

----

⑰　参见 Elster, *supra* note 54, at 195 - 199。

⑱　*Id.*

约翰·梅纳德·凯恩斯（John Maynard Keynes）于 1937
年所写的一段话常常被用来批评不确定性的观念，它明确区分
了客观概率和实际行为："我正在使用的术语［'不确定'知
识］，意义在于，当欧洲战争的前景不确定时……对于这些事
情，没有任何科学基础可以形成任何可算度的概率。我们就是
不知道。"⑥ 即便如凯恩斯立刻补充的那样，我们的行动"正如
我们所确实应当的那样，仿佛我们身后有一种有力的边沁式计
算，它将各种可能优势和劣势都乘以其适当概率，得出总和"，
这时也同样如此。⑦ 即便主观预期效用能够以行为为基础予以确
定，我们也不能排除这种可能性：规制者（如其他任何人一样）
正在真正不确定性的情形中行动。

**异议 4：不确定性过于少见而不能成为政策和法律关注的真
正原因。**或许规制问题，包括这里提到的那些问题，都很少涉
及真正不确定性。或许规制者常常能够确定各种后果的概率；
而当他们不能时，或许他们可以代之确定概率的概率（proba-
bilities to probabilities）（或当这也不可能时，就确定概率的概
率的概率）。例如，我们有大量关于小行星轨道的信息，并因而
有充分理由确信发生毁灭性碰撞的风险非常小。在很多情形中，
比如巨灾性恐怖主义袭击，规制者可能限定概率的范围，比如
在 0% 以上，但是在 5% 以下，或者，他们可能说气候变迁带来
巨灾风险的概率最多为 20%。一些科学家和经济学家相信，气
候变迁不可能造成巨灾性损害，而真正的成本，包括人力上的
和经济上的，虽然将会较高，但却并非无法承受。在他们看来，

163

---

⑥　John Maynard Keynes, *A Treatise on Probability* 214（London: Macmillan
and Co., 1921）.

⑦　*Id.*

可以负责任地将最差的情形形容为不可能发生。

　　或许，我们可以赞同，纯粹不确定性很少见。或许我们能够赞同，最差情形下，规制问题也不过是涉及"有界不确定性"（bounded uncertainty），我们不过在一定界限内无法具体确定概率。一种巨灾性后果的风险可能在 1％以上、10％以下，但是，在那个幅度内，我们可能无法确定概率。那么，一个理智方法就是要规划者确定一个可能情形的宽泛范围，并选择出对大多数或所有情形都有利的方法。[71] 当然，不确定性的普遍性取决于实际上的所知，而在气候变迁情形中，人们对实际上知道什么充满争议。理查德·波斯纳认为，"不能给灾难性全球变暖强加上任何一种概率，而一种没有概率的估价不能计算出预期成本。"[72] 1994 年的一次专家调查显示，气候变迁的预计损失范围非比一般，从没有经济损失到全球生产总值损失 20％，而后者对全球福利而言意味着巨灾性的衰退。[73]

　　1994 年以来，知识当然已经增加，而我们也可能从不确定性走向风险，或至少从不确定性走向有限的或部分的不确定性。[74] 即使波斯纳是错误的，并且即使不确定性很少见，它也不

---

[71]　参见 Henry Willis, et al. , *Estimating Terrorism Risk* 17（Santa Monica：Rand，2005）。

[72]　Richard A. Posner, *Catastrophe：Risk and Response* 49 - 50（New York：Oxford University Press，2005）。以当今对各种气候变迁情形估计概率的努力而言，波斯纳法官的观点似乎日渐过时。例见 Nicholas Stern, *The Economics of Climate Change：The Stern Review* 161 - 189（Cambridge：Cambridge University Press，2007）。

[73]　参见 William D. Nordhaus, "Expert Opinion on Climate Change", 82 *American Scientist* 45, 47（1994）。

[74]　参见 *Stern Review：The Economics of Climate Change*（2006），available at http：//www. hm-treasury. gov. uk/independent _ reviews/stern _ review _ economics _ climate _ change/sternreview _ index. cfm；John Houghton, *Global Warming：The Complete Briefing*（3d ed. , Cambridge：Cambridge University Press，2004）。

能被排除在外。至少，一定程度的不确定性并不少见，在此情形中，特定界限之内的概率是无法具体确定的。

最大化最小、理性以及真实不确定性。现在，转向最难的问题：对真正的不确定性而言，适当的方式是什么？最大化最小原则，即选择具有最优最差后果的政策，是理性的，或是正确的，还是愚蠢的策略呢？要掌握这一问题，让我们提出第四种形式的巨灾性损害预防原则的另外一种变体：**在各种行为之中选择时，在不确定性环境中，至少在其他条件大体相同时，规制者应当将消除最差的情形作为最优选择。**这一公式有个优势，即提出了明确的检验标准：其他条件相同的条件可以确保，规制者无须追问消除最差的情形是否特别负担沉重，或成本高昂。适当之时，我会转向那一问题。

实际决策。人们所做的实际判断不能告诉我们应当做什么。但是，它们本身就已经饶有趣味，并且重要，此外，它们对规制的公共需求给出了一些线索（并因而可能型塑政府行为）。

人们会避免不能确定概率的赌博，从这一意义而言，人们有时表现出一定程度的不确定性厌恶。丹尼尔·埃尔斯伯格（Daniel Ellsberg）已经做了一些开创性的研究。[75] 假定人们被要求在两种抽奖中选择，每一种都有一个装有 100 个小球的瓮。所有的球不是黑的，就是红的。第一种抽奖中，瓮中黑球和红球的数量相同。第二种抽奖中，瓮中黑球和红球的比例未知。如果猜中从瓮中随机挑选的小球颜色，人们就会得到一定数量的钱。结果是，比起第二种形式，大多数人更偏好第一种抽奖，

---

[75] 参见 Daniel Ellsberg, "Risk, Ambiguity, and the Savage Axioms", 75 *Quarterly J. Economics* 643, 651 (1961)。

并因而表现出对不确定性的厌恶。

但是，他们的不确定性厌恶是有限度的。如果人们在第二种抽奖中猜对的话，会得到多得多的钱，他们就很可能会选择第二种抽奖。只要是在不确定性厌恶并非无限的情形中，避免最差的情形就不会总是优先的决策规则。事实上，如果将问题适当限定，大多数人将会忍受最差的情形。

在一项检验这种倾向的试验中，我向 71 个芝加哥大学法学院学生问及以下问题：**政府正在考虑两个环境问题。对第一个问题，政府能够估算出出现不利后果的可能性，它确信将会死亡 600 人（并且死亡 600 人是最差情形）的概率为 90%，它还相信将会死亡 400 人的概率为 10%。对第二个问题，政府不能确定各种后果的可能性，最差的情形将会死亡 700 人。你是否认为：**

（1）第一个问题应当具有较高的优先性？

（2）第二个问题应当具有较高的优先性？

（3）两个问题应当具有同等的优先性？

63% 的人选择第一选项，剩下选择第二选项和第三选项的人数相同。只有 18.5% 的人想消除最差的情形（选项二）。根据法科学生的这种反应，我们可以合理推测，在不确定性环境中，当另外一种不同的方式能够消除一种极为可能，但却略微没那么差的情形时，一般民众对于消除最差情形的方式也不会表现出持续的偏好。

假定民众被要求对两种政府项目进行选择。项目 A 将消除一项危险，该危险有造成死亡 100 000 人的 99% 的可能，以及造成 99 500 人死亡的 1% 的可能。项目 B 将消除另一项危险，

该危险具有造成 0 到 100 010 人死亡的不确定可能。我非常有信 *166*
心地乐于预测，绝大多数人将选择项目 A——并因而就拒绝了
将会消除最差情形的项目。

为什么这样？非充分理性原则（The Principle of Insuffi-
cient Reason）认为，当人们缺乏有关概率的信息时（比如，他
们知道，概率介于 1％到 40％之间），他们就将视各种概率具有
同等可能，并依此而行为。[76] 无论我们是否应当一般性地接受这
一原则，我们都明白，在人们作出实际决策时，他们常常使用
这一原则。[77] 这里有另外一个实验，参加的人数更多，包括来自
两个机构（亚拉巴马大学和芝加哥大学）的法科学生[78]：**1 000
人处于一种环境危险的风险之中。如果规制者采取方案 A，最
少 400 人，最多 500 人将会死亡，并且规制者无法确定各种后
果的概率。如果规制者采取方案 B，最少 10 人，最多 600 人将
会死亡，并且规制者也无法确定各种后果的概率。规制者应当
采取哪种方案？**

在这个实验中，85.5％的人选择了方案 B，即便该方案冒着
最差情形（600 人死亡）之风险。对于如此之多的人而言，为什
么方案 B 似乎更好呢？显然，他们开始就假定，在不确定性环
境中，各种后果的概率大体相同，并因而得出结论认为，在既
定假定前提下，他们更加倾向于预期价值高得多的方式。

人们并不总是专注于最差的情形，并努力将其消除。如果

---

[76] 参见 Luce and Raiffa, *supra* note 47, at 284。

[77] *Id.*; Isaac Levi, "On Indeterminate Probabilities", 71 *J. Philosophy* 391 (1974).

[78] 共调查了 173 名法科学生，71 人来自芝加哥大学，102 人来自阿拉巴马大学。有趣的是，这两个群体所给出的答案基本相同。

那样的情形极其鲜活，并且引起了人们的关注，他们就可能忽略概率问题而努力将其消除（正如我们第 1 章中所见）。但是，

167 一般情形中，除非非充分理性原则（或许伴随着一定程度的风险厌恶）表明他们应当如此，否则，他们不会选择不计成本地消除最差情形。

巨灾性损害和最大化最小：两个问题

对面对巨灾性风险时人们的实际判断，我们可以了解更多。但是，这些判断并不能用作解决这一问题：规制者或我们其他人应当如何行为。因此，应当做什么的问题必须与人们实际上如何选择的问题区分开来。大量的研究探讨的是前一问题，并且可以肯定，在不确定性中，最大化最小原则并没有被排除出待选的理性选择队列。[79]

在决定是否选择一种消除最差情形的政策时，应当开始对两个简单的问题予以大量关注：（1）最差情形比起次最差情形，以及第三最差情形，如此类推，差多少？（2）采取消除最差情形的措施具体要损失多少？这些问题提出了一种（恰当的）终极形式的巨灾性损害预防原则：

在不确定性环境中，决定是否消除最差情形时，规制者应当考虑消除那种情形所造成的损失，以及一种行动最差情形和另一种行动的最差情形之间的差别大小。如果一种行动的最差情形比另外一种行动的最差情形要差得多，并且如果采取消除

---

[79] 例见 Arrow And Hurwicz, *supra* note 54 ［指出最大化最小或最大化最大 (maximizing the best-case scenario) 的理性］。例见 Luce and Raiffa, *supra* note 47, 286－297。

最差情形的一种行动负担并不特别沉重，那么，规制者就应当
采取那种行动。但是，如果一种行动的最差情形并不比另外一
种行动的最差情形差很多，并且如果采取消除最差情形的一种
行动的负担特别沉重，那么，规制者就不应当采取那种行动。 *168*

　　如大多数其他公式一样，这一形式也不是一种决策规则，
对于那样的目的而言，它显得过于模糊了。但是，它却给出了
一个正确的起点。

　　通过强调最差情形的相对恶劣性（badness）以及努力消除
它的损失数量，我正在尝试在罗尔斯/加德纳的主张之上进行构
建：当采取它所失很少时，最大化最小原则就是优先规则。确
实，有的时候，规制者缺少使他们能够回答关键问题的信息。
但是，即便规制者不能自信地确定各种后果的概率，他们也很
可能能够回答这些问题。

　　要了解我正在建议的研究之价值，假定你正在两个选项中
进行选择。第一个选项具有一种 10 的最优后果，以及一种 −5
的最差后果。第二个选项具有一种 15 的最优后果，以及一种
−6 的最差后果。不可能确定各种后果的概率。最大化最小原则
可能偏好第一个选项，以避免最差的情形（−6）；但是，要证
明那种选择的合理性，一方面对于 10 和 15 之间的差别，另一
方面对于 −5 和 −6 之间差别的**意义**，我们都希望有所了解。如
果 15 比 10 要好得多，并且如果 −5 和 −6 之间的差别没有那么
大，那么，我们就可能选择 15，−6。但是，如果 −5 和 −6 之
间的差别关系重大，比如说这事关生死，那么，消除最差的情
形就要更加具有吸引力。

　　现在，让我们将这些数字转换为它们的政策等价物。如果
最差的情形仅仅比次最差情形恶劣不了多少，并且如果消除最 *169*

差情形，国家会遭受大量损失，那么，国家就很可能应当拒绝消除最差的情形。对当前关注的所有问题，从禽流感到恐怖主义，再到气候变迁，这种分析都将有助于规制者取得进展。

这里，有人可能会提出一点质疑，即：要顺利展开这种分析，那么至少，我们必须对各种后果的默示设定一种概率——而这就与它的基础假定，也就是我们无法确定这种概率的假定发生矛盾。假定−6仅仅比−5差一点点，而15实际上却比10好得多。即便如此，如果我们认为15，−6选项中，−6的概率是99.99%，而在10，−5选项中，10的概率是99.99%，那么，比起前一选项，我们就更可能选择后者。根据限定条件，不可能确定任何这种概率，因而（反对继续存在），我们也还没有找到在两个选项之间进行选择的方法。当我们以双重假定，即：−6和−5差别并没有那么恐怖；而15的话，那就太棒了，10也一般般好了，从而更偏好选择15，−6而非10，−5时，那肯定是因为我们对相关结果作出了一种默示判断，其影响具体就是：如果我们选择10，−5，我们最终得到10的可能性并不具有压倒性；而如果我们选择15，−6，我们最终得到−6的可能性同样也不具有压倒性。如果这种异议正确，那么，在某种不太严格的意义上而言，巨灾性损害预防原则的终极形式就取决于概率的确定。如果的确如此，那么，我支持那种形式的观点就同样无法奏效，因为，我的论述最终要落脚于某种此类确定，而这与不确定性假定是相悖的。

如此而言，作为一个形式问题，这种异议确实是对的。如果我们真的不能确定概率的话，我所提议的方法也将无法奏效。这样，这种方法就取决于某种弱化形式的非充分理性原则。它并不必然取决于范围之内各个点的可能性之平等配置。但它的确基于这样一种判断，即：在不确定性条件中——其中，概率在 0％到 100％之间——至少，比起 99％或 100％，我们最终的概率更可能在 0％到 98％之间，或 2％到 100％之间。在不确定性环境中，人们或许会——但却并不应该——给各种后果确定相等的概率，这是一个存在争议的问题。[⑧] 确定同等概率是一种将不确定性问题转化为风险问题的努力，而这种努力没有理由（或是孤注一掷的？）。或许，一种危险更可能在 0％到 98％之间而非 99％的判断，不过正在与不确定性假定相互掐架。

但是，即便如此，比起任何可以想象的其他选择，以实用主义为理由的话，我正在提议的方法似乎也更加合理。大多时候，即便个人和社会专注于最差的情形，并试图消除它，但如果次最差情形也几乎同样恶劣，并且消除最差情形的成本非常之高时，他们这样做的效果也并不是很好。如果批判观点指出，述及什么最合理的主张表明，人们并非真的在不确定性中行动，或不认为他们如此，那么，对于这样一种批判，唯一可能的回答就是：严格而言，这种批判是正确的，但是，比起其他的可能，我所提议的，体现于最终形式的巨灾性损害预防原则之中的研究，从长远来看，将是更为合理的。[㉛]

如果这一结论至少是可信的，那么，对于在不确定性环境中是否遵守最大化最小原则，我们就能够尝试进行一种粗略的分析。有时，由于最差情形并不比次最差情形差多少，而采取措施消除最差情形却损失巨大，那么，就会作出对那一原则的

---

⑧　参见 Adrian Vermeule, *Judging Under Uncertainty*, 173 – 175（Cambridge：Havard University Press, 2006）; Elinor Mason, "Consequentialism and Principle of Indifference", 6 *Utilitas* 316（2004）。

㉛　参见 Mason, *supra* note 80。

拒绝。但是有时，最差情形是迄今为止的最差，而消除它的损失却相对较小。当然，要使这种分析奏效，我们必须能够对各种结果进行基数排列（cardinal rankings），也就是说：我们必须不仅可以将它们按照它们的恶劣程度进行排列，还可以按照它们各自比其他恶劣的差异程度进行排列。如果基数排列不可行的话，那种方法就将无法奏效：（例如）我们不能比较气候变迁的巨灾损失与投入巨额资源用于减少温室气体排放的损失，可能就属于这种情况。不过，在大多数时候，基数排列都是可能的。

为了详细阐明整个分析，想象一下气候变迁的两个极端情形。第一，假定每个国家向一个特定基金捐赠 1 000 万美元，就能够消除气候与变迁有关的巨灾性危险。根据合理假设，那样的成本将完全可以接受。第二，只有每个国家贡献足够的资源才能够消除与气候变迁有关的巨灾性危险，而这足以使生活标准降低 30％，并造成全球贫困的相应增长。如果气候变迁确实真的造成了绝对巨灾性的一种不确定危险，那么，最大化最小原则就支持全球范围生活水准进行这种非同一般的降低。

但是，要承担此等数量的负担，我们就可能希望坚持要求，巨灾性危险要高于某一最低界限，即必须存在巨灾将会发生的所表明的可能性，并且是并不如此低的一种情形。将此称为投入大量费用以回应不确定性条件下的一种巨灾风险的界限要件。我们可能要求表明，气候变迁的巨灾风险是，比如说 10％，或者说，至少不低于，比如说 1％（再次回到百分之一论）。当然，巨灾问题的范围也息息相关，如果我们面对着文明毁灭的 10％可能，那么，全球范围生活水准降低 30％当然就是物有所值的。

假定个人或社会缺乏信息，从而不允许确定一系列具有巨灾性后果的危险概率，假定危险的数量是 10，或 20，或 1 000。同时假定，在适当界定巨灾的条件下，对于相同数目的其他危险（在差到极差范围内变化，但达不到巨灾界限），这里的个人或社会可以确定其概率（在 1% 到 98% 范围内浮动）。最后假定，这些危险的每一个都能以一定的成本消除——这种成本很高，但如果是个人承担的话，它还不至于造成巨灾性的损害。

最大化最小原则表明，对于这 10，或 20，或 1 000* 中潜在巨灾危险中的每一种，我们的个人或社会都应当花费大量资源用以消除。但是，一旦我们将资源花费在消除其中一种最差情形的危险，我们就可能所剩无几，从而甚至无法应对那些具有 98% 发生可能性的极差情形。我们甚至能够想象得到，纯粹遵从最大化最小原则行事，一个信息不畅的个人或社会可能陷入真正的贫困或恶化之中。

假定，现在或将来，我们无法确定与禽流感有关的巨灾威胁的概率，那么，禁止所有国际旅行就合理吗？禁止所有来自至少有一例确诊病例国家的旅行就合理吗？事实上，这种措施曾被高层考虑，并提议过。但是，如果这里的分析是正确的，那么，在不探究这些措施所强加的成本和负担，并且不了解相关风险高于一个特定水平的情况下，采取这些措施毫无意义。

这里并不是说，消除最差的情形是被理性所禁止的，甚或是不需要的。[82] 相反，我的主张是，比起另外一种行动的最差情形，如果一种行为导致的最差情形要差得多，并且消除该最差情形并不会造成巨大的，或是极为重大的损失和负担，那么，

173

---

* 原文为 hundred，但与上文 thousand 冲突，所以，译者这里仍取 1 000。——译者注

[82] 参见 Luce and Raiffa, *supra* note 47, at 286 - 297。

就应当遵循最大化最小原则。最终而言，巨灾性损害预防原则的终极形式非常具有吸引力。

巨灾预防

概括一下这段冗长并且不登大雅之堂的复杂探讨：最适度形式的巨灾性损害预防原则坚持认为，即便当最差的情形极为不可能出现时，规制者也应当考虑巨灾性风险的预期价值。适度性略低形式的巨灾性损害预防原则补充指出，由于风险的社会放大所造成的损害大量增长，以及有时的非线性增长，一种巨灾的预期价值要比它看起来高得多。一种较为积极的形式要求一定程度的风险厌恶，其理论依据是人们确实并且有的时候应当为最差种类的损害购买保险。安全边际的限度取决于我们因之所得和所失。我还指出，有的时候，采取一种更为积极形式的巨灾性损害预防原则，即遵循最大化最小原则，筛选最差情形并努力消除它，是有道理的。

174　　但是，消除最差的情形并非一般的合理策略。第一，除非我们具有一种可信的高度风险厌恶，否则，在风险情形中，它就没有意义。第二，规制者很少在纯粹不确定性情形中行动。通常，对于各种后果，可以大致确定概率，如果不能的话，至少可以确定各种概率的大体概率。但是，在真正不确定性环境中，当最差的情形特别恶劣，并且消除那种情形并不会造成特别严重的损失时，消除最差的情形就是合理之举。

任何巨灾性损害预防原则都必须注意社会风险的全部范围，包括预防本身的预期损失。如果相关措施本身会造成巨灾，那么，采取那样的措施来预防巨灾就毫无意义。如果用以减少一种恐怖主义风险来源的预防战争会造成另外一种风险来源的增加，那么，这种巨灾性损害预防原则就毫无效果。风险—风险权衡很普遍，巨灾性风险—巨灾性风险权衡相对较为少见，但也不难找到。并且如其他场合一样，分配问题在这里同样重要。这一原则应当以这样的方式适用，即：最大限度地减少最无力承受者的负担。

最后一点说明。有关我这里所言，部分可能被理解为号召进行一种成本收益分析。但是，我重点强调的一直是福利，而不是货币等价物。分析的核心关注点在于预防的所得和所失，我们将考虑福利，而非货币。当然，我并没有对福利的概念作出过多限定，对于那一点，仍有许多争论空间。但是，无须解决福利含义这一最为基本问题，在决定如何应对最差情形时，我们通常仍然能够取得重大进展。在第 5 章，我会转向成本收益分析问题，以及货币等价物的作用问题。而现在，我们应当探讨最差情形的另外一个特征：不可逆性。

175

不可逆性

　　大多数最差情形似乎都具有一种不可逆性要素。一个物种
一旦灭绝，它就永远地消失了。对濒危物种的特别关注正是源
于失去它们的永恒性（这当然是指侏罗纪公园之外）。转基因生
物（genetically modified organisms）有关的最大恐惧之一就是，
它们可能导致不可逆的生态危害。由于有些温室气体已经在大
气中存续数个世纪之久，因而，气候变迁问题可能是不可逆的，
至少事实上确实如此。①转基因作物也能造成不可逆的损失，因

---

　　①　参见 W. David Montgomery and Anne E. Smith，"Global Climate Change
and the Precautionary Principle"，6 *Human & Ecological Risk Assessment* 399，400
(2000)。在其 2007 年报告中，对于各种情形，气候变迁国际小组对 2100 年升温提
出了一定范围的最佳评估，具体在 1.8 摄氏度到 4.0 摄氏度（华氏 3.2 度到 7.2 度）
之间。参见 "Climate Change 2007：The Physical Science Basis, Summary for Policy-
makers"，available at http：//www. ipcc. ch/SPM13apr07. pdf，at 13。值得注意的
是，2000 年的恒定聚集量就能够造成 2100 年温度上升 0.6 摄氏度。

为，它们能够将害虫变得对农药具有更强的抗药性。② 如果我们对一种能源投入巨额财富，而忽略其他的能源，那么，我们实际上可能永远，或至少在很长的一段时间里限于困境。反对死刑的一个理由就在于，过错不能逆转。

日常生活中，我们对最差情形的判断与不可逆性息息相关。当然，一种行动可能是困难的，但却并非不可能予以逆转，因而，可能有一系列的例子，它们有着不同的逆转难度。一个婚姻可以逆转，但离婚却很少是容易之事；要个小孩非常近乎不可逆；从纽约到巴黎可逆，但返程之路可能更加难走。相较于实际上不可逆的行动，人们常常更愿意采取措施避免难以负担的行动。

就此而言，我们可以确定一种不可逆损害预防原则（Irreversible Harm Precaution Principle），用以适用于一个风险子集。③ 作为第一步的粗略概括，该原则这般表述：**较之不可逆性不是问题情形中所采取的预防，应采取远远胜之的预防以避免不可逆损害**。这里，一般的态度是"行而后知"（act，then learn），与另外一种很引人注意的态度，即知而后行态度正相反。在气候变迁情形中，一些人认为，研究应当是我们的第一

177

---

② 一般可参见 Benoit Morel，et al.，"Pesticide Resistance，the Precautionary Principle，and the Regulation of Bt Corn：Real Option and Rational Option Approaches to Decisionmaking"，*in Battling Resistance to Antibiotics and Pesticides* 184（Ramanan Laxminarayan ed.）（Washington，D. C.：Resources for the Future，2003）（提出选择权理论作为预防原则的分析框架，并将那一框架适用到商业化的抗虫玉米问题上）；Justus Wesseler，"Resistance Economics of Transgenic Crops under Uncertainty：A Real Options Approach"，in *id.*，at 214（探讨作为转基因作物不可逆代价的害虫抗药性问题）。

③ 参见 Scott Farrow，"Using Risk-Assessment，Benefit-Cost Analysis，and Real Options to Implement a Precautionary Principle"，24 *Risk Analysis* 727，728（2004）。

道防线。在他们看来，在有有关严重损害的证据确凿无疑之前，我们应当拒绝对这一问题投入大量资源。④ 但是，即便认为证据并不如此明确，没有行动的研究仍允许温室气体排放继续，而这仍然会造成不可逆的风险，或最好的情况是恢复起来困难，并且费用高昂。由于这一原因，最优的行动很可能是采取预防措施，将其作为一种保持后代适应性的方式。在环境问题的整体情境中，这一原则表明，规制者应当继续采取更为积极的措施，而非偏执于看起来合理的措施。⑤

然而，这一问题并不限于环境保护。如果文化瑰宝处于风险之中，我们也可能采取特别措施来保护它们。或许，恐怖主义情境也同样如此，这是因为，恐怖主义袭击很可能造成多种不可逆的损失。

选择权价值，使用价值

为了解不可逆性的相关性，让我们首先看一下环境物品，比

---

④ 例见 Robbert Mendelsohn, "Perspective Paper 1. 1", in *Global Crises*, *Global Solutions* 44, 47 (Bjørn Lomborg ed.) (Cambridge: Cambridge University Press, 2004); Wilfred Beckerman, *Small is Stupid* 102–103 (London: Duckworth, 1995)。以这种方式考虑，尽管不能拥护，但却能够理解布什政府所采取的慎重策略。参见 "Global Climate Change Policy Book" (Feb. 2002), available at www. whitehouse. gov/news/releases/2002/02/climatechange. html; Chuck Hagel and Frank Murkowski, "High Costs of Kyoto", *Washington Post*, Jan. 29, 2000, at A17。在一次公认过时的探讨中，诺德豪斯和博伊认为，推迟十年减少排放量所造成的损失微乎其微，参见 William D. Nordhaus and Joseph Boyer, *Warming the World: Economic Models of Global Warming* 127 (Cambridge: MIT Press, 2000) (将净损失描述为"微不足道")。有关技术性探讨，参见 Alistair Ulph and David Ulph, "Global Warming, Irreversibility and Learning", 107 *Economic J*. 636 (1997)。

⑤ 参见 Graciela Chichilnisky and Geoffrey Heal, "Global Environmental Risks", 7 *J. Economic Perspectives* 65, 80 (1993)。

如说原生态区（pristine area）的货币估价。有些人可能希望能 *178*
够经常性地造访一下这样的地点，他们会因失去它而非常忐忑
不安。而另外一些人，即便不使用，他们也愿意花钱去保留它。
事实上，许多公民都乐于花些钱来保存一个原生态区，尤其是
在那里可以发现有些动物的时候。因而，有的时候，"存在价
值"（existence value）就被纳入环境货物的估价之中⑥，并且联
邦法院也确实曾经强调，各机构在对环境资源损害进行评估时，
应对那种价值予以关注。⑦ 如果将大多数国家的公民作为一个群
体来看，为保存一个遥远的小岛以及它的生态系统，或为保存
一个濒危物种，他们可能都乐于作出大量付出。

　　然而，有些人还希望购买将来使用宜人环境的选择权，即
便他们并不能确定，他们究竟会在何时使用那种权利。⑧ 假定曾
提议开发一个原生态区，而最差的情形可能包括不可逆损害，
很多人可能愿意为稍后决定以维持这一区域不进行开发的选择
权支付可观的数额。根据联邦法律，在对自然资源损害进行评
估时，也必须考虑选择权价值。⑨ 在环境情境中，许多规制者都

---

　　⑥ 参见 David A. Dana, "Existence Value and Federal Preservation Regula-
tion", 28 *Harvard Environmental Law Review* 343，345（2004）；Charles J. Cicchetti
and Louis J. Wilde, "Uniqueness, Irreversibility, and the Theory of Nonuse Values",
American J. Agricultural Economics 1111，1121，1121 - 1122（1992）。

　　⑦ *Ohio v. U. S. Department of the Interior*，880 F. 2d 432，464（D. C. Cir.
1989）.

　　⑧ 参见 Cicchetti and Wilde, *supra* note 6，at 1122（注意到韦斯布罗德关于这
类宜人性与公共产品的类比，即"可能永远也不会购买这些商品的个人仍保有这样
做的选择价值"）。然而，选择权价值的独立使用曾遭遇各种质疑。例见 A. Myrick
Freeman III, *The Measurement of Environmental and Resource Values* 249 - 251
（Washington, D. C.：Resources for the Future，2003）（指出"所谓的选择权价值其
实只不过是购买意愿轨迹上两个点的数字差异"）。

　　⑨ *Ohio v. U. S. Department of the Interior*，880 F. 2d 432，464（D. C. Cir.
1989）.

对选择权价值予以关注。⑩ 对于许多货物而言，为了确保人们的选择权被维持，他们愿意支付数额可观的货币，并愿意作出大量实际行动。

那么，为什么应当考虑能够造成损失的不可逆性损害，以及为什么必须将其纳入定价之中，这就是最简单的道理。我们是否应当将那种价值转换为某种货币等价物，这一点也应当同样具有影响。一些怀疑者认为，"很难想象一种不可逆损失的某一价格"⑪，但是，对于这样的损失，或至少说对于这样损失的风险，事实上，人们肯定是为其确定价格的。⑫

179　　政策与法律适用的道理，同样也适用于普通生活。假定你不确定你是否想到某一特定学校上学，或从事某一特定工作。不能下定决心时，你可能很希望做大量工作，并（在一定意义上）付出很多来保持你的各种选择都处于开放状态。人们总在采取措施来保持他们的选择权。出于对最差情形的警惕，他们采取措施防止自己陷入其害：不仅通过购买保险，还通过购买选择权。尽管有时这一点不能为人所见，我们有时也不能意识到我们究竟正在做什么，但这都不能影响这种实践的重要性。

基本观点

货币估价文献中所使用的选择权价值理念与法律和政策领

---

⑩　例见 60 Fed. Reg. 29914，29928（June 6，1995）；60 Fed. Reg. 28210（May 30，1995）；59 Fed. Reg. 1062，1078（January 7，1994）。反例参见 69 Fed. Reg. 68444（November 24，2004）（质疑是否应将选择价值视为一种独立于其他价值的形式）。

⑪　Frank Ackerman and Lisa Heinzerling，*Priceless：On Knowing the Price of Everything and the Value of Nothing* 185（New York：New Press，2004）.

⑫　一个有益的概括，可参见 Richard C. Bishop，"Option Value：an Exposition and Extension"，58 *Land Economics* 1（1982）.

域中使用的选择权紧密相关。简单的主张就是，当规制者处理一种不可逆损失，并且当他们不确定那种损失的适时性和可能性时，他们应当愿意作出一笔支出（选择权价值），以保持未来的灵活性。如果结果证明那种损失并不严重，那么，这种选择权就可能不被使用。但是，如果购买了这种选择权，那么，当结果证明那种损失巨大之时，规制者就占据了防控的先机。不可逆损害预防原则的设立理念在于，规制者应当愿意购买一种保持他们本身灵活性的选择权。（我正在使用表达货币支付的术语，但是，即便我们对货币等价物的使用挑三拣四，这里的基本观点仍然成立，"购买"能够以不直接涉及货币的预防措施形式出现。）

在金融领域，选择权具有多种形态。[13] 一个投资家可能愿意购买据说具有金矿的土地，即便目前来说，由于提取成本过高，开矿尚不是一个合理的选择。但是，那块土地的所有权能够设立一项黄金市场价格上涨，开矿成本降低，或两者皆备时的开矿选择权。[14] 一项标准的"购买选择权"（call option）是在一个特定日期或之前以特定价格购买某一资产的权利，而非义务。（你可能购买自现在起六个月后以 50 美元的价格买进你钟爱公司一定份额股票的权利。）

180

另外一种变体形式是，人们可能寻求在一个特定的最差情形出现时，以某一固定价格放弃某一项目的权利。（你可能同意为他人提供一些服务，但因此取得在天气恶劣，健康状况不佳，

---

[13] 参见 Tom Copeland and Vladimir Antikarov, *Real Options：A Practitioner's Guide* 12 - 13 (London：Texere，2001)。

[14] 参见 Richard Brealey and Stewart Myers, *Principles of Corporate Finance* 565 (Boston：McGraw-Hill，2003)。

或其他偶发情况时不必提供服务的权利。）另一种情况下，人们可能取得缩减或增加一个项目规模，或延长它的期限的权利。承认在许多常规问题中也会存在多种不确定性源头的选择权，其行业术语为"彩虹选择权"（rainbow options）。

投资领域之外，选择权理论也有着不计其数的应用。许多人可能很愿意为保持他们再要一个孩子的选择权而做大量工作，甚至支付大量金钱，即使他们一点也不能确定他们是否真的想再要一个孩子。或者，考虑一下那些司法少数派所拥笃的少数司法裁决，这些人希望法院作出关注特定细节的裁决，而这就为很多问题的决策留下空间。[⑤] 通过购买一种选择权，或至少通过支付一定款项以求未来的灵活性之回报，这是一种可以理解少数裁决的方式。法官借此为很多事情留下空间，并倾情于他们自己对特定案件事实的裁决，在一定意义上，他们在迫使自己以及整个社会，为以后出现的相关问题处理的灵活性，购买一项选择权。

那种选择权是否物有所值取决于它的价格和它所带来的收益。离婚情形中，假定由于法律或社会规范所限，离婚很难，或变得很难，因而一个结婚决策不会被轻易推翻。这样的话，准嫁娶状态的情侣也许愿意在结婚前为保持他们婚姻的灵活性而做大量工作，比起离婚容易得多的情况下他们所愿做的事情，这些工作要多得多。

为什么《国家环境政策法》*（NEPA，National Environmental Policy Act）以及其他法令中要强调不可逆损失，了解了选择权

181

---

    * 下文简称 NEPA。——译者注

    ⑤ 一般可参见 Cass R. Sunstein，*One Case at a Time*（Cambridge：Harvard University Press，1999）。

价值就可对此进行解释。NEPA 的核心理念就在于确保政府官员在采取可能危害环境的行动前，认真考虑环境因素。如果政府正在建造一条穿越原始区域的道路，或正在阿拉斯加进行钻探，或正在特许建造一座核电厂，那么它就必须作出一份环境影响声明，详细列出相应的环境影响。这些声明可能负担沉重，成本不菲，但是，当涉及不可逆损失时，公众以及那些最终的决策者应当知道这些后果。

选择权价值是不可逆预防原则背后的支撑理念。在肯尼斯·阿罗（Kenneth Arrow）和安东尼·费舍尔（Anthony Fisher）撰写的一篇经典论文中，作者想象的问题是：是保持一片原始红杉森林，以供野外娱乐，还是开放进行皆伐（clear-cut logging）开发。⑯ 如果选择开发，森林毁坏事实上不可逆转。阿罗和费舍尔假定，主管部门尚不能评估所提议开发的成本或收益。如果开发造成"一些不可逆的环境变化，并因而造成保持环境收益的永久损失"，那么，在能够获取所缺信息之前，为静观其变付出点代价就是值得的。他们的意见是，"一种不可逆决策的预期收益应当恰当地反映出它所造成的选择权损失"⑰。

费舍尔将这种观点进行概括，提出"当一个决策问题有如下三个特征，即（1）其他选择的未来成本和收益不确定，（2）随着时间流逝，有希望解决或减少不确定性，并且（3）一种或更多其他选择的不可逆性，这时，对于可逆的其他选择，

---

⑯ 参见 Kenneth J. Arrow and Anthony C. Fisher, "Environmental Preservation, Uncertainty, and Irreversibility", 88 *Quarterly J. Economics* 312 (1974)。因为这篇论文，出现了大量文献，其中一些被整理收入 Anthony C. Fisher, "Uncertainty, Irreversibility, and the Timing of Climate Policy" (2001), available at http: //stephenschneider. stanford. edu/Publications/PDF _ Papers/timingFfisher. pdf。

⑰ Arrow and Fisher, *supra* note 16, at 319.

就应当恰当关注其额外价值、选择价值"⑱。如果一边是一种不可逆损害，另一边是一种可逆损害，那么，按照选择权价值的理解，为避免不可逆损害，保持未来的适应性，支付一定费用就是值得的。

为论证采取积极措施，以防止气候变迁的合理性，理查德·波斯纳也曾引用了一种类似于此的观点。⑲ 波斯纳指出，气候变迁威胁的规模充满争议，因而，在我们获取更多信息之前静观其变很有诱惑力。但是，静观其变存在一个严重的问题，那就是"温室气体排放对于这些气体在大气中的浓度有着实际上不可逆的影响"⑳。因而，波斯纳论证认为，"现在作出一点［排放量］消减可以被认为是在购买一种选择权，从而使未来能够以一个较低成本停止或减缓全球变暖。"㉑ 成本的消减可能是因为减低现在的排放量，或仅仅是因为提高了技术革新的步伐，从而使得未来的减污成本降低。波斯纳得出结论认为，选择权进路也同样能够用以分析其他巨灾性风险，包括那些与转基因作物相关的风险。

这里的一般观点在于，如股票市场中一样，环境保护中的

---

⑱　Anthony C. Fisher, "Uncertainty, Irreversibility, and the Timing of Climate Policy" (2001), available at http://stephenschneider. stanford. edu/Publications/PDF _ Papers/timingFfisher. pdf. 一个有益的研究也可参见 Robert S. Pindyck, "Uncertainty in Environmental Economics" (2006), available at http://www. aei-brookings. org/publications/abstract. php? pid=1142。

⑲　参见 Richard Posner, *Catastrophe: Risk and Response* 161 – 162 (New York: Oxford University Press, 2005). 意思相同，但更为技术性的一种探讨被收入 Chichilnisky and Heal, *supra* note 5, 强调应对"了解不清，内生型，集合性，以及不可逆风险"卓越进路的需求。*Id.*, at 67. 有关选择权价值和不可逆性的更细致研究，参见 *id.*, at 76 – 84。

⑳　Posner, *supra* note 19, at 161 – 162.

㉑　*Id.*, at 162.

相关因素也在努力投射出一条随着时间变化的好、坏影响变化线。投射影响曲线的能力将会越来越得到提高，因而之后的决策比之前的决策能够取得更多辅助。如果将来能够作出更好的决策，那么，将决策推迟到稍后的某天就有价值。关键在于不确定性和不可逆性应当造成一种连续的决策过程。如果将来出现更好的信息，规制者就可能寻求一种保证更强适应性的方案。

不可逆性俯拾即是

　　不幸的是，不可逆性的理念非常含糊不清。让我们考虑以下三种可能的解释。第一种解释，当在一个相关的时间段内，不可能恢复现状，或最好的情况下也是恢复起来极为困难时，这种影响就是不可逆的。例如，"不再保留富饶多样的生态库，比如尼日利亚寿命达六千万年的克鲁普森林，这样的决策就是不可逆的。改变或毁坏这样一种独一无二的财产有着一种可怕的后果"[22]。如果这是对不可逆性的一种恰当解释，那么，它就是严重性方面。第二种解释以沉没成本（sunk costs）来理解不可逆性，这在有关期权的经济学文献中是标准做法。最后一种解释强调不可比性（incommensurability）：有些物品和其他物品无法进行比较，比如无法比较原生态区和货币。这三种解释导致了对不可逆损害预防原则的不同理解。

　　不可逆性和严重性。按照第一种解释，可逆与不可逆之间并不存在一条明确的界限。我们拥有的是一个统一体，而不是一个对立体。问题并不在于某些影响是否可逆，而在于它们造

_183_

　　22　Chichilnisky and Heal, *supra* note 5, at 76.

成的成本。请注意，曾经被开发，甚至被破坏了的地方常常能
够恢复原样，即便相关费用非常高昂。甚至失却的森林也可以
恢复。但是，有的时候，复原的代价令人望而却步，而有的时
候，完全的复原几无可能。

乍看之下，对不可逆损害预防原则这一点并没有形成一个
严重问题。预防的限度应当决定于负面影响的规模，以及修复
184 它所涉及的成本和负担。如果气候变迁根本不可逆转，那么，
比起仅需付出不菲的代价（金钱或其他）就能恢复原状时，我
们就应当采取更多的预防。同时，比起恢复起来比较容易的情
况，如果恢复需要付出不菲代价，那么，我们也应当采取更多
的预防。

但是，还有一个更加严重的概念难题，即：一个特殊行为
是否是"不可逆的"取决于如何对其定性。任何一种活着生物
的任何一个死亡都是不可逆的，而适用生物的道理也同样适用
于岩石和冰箱，如果它们被毁掉了，那么，它们就永远被毁掉
了。并且，由于时间是单向度的，因而，按照正常理解，任何
一项决策都是不可逆的。如果我今天上午十一点要去打网球，
那一决策就不能够被逆转，因而那段时间内本来可能进行的活
动将永远地消失。如果政府五月份在纽约州北部建造一条新的
高速公路，那一特定决策就是不可逆的，即便以后那条高速公
路可以被移动或拆除，但是，五月份在那块土地上不能够再作
任何其他事情。这就是"不可逆性"决定于如何界定其基础行
为的含义。如果我们将其狭义地限定为精确的正在进行的所作
所为及所处状态，那么，根据定义，任何行为都是不可逆的。

关于不可逆性，在对其关注的环保主义者头脑之中要具体
得多。它们指的是某种环境条件的大规模变化：能够引起这些

条件永久性或接近永久性的变化。但是，如要采取高度预防方案，这种意义上的不可逆性并不是一种充分理由。最低限度的要求也是，这种不可逆的变迁必须朝着坏的方向发展，并且它还必须达到一定的规模限度。全球温度真实的微小变化，即便是永久性的，但只要它是有利的，或者仅造成极小的不利影响，那么，它就不构成采取代价高昂预防的合理理由。失去一颗智齿不可逆，但这并不是为智齿而采取特殊预防措施的理由。失去面积极小，并且没有野生动物的一片森林，即便那种损失不能逆转，也很难说明一种特殊原则的合理性。但是，失去面积很大，并且有众多野生动物的一片森林，则是一个非常不同的问题。

185

　　初看起来，不可逆性问题不过是因为与损害的规模相关联才重要，不可逆性的功用就像是一个放大器。在法律领域，可以找到一个颇有启发性的类比：当不签发禁令时，除非原告能够证明一种"不可逆损害"发生的可能性，否则，法院将会拒绝签发一份初步禁令（preliminary injunction）。不可恢复性（irreparability）并不构成签发那种禁令的充分条件，除不可取代性外，所涉及的损害也必须较大。然而，如果以同样的进路分析环境保护中的不可逆性，那么，不可逆损害预防原则实际上就成了巨灾性损害预防原则的一部分，或至少是一种重大损害预防原则。

　　如果这样的话，那么，不可逆损害预防原则确实重要，并且必须予以考虑，但是，它却并没有什么特别之处。同时，有的时候，这一原则也同样容易受到适用于整体预防原则的反对观点之批判。在有关风险问题的各个方面，重大甚至不可逆的损害很可能都存在，因而，关注一部分风险将会导致其他风险的产生，或许，引起的同样也是环境风险。

不可逆性和沉没成本。实物期权分析家以一种不同的，技术性的方式来理解不可逆性理念。[23] 不可逆投资是沉没成本，即那些不能收回的成本。例如广告和市场开拓的费用，或用以提高一家工厂效率的资本投资。甚至购买机动车辆、电脑，以及办公器材也不是完全可逆的，因为，购买成本常常要比转售价格高得多。不可逆投资的例子还包括开设一个银行账户，以及购买一些债券。一项不可逆投资的问题在于，作出这种投资者放弃了"等待可能影响支出意向或时机的信息的机会，并且，这种失去的选择价值是一种必须被计算作投资一部分的机会成本"[24]。

每一个人都同意，我们应当将那些既严重，恢复起来又极其费钱费时的环境影响界定为不可逆损害。波斯纳以及其他一些人主张购买一种"选择权"，从而使未来的气候变迁放缓到一种较低的速率，导致他们如此的就是这样一种理解。立即采取一项政策会产生一种"沉没成本"。但是，这种主张忽略了重要的一点：在这种意义上而言，各个方面都可能存在不可逆性。回忆一下，减少一种（不可逆）环境风险的规制很可能增加另外一种此类风险。例如，减少气候变迁以及其他与矿物燃料相关的风险，可能导致对核能的更加依赖，对于这一点，许多观察家都曾经极力主张。在中国，一直以来核能源都被视为防止

---

    [23]   参见 Avinash K. Dixit and Robert S. Pindyck, *Investment under Uncertainty* 6 (Princeton: Princeton University Press, 1994)（"当一家公司作出一项不可逆投资开销时，它就行使，或'杀死'了它的投资选择权。它放弃了等待可能影响开销意向或时机新信息的机会，并且，这种失去的选择价值是必须被计算作投资一部分的机会成本。"）

    [24]   *Id.*

气候变迁的一种途径而予以积极支持。㉕

有其一般，则有其特殊，适用于预防原则者，也同样适用于不可逆损害预防原则：原则以安全和健康为理由要求采取的措施很可能基于同样的理由而被禁止。如果采取措施减少温室气体排放，那么，就将会承担资本成本，并且它们不能够得到补偿。沉没成本是环境规制的一个熟悉特征，其形式是要求技术变革的命令。那么，我们所处理的很可能是各种不可逆性（irreversibilities），而不是一种不可逆性（irreversibility）。

这一点大大加剧了适用不可逆损害预防原则的复杂性。正如费舍尔对气候变迁所写的那样，"问题的条件是否意味着，等待作出更好的决策所需信息时，手中的投资应当放缓或减少；还是意味着应当尽快作出投资，从而保持保护我们自己免于受到未来证明非常严重，甚或巨灾性影响的选择权？这一点并不明确。"㉖ 与波斯纳不同，一些观察家已经作出结论认为，不确定性和不可逆性的存在并非强化，而是弱化对温室气体减排投资的一种方式。这些投资本身结果可能就是不可逆的。所有的一切都取决于各个方面损失的概率和规模。

波斯纳的分析并没有使用技术意义上的选择权理念。他强

187

㉕ 例见 Ling Zhong，"Note，Nuclear Energy：China's Approach Towards Addressing Global Warming"，12 *Georgetown International Environmental Law Review* 493（2000）。当然，以风险相关的理由也可能主张国家减少对煤或核能的依赖，而转向更优的其他选择，比如太阳能。一般探讨，可参见 *Renewable Energy：Power for a Sustainable Future*（Godfrey Boyle ed.）（Oxford：Oxford University Press，1996）；Allan Collinson，*Renewable Energy：Facing the Future*（London：Cloverleaf，1991）；Dr. Dan E. Arvizu，"Advanced Energy Technology and Climate Change Policy"，2 *Florida Coastal Law J*. 435（2001）。但是，这些替代选择也有它们自身的问题，包括可行性和费用。

㉖ Fisher，*supra* note 16，at 11.

调的是二氧化碳在大气中聚集的累积效果。由于那种作用，一种平稳，甚至不断下降的排放率仍然将使浓度提高。他注意到，与今天相比，未来减缓气候变迁将会难得多，费用也高得多：这一点接近于经济文献中所使用的不可逆性的技术性理解。但是，波斯纳的分析中存在一个缺陷，他忽略了与减少温室气体相关联的不可逆损失。

我并不是说，对于气候变迁，"知而后行"就是充分的答案。只有在我们推迟投资等待获取更多有关收益的信息，而所失甚少的情况下，那种方案才有意义。但是，如果推迟此类投资的损失巨大，那么，这一判断就应当被推翻。并且我们有充分理由认为，从世界范围来看，气候变迁有关的不可逆损失确实能够证明与投入更多资金减少温室气体排放有关的不可逆损失之存在。我的结论在于，如果以沉没成本来界定不可逆性，那么，它就给出了对不可逆损害预防原则的独特理解，其方式有利于解释最差情形何以最差。

不可逆性和不可比性。当人们说失去一种原生态区，或某一物种不可逆时，他们并不仅仅是说这种损失是巨大的，并且需要颇费周折才能提供充分补救。他们的意思是，失去的东西是不可比较的：从质上而言，它是独特的，因而失去它，我们就失去了某种独一无二的东西。

这里的核心观点是，人类的物品多种多样，当我们按照单一的度量标准将它们依序排列时，我们就是在对我们的日常信念（considered judgments）施暴。[27] 人们不会以相同的方式衡量

---

[27] 精彩探讨可参见 Elizabeth Anderson, *Value in Ethics and Economics* (Cambridge: Harvard University Press, 1993); Joseph Raz, *The Morality of Freedom* (Oxford: Oxford University Press, 1985)。

金钱和濒危物种。一处海滩、一份友谊以及一个孩子与一定数额的货币存在着区别。如果我们将海滩、友谊以及孩子看作彼此可以等同，或可以等同于一定数额的货币，那么，对于所有这三种物品，我们就有着一种非常怪异，甚至不被承认的理解。我们会支付一定数额的货币，但不是很多，以能够去到海滩游玩，或是帮助保持它处于原生态状态；我们不会支付无限数额的金钱去拜访我们的朋友，甚或去维持我们的友谊；我们会采取预防措施，而不是其他方法，来保护我们的孩子。

　　对不可比性的强调并不是否定作出权衡。其意义在于，相关的物品并不相同。当我们说一种损失不可逆时，我们可能是说，它在性质上是独特的，并且不能由其他物品所代替。关注不可逆损害的很多人都努力强调这一点。

　　这一主张不但真实，而且重要，并且它有益于解释不可逆 *189*性的含义。当出现最差情形时，通常情况下，它是指因为所失去者的独特性。但是，权衡的需要也还同样重要。单个的人无法与货币，以及其他相关的东西进行比较，但是，我们并不能试图将死亡风险降低至零。有关不可逆性的主张并不是说我们应当为阻止一种不可逆损失而倾尽所有，或支付任何一个特定数额。通过理解不可逆性，我们收获的是一种更为鲜活的珍惜，即：为什么某些损失不能仅仅被视为"成本"而被置之不理。

　　无论是用于私人决策，或是用于民主场景，都可能运用承认多种损失性质独特性的不可逆损害预防原则，尤其是在损失影响未来世代的情形下。然而，这里也一样，预防措施本身可能造成不可比损失，而不仅仅是货币类型的损失。一种环境保护可能造成另外一种环境问题。如果社会物品的不同属性要在不可逆损害预防的采取过程中发挥作用，那么，它就必须注意这样一个事实，即各个方面都有不同的物品。

要件与结论

截至目前，支持不可逆损害预防原则的主张，以及有关其局限性的理解都已经齐备。我们所缺的是任何一种执行那种原则的系统。但是，我们应当能够认为，当一种损害在恢复起来代价高昂或不可能的意义上是不可逆时，采取特殊的预防就是合理的；并且，通常情况下，"购买"一种保持未来灵活性的选择权也理所应当；此外，一种备受珍视、质地独特的物品值得予以特殊关注。但是，有三个重要要件，包括最优延迟（optimal delay），分配因素（distributional consideration），另一个我称之为预先承诺价值（precommitment value）。

最优延迟。几乎可以肯定，未来的美国人将比现在的美国人拥有的更多，知道的也更多。对于法国、德国、中国、英国、印度、韩国、加拿大，以及许多其他国家而言，也同样如此。人类历史已经雄辩地证明了这一点。绝大多数当代人要比他们的前代人更加富裕，也更加博识。当然，许多人担心，未来世代可能因为明显的严重威胁而变得更加贫困，这些威胁包括环境恶化、战争风险、人口增长以及许多其他类型。然而，这些担心从来没有被历史所证成，如果将来能证成这些担心，那将是出人意料的。

因此，对于处理他们时代出现的环境问题，未来世代很可能将会处于一个有利得多的地位，并且很可能是一种我们难以想象到的更有利地位。[28] 在经济学家托马斯·谢林（Thomas

---

[28]　参见弗农·L. 史密斯的评论，见于 *Global Crises*, *Global Solutions* 630, 635 (Bjørn Lomborg ed.) (Cambridge: Cambridge University Press, 2004)。

190

Schelling）看来，随着时间流淌而几乎注定增长的财富意味着，"要求当代为未来世代的问题'买单'毫无道理可言。"[29] 为什么相对贫穷的现代要将其有限的资源移转给可能会变得相对富裕的未来呢？这里涉及另外一个问题。如果我们现在对预防作出大量投资，比如对温室气体减排，那么，我们就可能是在减少未来世代可用的资源，从而使他们只剩下更少的财富来控制实际上发生的损害。[30]

　　这些观点强化了"知而后行"的论调。而实际上，在第 6 章中，我将会更多地论述最优迟延以及未来世代。但是，任何一种此类论调都必须正视一种无可争议的事实，即：静观其变威胁会降低，并且也许是非常严重地降低未来决策者的灵活性。[31] 例如，对于濒危物种的情形，损失是永恒性的，因而，对于用以确保它们继续存在价值的预防措施，我们必须谨慎对待推迟决定。

　　不可逆性，分配和最小受惠者。 初看起来，不可逆损害预防原则似乎尤其有利于弱势群体。[32] 气候变迁情境中，与富裕国家相比，积极预防预计会赋予贫穷国家更多收益，这部分是因为富裕的国家依赖农业的程度要低得多。但是，有的时候，以不可逆损害之名而采取的预防也会伤害世界上最脆弱的人们。

191

---

　　[29]　托马斯·C. 谢林的评论，*id.*，at 627。

　　[30]　参见弗农·L. 史密斯的评论，*id.*，at 630，635。

　　[31]　例见 William R. Cline, "Climate Change", in *id.*，at 13，56，57。克莱恩强调，政治过程的冗长，以及气候变迁的渐进性都使得立即作出这种变化几乎不可能实现。

　　[32]　一般可参见 Juan Almendares, "Science, Human Rights, and the Precautionary Principle in Honduras", in *Precaution*, *Environmental Science*, *and Preventive Public Policy* 55（Joel A. Tickner ed.）（Washington, D.C.：Island, 2003）（探讨预防原则对于第三世界国家的有利之处）。

例如，与生物工程有关的一些风险是不可逆的，但是，基因工程的收益却可能主要由贫穷国家所感受。甚至是在气候变迁情形中，贫穷国家，包括印度，也不能够轻易地负担得起采取积极措施，进行温室气体减排。如果它们继续被允许排放温室气体（至少在其他国家减少它们自己的排量时），那么，不仅短期来看，而且很可能从长期来看，它们就会处于更有利的状况。

一言以蔽之，分配目标的分析必须与不可逆性的问题分开进行。有的时候，如果我们购买一种保持我们自身灵活性的选择权，那么，我们将会伤害最少受惠者，而不是帮助他们。选择权的成本可能主要由那些最不堪负担它的人来承受。

预先承诺。在某些领域中，未来的灵活性是不可欲的（undesirable），并且，个人和社会都愿意为消除它而大量付出。或许，尤利西斯（Ulysses）和塞壬（Sirens）的传说*是最为人所熟知的例子，而预先承诺的理念具有许多应用。[33] 一部宪法本身就可以被看作是一种预先承诺机制，为了以稳定的规则进行统治，我们以此废除了我们的灵活性。思考一下冷战期间，很多人认为，当一种攻击事件（尤其是核攻击）发生时，如果采取某些行动，那么，美国将会做到最好。一种预先承诺能够造成威慑。

192

---

* 尤利西斯就是《荷马史诗》中的英雄人物奥德赛，而塞壬则是希腊神话中人首鸟身（或鸟首人身，甚至跟美人鱼相类）的怪物，经常飞降海中礁石或船舶之上，又被称为海妖。塞壬用自己的歌喉使得过往的水手倾听失神，航船触礁沉没。奥德赛率领船队经过墨西拿海峡的时候，事先得知塞壬那令凡人无法抗拒的致命歌声。奥德赛遵循女神喀耳斯的忠告。为了对付塞壬姐妹，他采取了谨慎的防备措施。船只还没驶到能听到歌声的地方，奥德赛就令人把他拴在桅杆上，并吩咐手下的水手们用蜡把耳朵塞住。他还告诫他们通过死亡岛时不要理会他的命令和手势。

[33] 例见 Jon Elster, *Ulysses and the Sirens：Studies in Rationality and Irrationality* (Cambridge：Cambridge University Press，rev. ed.，1986)。

环境情境中，对于包括利益集团力量、短视、意志薄弱，以及认知偏见等任何问题进行限制的预先承诺战略，规制者都可能愿意为之付出。传统预防原则的天平更偏向于环境保护，依据这几点，可以对它进行解释。[34] 或许，该原则不能被理解为一种保持灵活性的努力，那可能是不利的，但却能够被理解为一种维护一种承诺的努力，即采取将会保护环境的行动。

现在，难题就变成了一种熟悉的限制：任何预先承诺战略都可能导致问题，包括环境问题，因此，一种预先承诺战略也可能是合理的。然而，有的时候，选择权价值附带着预先承诺价值，了解这一点也同样重要，因为有些规制者可能愿意为预先承诺价值作大量支出。

环境禁令

许多场景中，为避免一种不可逆损失风险而购买一种选择权，如果这种损失是不可逆的，那么，它是否有道理可能就要取决于那种损失的规模和性质。如果各个方面都存在不可逆损失，那么，在决定一种行动前，我们就必须评估它们的概率和规模。由于环境费用是典型的沉没成本，因而，有的时候，强调不可逆性将支持推迟，而非加快进行环境保护。这要取决于相关影响的规模和发生概率。

对环境案件中初步禁令的签发而言，这些问题的理解有助于解开其长期存在的一些争议。许多年来，一些上诉法院认为，

193

---

[34] 参见 David A. Dana, "A Behavioral Economic Defense of the Precautionary Principle", 97 *Northwestern University Law Review* 1315（2003）。

当环境损害被主张时，联邦法院应当采取一种不可弥补损害（irreparable harm）假定，以及一种支持禁令救济的假定。⑤ 在NEPA 案件中，如果当事机构未能准备一份充分的环境影响声明，结果就可能是禁令："在当事机构未能彻底评估一种建议行动的环境影响时，即假定存在不可弥补损害。"㊱

但是，这种不可弥补损害假定的依据是什么呢？从它能够推导出什么呢？例如，从它是否可以推断，在取得一份向海洋发射武器许可前，美国海军不能进行武器演练操作？基础问题有些技术化，但是，由于它们具有实际的重要性，并且对现实世界任何一种不可逆损害预防原则的理解具有直接影响，这里需要对禁令进一步进行解释。

对于军火问题，最高法院的回应是否定的。㊲ 法院拒绝环境破坏应当自动产生禁令的建议，它认为，禁令是一种衡平法救济，要受到传统裁量的制约。法官主张，它将"不会轻易地假定议会有意偏离既定的原则"，既定原则允许低级法院运用它们的自由裁量权。稍后的一个案件涉及《阿拉斯加土著土地所有权处理法案》（*Alaska Native Claims Settlement Act*），法院强调了这一点，并明确拒绝了环境案件中的不可弥补损害假定。㊳ 虽然如此，法官仍强调指出，环境问题提出了独特的问题，因为"由于其属性，环境伤害很少能够通过货币得到充分救济，并且，它常常是永久性的，或历时长久的，也就是说，是不可

194

㉟　例见 *Thomas v. Peterson*, 753. F. 2d 754, 764 (9th Cir. 1985)。

㊱　*Save Our Ecosystems v. Calrk*, 747 F. 2d 1240, 1250 (9th Cir. 1984)。一般探讨可参见 Zygmunt J. B. Plater, "Statutory Violations and Equitable Discretion", 70 *California Law Review* 524 (1982)。

㊲　*Weinberger v. Romero-Barcelo*, 456, U. S. 305 (1982).

㊳　*Amoco Production Co. v. Village of Gambell*, 480 U. S. 531 (1987).

弥补的"。如果可能发生一种环境伤害，"权衡各种损害的结果常常支持签发一项保护环境的禁令"。

当上诉法院采取一种支持禁令救济的假定时，人们可能认为，它们在采取一种不可逆损害预防原则，并假定在此种或彼种意义上，环境损害是不可逆的。或许，从性质上而言，环境损失是独特的；或许，非常难以恢复现状。这种理解有助于解释低级法院支持禁令救济案件中的最普通的例外：在这些情形中，"一旦签发此类禁令，就会对环境造成不可弥补的损害"[39]。例如，如果禁令可能阻却清除生病的树木，而这将存在传染整个国家森林的威胁，那么，法院就不会愿意签发一项使用采伐道路的禁令。

这里就存在一种对不可逆性之存在，或者不可逆性—不可逆性权衡的明显承认。当最高法院拒绝那种假定时，它这样做就支持了传统的衡平法权衡：承认各个方面都存在严重损害，甚至是不可逆损害。但是，即便这样做时，通过明确承认环境损害"常常是永久性的，或历时长久的"，法院也在支持一种不可逆损害预防原则。

在法院 20 世纪 80 年代的裁决之后，仍悬而未决的问题是面对违反 NEPA 时的恰当司法姿态。[40] 法院拒绝支持初步禁令的假定，很可能被认为是表明法院在 NEPA 案件中应当很少签发这样的禁令；或许，这特别是因为这样一个事实，即 NEPA

---

[39]　*People* of *Village of Gambell v. Hodel*，774 F. 2d 1414，1424（9th Cir. 1985）（emphasis in original），rev'd in part，vacated in part，sub nom. *Amoco Production Co. v. Village of Gambell*，480 U. S. 531（1982）。

[40]　有关一般探讨，可参见 Leslye A. Herrmann，"Injunctions for NEPA Violations：Balancing the Equalities"，59 *U. Chicago Law Review* 1263（1992）。

是一部纯粹的程序法，它将信息收集的义务强加给了当事机构，但却没有要求它们在决定做什么时，必须考虑这些信息。[41] 如果在当事机构出具一份充分的环境影响声明后，法院不能禁止当事机构进行它们选择的行为，那么，在 NEPA 情境中，禁令看起来就是一种古怪的救济。但是，在对这一问题最细致的探讨中，巡回法官斯蒂芬·布雷耶（Stephen Breyer）认为，在 NE-PA 案件中，签发禁令常常是恰当之举。[42] 布雷耶的讨论采取一种适当限定的不可逆损害预防原则，这特别适用于 NEPA 情境。

布雷耶法官认为，NEPA 意图阻止一种特定的伤害，在是否签发禁令的决策过程中，这种伤害应当发挥关键作用。NEPA 的目的是确保官员在他们采取某种行动之前考虑环境因素："当一个涉及 NEPA 义务的决策，在没有 NEPA 所要求的充分环境因素情形就被作出时，NEPA 所意图阻止的损害就已经发生了。"那种损害就是，"当政府决策者在作出他们的决策之前，不对他们的决策对环境的可能影响作出（有公众评论）分析时"，环境发生不可弥补损害的风险增加了。

这里，不可逆性是关键，这是因为，比起刚开始建的工程，官员更不可能关闭一个即将完工的工程。相关损害"很可能与决策者的心理有关，并且或许可能更深地源于人们的心理直觉，即一旦一个项目开工，就不应拆除"。那么，布雷耶法官的观点就是，在决定是否签发一项初步禁令时，法院必须考虑人类心

---

[41]　例见 *New York v. NRC*, 550, F. 2d 745, 762 (2d Cir. 1977); *Conservation Society v. Secretary of Transportation*, 508 F. 2d 927, 933 (2d Cir. 1974); *United States v. 27. 09 Acres of Land*, 737 F. Supp. 227, 283 - 284 (S. D. N. Y. 1990); *Stand Together Against Neighborhood Decay v. Board of Estimate*, 690 F. Supp. 1192, 1200 (E. D. N. Y. 1988).

[42]　参见 *Sierra Club v. Marsh*, 872 F. 2d 497, 503 - 504 (1st Cir. 1989).

理，以及不及时停止时，环境风险可能的不可弥补属性。

所有这些并不是说，在 NEPA 案件中，应当当然地签发初 *196*
步禁令，那样的观点不过是采用了一种最粗糙形式的不可逆损
害预防原则。有的时候，禁令本身将会造成严重损害，而有些
时候，环境风险根本微不足道。但是，一个继续进行的不充分
信息决策存在影响现状的风险，对此进行考虑是合理的——确
保一旦作出一份环境影响声明，再去对那种结果施加有意义的
影响，就太迟了。如果迟延并非特别昂贵，并且如果环境损害
的风险严重，那么，对于违反 NEPA 而言，禁令救济就很合适。
理解不可逆性问题有助于解释原因。事实上，布雷耶的分析，
以及他对基本心理的强调很难被限于 NEPA 情境，这种分析很
可能被诸多不同的规划者所使用。

不可逆和巨灾

由于最差的情形在属性上是不可逆的，我们应当能够将对
它的关注与对巨灾的关注结合以来，以提出一种不可逆巨灾性
损害预防原则。假定，今天通过采取预防，规制者能够保持防
止一个问题的灵活性，而这一问题不仅是不可逆的，还是巨灾
性的。同时假定能够将巨灾发生的概率限定在一个范围之内。
如果这样，那么，规制者就能够基于第 3 章中的探讨去评估其
价值，包括社会放大；就能够设立一个恰当的安全边际；并且
能够进行一种有关预防不可逆损失恰当限度的分析。当所有的
变量都能够确定时，就能够正式地进行这种分析。而在日常生
活中，并且部分基于法律和政策原因，非正式的分析就已够用， *197*
或者是可能的最佳形式了。在考虑为避免有关旅行、疾病、手

术、金融，以及诸多其他事务的最差情形，应当付出多少时，理智的人们总会进行非正式分析。

即便在不能确定最差情形发生的概率时，或者甚至我们身处不确定性，而非风险情境之中时，也可能会使用一种不可逆巨灾性损害预防原则。为保持在这些情境中的灵活性，我们可能愿意作出一大笔支出。当然，大量的花费同样也会减低灵活性，许多问题都不仅仅是一种不可逆性的问题，而是涉及多种不可逆性。最重要的多种不可逆性问题是环境属性的，而这就是为什么在环境领域中，有时采取特殊预防是合理的。

对于防止气候变迁，这种考虑提供了采取积极措施的强有力基础。自然而然，反对意见要么指向维持灵活性的不可逆成本，要么指向巨灾实际发生的可能性问题。但是，在我看来，对于减少温室气体排放的持续性努力，理解不可逆性和巨灾为其提供了一个令人信服的理由。那么，如何持续呢？一切都取决于这些努力的所得和所失。关于这个问题，我还有许多话要说，不过现在，我们还是要转向我还没有探讨的问题，即货币问题。

第 5 章 货 币

　　在美国，成本收益分析处于主导地位。在长达二十多年时
间里，美国的总统们要求各机构对主要的规制进行成本收益分
析，实际上，他们告诉各个机构，只有在规制收益证明其成本
合理时，才能进行规制。① 对于成本收益分析，国会也同样表
现出了极大的热情，最著名的例子为《安全饮用水法》（Safe
Drinking Water Act)，这一法案要求各个机构出具大量的成本
与收益评估报告。至于法院系统，联邦法院也已经采取了一系
列推进成本收益分析的原则：声称如果国会尚未表明立场，政
府机构可以考虑成本，考虑规制所带来的替代风险，并对微小
风险免除政府控制。

---

① 本段讨论的发展可以得到追溯，参见 Cass. R. Sunstrin, *Risk and Reason：
Safety, Law and the Environment* (Cambridge：Cambridge University Press，2002)。

美国极其热衷于进行成本收益分析，而欧洲却对预防原则表现得尤为情有独钟，二者之间形成了强烈对比。成本收益分析和预防原则能够导致取向上的南辕北辙。例如，许多欧洲人主张基因转变的后果是不确定的，可能造成真实的损害，因而，

199 进行严厉规制很显然是合理的。与之相反，许多美国人回应认为，基因转变的可能收益要远远高于可能的损失，并因而不支持进行严厉的规制。对于气候变迁，许多欧洲领导人支持仅仅出于减少巨灾风险的目的而采取预防措施，甚至是非常昂贵的措施。但是，在美国，对于国家领导人来说，即便他们属于民主党，对气候变迁采取高度预防方案也几乎没有吸引力。当然，对于那一问题，欧洲的立场并不简单，而是复杂的，不过，对于气候变迁，如果说比起其他方面，预防思维在美国更加没有市场，却是公道之言。

成本收益分析和预防原则之间存在张力，而这种张力导致了许多有关风险规制的严重问题。为了进行任何一种正式的成本收益分析，规制者必须对其他规制策略的可能影响作出判断，而这是有难度的，并且常常是臆测的；他们还必须将那些影响转化为货币等价物。对气候变迁有关的最差情形，我们应当如何将其进行货币化呢？对于规制者，最简单的任务可能是确定成本，但即便是这里，他们也会遭遇艰难的经验问题。不同严厉程度的规制有着不同的货币费用，这很难预计：特别是由于规制常常会激发技术创新，从而大大减少降低风险的成本。臭氧消耗化学物质情境中，较之成本收益分析早期努力所作出的预计，令人惊讶的是，最后的成本远远要低。在声称规制将会非常昂贵，以及在强调规制相关的最差情形时，利益群体有着利害关系：也许包括能源价格的大幅上涨，以及失业的大幅增

加。尽管美国工业界如此主张，但是，许多人仍然相信，若对温室气体进行积极规制，其成本其实可能低得令人惊讶。也许，大多数时候，我们都能够以比预期更低的经济负担来消灭最差的情形。

　　收益的确定提出了更加困难的经验问题，并且涉及棘手的规范和概念问题。环境损害情境中，首先，各机构必须要对规制所可能带来的收获（savings）作出估算，并且是以非货币术语进行，这包括死亡和伤病的减少，以及能见度、娱乐性、美感、动物福利、财产价值以及诸多其他方面的改善。对于机构决策而言，很大程度上必须依据这些估算作为基础。经常发生的情况是，现今科学仍留有存疑空间，这时，典型的做法是，机构确定一个概率范围，以此表明最优"点"估算之外的低端估算以及高端估算。例如，机构可能预计某种规制每年将会挽回（save）的生命个数最多为 80，最少为 0，而最优估计值为 25。[2]无疑，这些数字包括大量的猜测成分。通常情况下，最差的情形要比最优点估计恶劣得多；同时，最差的情形是否值得予以充分关注，科学家们也常常争论不休。在那种情形下，规制者应当如何继续呢？

　　确定可能的收益之后，成本收益分析要求各机构采取多种行动来确定人类生命、人类伤病，以及一系列其他环境损害的货币价值。典型的情况下，美国机构根据个人的"支付意愿"（willingness to pay，WTP）来确定此种价值。例如，环保署将一条人命的价值确定为大约 610 万美元，这就是一个映衬真实世界市场的数字。在工作场域中，作为消费品，额外安全有一

---

　　② 参见 Cass R. Sunstein, "The Arithmetic of Arsenic", in *id.*, at 153。

200

定的价格，为确定那一价格，要进行市场证据调查。我们所知道的每一生命统计价值（VSL），即 610 万美元的数值是大量研究的产物，在对工作场域、家庭市场以及消费品市场所实际存在的风险所进行的大量研究后，依此为基础而得出数据，这些研究的目的就是为了确定因为承受死亡风险，工人和其他人被支付货币的数额。假定为消除 1/10 000 的风险，平均支付每人 600 美元；假定，例如面对这种程度风险的工人一般每年还会获得 600 美元的额外薪金。如果这样，每一统计生命的价值就可能是 600 万美元。

当没有市场证据可用时，机构常常根据随机估价调查（contingent valuation survey）来作出货币估值，这种调查询问人们为获取某种可欲后果，比如拯救珊瑚礁或濒危物种，或消除慢性支气管炎或可治愈肺癌的风险，以及更多其他结果，你愿意支出多少？最近，我问芝加哥大学法科学生，为消除饮水中含有砷＊而导致的 1/100 000 之一的患癌风险，他们愿意支付多少。答案的中位数是 50 美元，产生的每一生命统计价值为 500 万美元，非常接近于成本收益分析的 610 万美元的数字。根据市场证据以及随机股价调查，成本收益分析将每一慢性支气管炎估价为 260 000 美元，哮喘的每一次医院急诊费用为 9 000 美元，肺炎住院费为 13 400 美元，每天误工费 83 美元，以及能见度的一定降低费用为 14 美元。③

所有这些数据都有争议。之所以选择 610 万美元作为每一

＊ 一种非金属元素，灰白色，有金属光泽的结晶块，质脆有毒。化合物可做杀菌剂和杀虫剂。中国民间所称的砒霜，主要成分即为砷。

③ 参见 Cass R. Sunstein, *The Cost-Benefit State*: *The Failure of Regulatory Protection* 145 (Washington, D. C.: American Bar Association, 2002)。

生命统计价值，并不是因为某些权威研究表明它正确，而是因为，它是一定研究的平均数。但是，规制者为什么要使用平均数？一些研究表明，每一统计生命价值大约为 1 400 万美元。[④] 而对于特定风险而言，比如涉及癌症的风险，有人曾提出，那一数据仍要翻倍。[⑤] 如果我们正在关注最差的情形，那么，或许我们应当接受较高的数值，因为，那将会大幅增加我们对规制收益的估算。

例如，对于对砷进行规制的提议，全部收益可能在 2 300 万 *202* 美元左右（假定——当然并不确定为真——将挽回 11 条生命，并对这些生命进行折扣计算，因为将来才能挽回），或相反，全部收益大约为 34 亿美元（假定——当然并不确定为真——将挽回 112 条生命，并采取一种每一生命统计价值的高端估算）。[⑥] 至少可以说，2 300 万美元到 34 亿美元的范围给予了规制者大量的自由裁量空间，尤其是当规制成本为 2 亿美元左右的时候。为了使成本收益分析有效运作，规制者需要获得一个相对有限的概率范围。

一旦作出成本收益分析之后，应当怎么对待它呢？最雄心勃勃的回答是，只有在可能的收益大于可能的成本之时，机构才应当采取规制，并且当有数种规制符合这种标准时，规制者应当选择"最大化净收益"的一种。根据这种进路，成本收益分

---

④　最好的全面评述为 W. Kip Viscuis and Joseph Aldy, "The Value of a Statistical Life: A Critical Review of Market Evidence Throughout the World", 27 *J. Risk & Uncertainty* 5 (2003)。

⑤　参见 Richard L. Revesz, "Environmental Regulation, Cost-Benefit Analysis, and the Discounting of Human Lives", 99 *Columbia Law Review* 941, 962 - 974 (1999)。

⑥　参见 Suntein, *supra* note 1, at 177。

析提供了决策规则，而这种规则应当约束规制者。然而，这里有两个明显的问题。第一个是，人们的支付意愿并不必然反映他们所寻求之保护带给他们的收益。对于减少某种风险，虽然贫穷的人们会获取大量收益，但他们仍可能希望支付很少的金额。理由很简单，当你没有什么钱时，金钱往往更有价值。第二个问题有关分配。我们需要确切地知道，谁在承担成本，而谁在获得收益。如果富裕的人们在支付成本，那么，即便成本收益分析表明不应如此，我们仍可能希望继续进行规制。

更为谨慎的有一种回应可能是，机构一般应要求收益超过成本，并且还应当寻求最大化净收益，但是，他们无须必定如此。按照这种观点，成本收益分析的结果只不过是提供了一种假定，而没有任何其他意义。特定情境使偏离成本收益分析指明的结果具有合理性，通过表明这一点，就可驳斥这种假定，比如，贫穷的人们可能获取更多的收益，这种情形之存在完全可信。⑦ 或者，通过设立一种抵抗最差情形的安全边际（参见第3章），也可以拒绝这种假定。另外一种仍旧更为谨慎的进路是，在决定做什么时，规制者应当考虑仅将成本收益分析的结果作为一种相关信息予以参考，即与其他相关信息一并考虑。认为成本收益分析具有决定性的那些人，与仅将它作为一种相关因素的那些人之间有着重大差别。但是，即便是依据成本收益分析作用的最谨慎理解，在很大程度上，政府的选择也会受到收益转化为货币等价物的影响。

至少可以说，人们对生命和健康危险防护完全由他们避免

---

⑦　对于这些问题，非常有价值的探讨可参见 Matthew Adler and Eric A. Posner, *New Foundations for Cost-Benefit Analysis* (Cambridge：Harvard University Press，2006)。

最差情形的支付意愿决定，这种主张非常富有争议。到目前为止，我一直都在关注人们消除此类最差情形而必须承受的所得所失，支付意愿（WTP）最多不过是相关因素的表征。将支付意愿用作保护濒危物种、自然以及野生动物政策的基础，至少是同样富有争议的。但是，正如我们已经看到的那样，预防原则本身也会引起严重的问题。何种程度的预防是恰当的预防水准？成本是否与答案相关？我们已经看到，采取预防措施防备所有风险，而不是其中的一部分，即便在原则上也是不可能的。如果不能立即减少所有的风险，那么，规制者应当如何排列优先性呢？

　　本章中，我将处理这些问题，方法是通过对三本书进行探讨，它们都颇具启发性和影响，它们对于规制性保护、货币，以及最差情形的恰当处理提出了非常不同的进路。弗兰克·阿克曼（Frank Ackerman）和莉莎·海恩哲林（Lisa Heinzerling）认为，成本收益分析是一种毫无意义的粗糙工具，它掩藏着不可饶恕的道德和政治判断。[⑧] 依据反恐战争，他们反而主张预防原则，并且，他们希望政府特别关注最差的情形以及不可逆性。与之相反，通过有关移动电话的争论，亚当·伯吉斯（Adam Burgess）提出，预防原则屈从于，甚至提高了公众恐惧的底线。[⑨] 对他认为的对新技术的过度恐惧，伯吉斯持反对态度，他主张认真对待科学证据，并且主张只有风险真实的时候，才进行规制。波斯纳直接关注最差的情形，在最不可能发生巨灾的

204

---

　　⑧　参见 Frank Ackerman and Lisa Heinzerling, *Priceless: On Knowing the Price of Everything and the Value of Nothing* (New York: New Press, 2004)。

　　⑨　参见 Adam Burgess, *Cellular Phones, Public Fears, and a Culture of Precaution* (Cambridge: Cambridge University Press, 2004)。

情形中，他也主张进行成本收益分析以及经济分析。[⑩] 他认为，对于气候变迁、小行星碰撞、恐怖主义，以及其他可能的巨灾性问题，在没有采取严格措施，确定成本和收益的数量并予以货币化之前，不能得到理智的处理。然而，在阿克曼和海恩哲林将成本收益分析看作规制不作为借口时，同样通过成本收益分析，波斯纳却支持对温室气体以及其他可能的严重危险源头采取积极控制。确实，他的核心目标是将私人和公众的注意力吸引到巨灾性风险上来，尽管它们非常不可能发生。

根据伯吉斯和波斯纳所作的论述，在此，我应当为成本收益分析提出一种恰当的辩护理由。如果没有某种成本收益（既包括货币性的，也包括非货币性的）感觉，规制者将成为一个摸象的盲人。我们已经看到，在评估风险时，人类会面对大量的困难，这会使他们容易过度反应和忽略。正如我已经指出的那样，成本收益分析并没有给出确定的答案，它最多不过是相关因素的表征，但是，它却能够帮助确定哪种风险是严重的，哪种风险不是。

但是，根据阿克曼和海恩哲林的论断，对成本收益分析的一些严重问题，我还应当作出解释。诚如我们已经看到的那样，规制者并不总是能够确定恶劣后果的概率，而当不能确定概率时，就不能进行标准形式的成本收益分析。此外，有的时候，支付意愿并不是规制政策的恰当基础。人类是公民，而不仅仅是消费者，因而，根据支付意愿所判断的他们的消费选择，可能被他们作为公民的慎思判断所挫败。无论怎样，支付意愿要

205

---

⑩ 参见 Richard A. Poner, *Catastrophe*: *Risk and Response* (New York: Oxford University Press, 2004)。

取决于支付能力，当社会中最贫穷的成员会从规制性保护中获益时，即便他们的贫穷处境决定了他们的支付意愿很低，也应当对他们予以保护。这一点有助于澄清下一争议问题，即是否以及在何种程度上，贫穷国家的人们比富裕国家的人们"价值更低"。

货币化及其不足

阿克曼和海恩哲林坚持认为，人类的死亡不仅仅是个"成本"问题，他们认为，成本收益分析在道德上是愚钝的。他们主张，在一个运作良好的民主社会中，应当尊重公民的知情判断（informed judgments），而不是将私人的消费选择进行综合处理。阿克曼和海恩哲林非常倾向于预防原则，在他们看来，在面对科学的不确定时，那是一种"更为全局性的分析"，并且，它"致力于当代人之间的以及超越当代人的公平"[11]。

阿克曼和海恩哲林意识到，许多人之所以会倚重成本收益分析，是因为受到广泛宣传的研究影响，而这些研究致力于表明当代规制非常之武断。[12] 在这些研究看来，美国的规制是非常不协调的。（毫无疑问，其他地方也能发现类似的图景。）有的时候，美国会花 10 万美元甚至更少的钱来拯救一条人命。而有的时候，它却会花上数千万美元。成本收益分析的支持者会问： 与微小的健康问题相比，国家难道不应当为严重的健康问题花

206

---

⑪　Ackerman and Heinzerling, *supra* note 8, at p. 234.

⑫　最知名的为 John F. Morrall Ⅲ, "A Review of the Record", *Regulation* 25, 30, Table 4（November/December 1986）。最新的方法，参见 John F. Morrall Ⅲ, "Saving Lives: A Review of the Record", 27 *J. Risk & Uncertainty* 221（2003）。

费更多的资源？比起只能挽救一个或两个人但费用却相同的项目，如果一个国家能够使用 1 000 万美元而拯救 1 000 条生命，难道它不应该那样做吗？我们已经知道，由于使用经验规则，以及明显的偏见，人类在评估风险时总是会犯很多错误，从而导致他们夸大某些危险，而低估其他的危险。当前的政策中似乎仍在重演这些错误，而对于人们的风险认知错误，成本收益分析可能被看作一个可能有效的矫正而得到支持。依据这些方式，对于成本收益分析的兴趣更多地是由其实用的建议所激起，即它有助于作出更明智的优先顺序排列，而这一点，在处理概率低、影响重大的事件时尤其重要。相比而言，争议重重的价值主张就较少能激发起对它的兴趣。⑬

阿克曼和海恩哲林相信，对现行机制的攻击乃是基于误导的研究，这些研究掩盖了充满争议，而实际上并不可信的价值判断。确实，一些规制并没有阻止许多死亡，但是，它们确实防止了对人类健康的重大（非致命）损害，以及对生态系统的损害。所获收益不应当被嗤之以鼻。更根本的是，阿克曼和海恩哲林指出，关键研究之所以认为收益低，部分是因为它们大大"折扣"计算了未来的生命和健康收益。每一个人都赞同，今天的 1 美元比二十年后的 1 美元要更有价值，经济学家使用一种标准折扣率（通常为每年 3% 到 7%）将未来的美元转化为

---

⑬ 参见 David M. Driesen, *The Economic Dynamics of Environmental Law* (Cambridge: MIT Press, 2003)，对成本收益分析提出一种有力批判，即目前为止，它所提供的不过是对成本和收益的静态描述，而未能看到规制以及其他力量常常导致创新，从而降低环境保护的费用。我认为这种主张最多不过可以被用作对当前关于可能成本数据的一种怀疑理由，而不是对这种成本收益分析的攻击。参见 Matthew Adler, "Cost-Benefit Analysis, Static Efficiency, and the Goals of Environmental Law", 31 *Boston College Environmental Affairs Law Review* 591 (2004)。

今天的等价物。在计算规制收益时，对于挽救的生命，以及避免的疾病，他们也使用同样的折扣率。阿克曼和海恩哲林认为，对于将拯救未来人们的规制，这种方法错误地贬低了其价值。他们的核心主张就是，对于未来生命和健康的收获，不应当使用标准折扣率（第 6 章中，我将详细探讨这一主张。）

207

假定他们的主张正确，即一旦对将环境收益完全以经济价值进行确定，那么，寥寥无几的规制就将会遭到声讨，因为它们要求对微薄的收益进行巨额投入。规制者仍然可能想通过成本收益分析来改善当前和未来的决策。阿克曼和海恩哲林抱怨道，如果这样做，他们就会作出一条人命一美元的决策，因而，这种努力将显得武断、唐突或更糟糕。主要依据工作场域的研究而得出支付意愿能够给出规制者应当使用的信息，对于这种观点，他们予以了拒斥。在他们看来，工人通常对他们所面对的风险具有极少的认知，因而，他们不能够承担有意识地将危险转换为美元的任务。即便工人知情的时候，他们也可能只有极少的选择权，并因而几乎没有什么可选择的。如果他们接受一个低报酬的高危工作，这并不是因为，他们真的能够自由选择。

经验研究文献中，一些失范情形与此处非常相关。有时，非工会工人（nonunionized workers）从减少统计风险中所得极少，甚至什么都得不到，而非裔美国人的所得要比白人少得多。[14] 那么，这是否能够推断出，规制者应当认为非工会工人，或是非裔美国人的生命更不值钱？阿克曼和海恩哲林补充说，

---

[14] 参见 John D. Leeth and John Ruser, "Compensating Wage Difference for Fatal and Nonfatal Injury Risk by Gender and Race", 27 *J. Risk & Uncertainty* 257 (2003)。

核心研究只是询问人们在多大程度上关注他们自己的风险。但是，他们忽略了一个事实，即我们中的很多人同样也珍视他人的生命。我可能愿意支付 60 美元消灭一个 1/100 000 我所面对的风险，但是，为消除威胁我子女生命的风险，我可能愿意支付比那多得多的数额，我还可能为了减少威胁朋友生命的那种风险而支付大笔金钱。当前的计算中，利他主义被忽略了。

208　　　　阿克曼和海恩哲林还指出，数据等同的风险并不应当予以同等对待，这是因为，人们对于致命风险以及最差情形的估算并不仅仅取决于损害发生的概率，还取决于它们的性质以及它们发生的情境。大约 3 000 人死于"9·11"恐怖主义袭击，这一数字远远小于每年死于自杀（30 500）、机动车事故（43 500）以及肺气肿（17 500）的人数。阿克曼和海恩哲林赞同这一事实，即美国对"9·11"袭击的反应并不是基于简单的数字比较，而发挥主要作用的，是一种预防思维。借鉴心理学家保罗·斯洛维奇（Paul Slovic）的研究，阿克曼和海恩哲林强调，平常人的风险判断大大有别于专家的风险判断，这并非简单地因为平常人愚蠢或糊涂，而是因为他们有着评估风险的不同规范框架。专家关注的是风险可能死亡的数量，而大多数人则特别厌恶不熟悉的、无法控制的、被动的、不可逆的、不平等分配的、人为的或巨灾性的风险。⑮ 在规制性政策中，对不同风险的不同估算都应当发挥一席之地的作用。

例如，我们中多数人并不会为 x 射线有关的癌症风险过于困扰，这部分是因为这些风险是主动承担的。而恐怖主义，甚

---

⑮　不同观点参见 Howard Margolis，*Dealing With Risk*（Chicago：University of Chicago Press，1999），它对关于风险认知的这种外行/专家区分阐述提出质疑。

至杀虫剂以及空气污染风险之所以更令人警醒，是因为个人不能轻易控制这些风险。当一种风险由一确定的社区面对时，比如有毒化学垃圾填埋场常常位于很贫穷的地区，对于可能认为的不公平，公众就特别可能反对。⑯ 阿克曼和海恩哲林希望尊重这种反对。因而，他们哀叹，对于量上相同的风险，成本收益分析忽略了重要的质的差别。同时，特别是由于它不关心关键的分配问题，即有关谁获得收益，而谁承担成本？因而，它也倾向于忽略，并常常强化社会不公的样式。无论是对于国内还是国际环境问题，阿克曼和海恩哲林都强调公正的重要性。如果环境威胁的成本主要由穷人负担，那么，无论成本—收益比是多少，规制者都应当考虑到这一点。

209

　　当然，在人们对数量上相同的风险作出区别时，他们也在犯某种认知错误。或许，某种形象或最近的个人经历导致他们非常关注某些风险，而对其他风险的关注却减少了。但是，对于我们大多数人而言，性质因素确实具有影响。如果一种风险是不熟悉的或是被动承担的，那么，即便处于危险之中的生命数量并不是特别高，并且即便公众合理地掌握了统计风险，它仍然可能引发强烈的公众反应。

　　关于成本收益分析如何对自然进行估价，阿克曼和海恩哲林也同样关注。为拯救一只动物或某种濒危物种的一个成员，人们应当支付多少？经济学家曾经试图通过实际询问人们来回答这一问题。例如，一项研究认为，平均每个美国家庭每年愿

---

⑯ 然而，注意，"自扫门前雪综合征"（Not In My Backyard Syndrome），即商业中的邻避现象（NIMBY）表明，对于存在环境风险的活动的恰当位置，许多人都将会作出自私的判断。这一点与下文提出的建议有关，即当环境规制的成本和收益都可见时，人们倾向于进行直觉性成本收益分析。

意为保护斑点猫头鹰支付 70 美元，为保护斑纹鱼（一种濒危鱼类）支付 6 美元，为保护主要公园免于空气污染导致的能见度降低而支付多达 115 美元。阿克曼和海恩哲林对这些数字嗤之以鼻，他们批判指出，任何具体的货币数值都无法提供有益的信息。例如，禁止捕鲸乃是基于普遍共有的伦理判断，而非成本收益分析。民主应当将其有关自然保护的决策建立在这种伦理判断之上，而非通过综合人们的支付意愿。

210   阿克曼和海恩哲林对成本收益分析提出一种终极批判：未来时代的权利。对于未来的所得所失，经济学家一般要使用一定的折扣率。以 7％的折扣率来算，二十年后的 1 000 美元就只值今天的 260 美元。联邦政府，对于安全和健康的规制，也长期适用这种通常的货币折扣率（某些时期为 7％），这样一来，防止 2025 年的 1 000 例致命癌症就等同于防止 2005 年的 260 例致命癌症。阿克曼和海恩哲林回应认为，生命不同于货币，它们不能被存入银行而坐等收息。对于比如说从现在起一百年后的出生者而言，7％的折扣率大大缩小了减少他们风险的价值。然而，当代对未来负有义务，并且不应当将保护尚未出生者的措施进行折扣。

借助预防原则，阿克曼和海恩哲林主张，即便是在达成科学共识之前，各国也有义务为防止严重的威胁而采取行动。总体而言，以一种与第 3 章的探讨紧密相关之进路，他们希望规制者关注最差情形，并据此作出规制性决策。如果最差的情形极其恶劣，那么，即便可能因之而浪费金钱，积极的规制也是可欲之举。当一个国家在规制性保护上花费过多时，它是会失去有限的资源，但是，浪费远比发生巨灾要好得多。因而，"他们的偏好就是，在保护我们自己以及我们的后代方面，要趋向于进行过度投资"⑰。

阿克曼和海恩哲林极力主张，冷战时期的军事开销情境中，采取的就是这一进路，并且认为国家正确地为应对最差的情形而做好了准备。对于反对恐怖主义的保护措施，他们也基本以类似方式看待。阿克曼和海恩哲林希望用同样方式对待健康和环境问题，密切关注可能发生的最差情形。

211

无谓的预防

阿克曼和海恩哲林并没有对任何特定的规制问题予以细致关注。与其相反，伯吉斯密切跟踪了一个具体的争论，即与移动电话有关的健康风险，并以之为基础对"预防"进行了研究。虽然伯吉斯没有明确地探讨成本收益分析，但是，对于预防原则，他是极为怀疑的，在他看来，预防原则导致规制者屈从于毫无根据的公众忧虑。对于风险，伯吉斯坚持认为，有些风险严重，而其他的则不严重，而科学则是进行区别的最佳方式。

许多人都担心使用移动电话有关的最差情形，或许包括各种疾病发病率的大幅增长。（他并没有讨论驾驶时使用移动电话的真正风险——这是一个重要的问题，在此，我不予介入。）伯吉斯认为，尽管作了大量的努力，但没有知名研究已经证明，移动电话或移动电话信号塔会造成重大的健康风险。⑱ 目前为止，

---

⑰ Akerman and Heinzerling, *supra* note 8，at 227.

⑱ 驾驶时使用移动电话有关的风险造成了另外一系列问题。对这一点，有大量有力证据证明存在严重风险。一般论述，可参见 Robert Hahn and James Prieger，"The Impact of Driver Cell Phone Use on Accidents"（July 2004），available at ht-tp：//www. aei-brookings. org/publications/abstract. php? pid=806。

大量所谓的证据都仍止于移动电话抵制者所给出的街闻巷语（anecdotes）类型：黛比·柯林斯（Debbie Collins）称，她的女儿从移动电话信号塔附近的一所学校离开后，身体健康就大大改善了。柯林斯拒绝接受专家观点，她说，"现在，她是一个截然不同的孩子了——我需要相信，那些丑陋的信号杆和孩子的健康之间有一定关系，而这就是全部的证据。"[19] 另外一位母亲称，"这个学期，他进了一所新学校，我已经能看出他的变化了。他的记忆力提高了，并且他也不再头痛了。这就够了，我不需要更多的证据。"[20] 伯吉斯担心，根据这种主张而作出的预防方案，将会既加剧恐惧，又强加无谓的成本和负担。

212 　　在媒体运动方面，那种方案可以找到一定根源。在 20 世纪90 年代早期，英国就出现了一系列报纸故事，这些故事根据寥近于无的证据提出，移动电话和基站（base station）* 会造成有害健康的影响。1995 年，布鲁塞尔的欧洲委员会开始了一项正式调查，这明显是受到这些故事的影响，然而，最终作出的结论是不能排除负面影响，并拟资助进一步研究。1996 年，BBC的一档消费者健康节目对这一问题进行了关注，《星期天》刊载了极为招眼的头条故事"煮熟你的大脑"，这一故事被广泛传阅，之后，公众的恐惧进一步升级。1997 年，媒体中危言耸听的报道继续增加，指出移动电话会造成疾病和过早的死亡（并会降低性功能）。这些报道对公民行动起了推波助澜的作用。到

---

　　* 基站，即公用移动通信基站，是无线电台站的一种形式，是指在一定的无线电覆盖区中，通过移动通信交换中心，与移动电话终端之间进行信息传递的无线电收发信电台。

　　[19] Burgess, *supra* note 9, at 1.

　　[20] *Id.*, at 2.

1999 年，反移动电话信号塔的地方政治运动日益惹人关注，并且，这些运动得到地方和区域报刊的正面报道，这进一步激发了公众的关注。

这些运动既极大地影响了私人机构，也极大地影响了公共机构。伦敦大都会区警察局（London Metropolitan Police Service）要求它的官员限制移动电话的使用，并将此作为一种预防措施，这显然是出于对最差情形的忧虑。哈罗德百货公司（Harrods）禁止在其经营地使用移动电话。企业家理查德·布兰森（Richard Branson）明确以预防术语建议其员工使用安全装置。全英国的地方管理委员会都努力禁止或限制建造移动信号塔，尤其是在学校附近。而在国家层面，公共健康部长坚持认为，在这样一种情势下，官员"非常努力工作，以走在公众忧虑的前面"是"非常重要的"，而这就将公众的恐惧合法化了。㉑ 在伯吉斯看来，官方机构采取的预防反应恰恰加剧了那种担忧。如此一来，"只有借助政府机构的认真对待，关于假想风险的断言才能够得以命令权威，并获得动力超越一些个人采取的立即限制"㉒。

伯吉斯还作了一些饶有趣味的跨文化比较，并给出了一些令人迷惑的评论。在英国，公众对移动电话风险的关注十分强烈。在澳大利亚、意大利和南非，也存在类似程度的关注。在意大利，环境部长设立了一部"绿色热线"（green hotline），以供人们表达他们对移动信号塔"滥"建的不满。澳大利亚政府资助了一项大规模研究项目，对可能的负面健康作用进行研究。

㉑ Burgess, *supra* note 9, at 88 – 89.
㉒ *Id.*, at 222.

但是，在美国，20 世纪 90 年代早期对此的关注迅速地烟消云散，对健康风险的任何严重的私人或公共忧虑，现在已经很难发现了。而在芬兰，则根本没有出现过任何可辨认的公共忧虑，尽管芬兰是世界上移动电话用户持有率最高的国家。（诺基亚是芬兰最大的公司，这一事实与此高度相关：这一点对最差情形思维以及成本收益分析都有影响，对此我回头将会分析。）

伯吉斯认为，在科学证据不能为公众的忧虑提供依据的领域，存在着各种预防思维的滥用，而移动电话争论仅仅是其中的一个例子。例如，欧洲对转基因食品持怀疑态度，他对此提出质疑，并将其描述为"危言耸听"。对于干涉自然乃错误之举的信念，他也认为是无益的，并对其发起了更为宽泛的攻击。因而，他就陷入对微小风险敏感的大气候的烦扰之中，尤其是那些新颖且与技术创新有关的风险。他相信，预防思维有助于形成一种忧虑文化。

214

巨灾的成本收益

理查德·波斯纳法官是法律的经济分析的创立者之一，因而，他应当对成本收益分析情有独钟。波斯纳的探讨之所以引人注目，是因为他关注将那种分析运用到最大的风险之中，即那些可能威胁到人类存在的风险。波斯纳囊括了范围极其宽泛的危险之最差情形，包括转基因作物、机器人技术以及纳米技术（nanotechnology）。但是，他特别关注四种危险：小行星碰撞、粒子加速器、气候变迁以及生化恐怖主义。波斯纳相信，这些风险中的任何一种都不能不予考虑，而他认为应当运用成本收益分析对每一种进行分析。

例如，考虑一下非常强大的粒子加速器有关的风险，它带来了一种真正非同一般的最差情形。这种加速器将会产生一种高度压缩的物体，它被称为"奇异夸克团（strangelet）*"，这种物质具有一种能力，将它遇到的任何物质转化为一种新的形态。波斯纳引用了剑桥大学物理学教授马丁·芮斯爵士（Sir Martin Rees）的论述，他写道，"理论上，奇异夸克团灾难能够把整个地球变成一个直径约一百米的高密度惰性球体。"[23] 波斯纳接受了为人广泛持有的观点，认为非常不可能发生奇异夸克团灾难，但他却坚持认为，不能排除这种风险。因而，他认为，各国至少应当追问一下，对于那极为强大的粒子加速器而言，其收益是否能够证明承担此种风险是合理之举。对于那一问题，他持非常怀疑的态度。

或者，考虑一下波斯纳对气候变迁的看法。波斯纳认为，应当认真对待相关风险，特别是因为存在发生真正巨灾损害的可能性。他承认，气候变迁的领军经济专家威廉姆·诺德豪斯所估计的全部成本，即 4 万亿美元确实是一个很大的数字，但却很难说是天文数字，并且这最终使成本收益分析得以展开。[24] 美国每年的国民生产总值为 13 万亿美元，而正如波斯纳指出的那样，4 万亿代表着当前价值，这可能需与美国当前的经济价值

215

---

　　* 奇异夸克团（Strangelet）是理论中的物质（hypothetical object），由上夸克、下夸克和奇异夸克三类夸克组成的物质，若奇异夸克团状态稳定，可产出连锁效应将原子核转变成温度极高、灰蒙蒙的黏性物质。宇宙最细小物质的夸克（quark），比原子和质子还细小，至少可分成上夸克、下夸克和奇异夸克三类。LHC 可能产生夸克，所以引起疑虑。但 CERN 科学家强调，LHC 温度极高，三种夸克要组成奇异夸克团，犹如在热水内凝成冰块，绝无可能。

　　[23] Martin Rees, *Our Final Hour* 120 (New York: Basic Books, 2003).

　　[24] 参见 William Nordhaus and Joseph Boyer, *Warming the World* (Cambridge: MIT Press, 2000)。

进行比较，而这一数据则大约为 100 万亿美元。诺德豪斯基本上是通过阿克曼和海恩哲林所开拓的方法，也就是使用支付意愿以及对未来进行折扣的方法，从而提出他的 4 万亿数字的。如果使用不同的前提，那么，相关的数字可能会高得多。㉕

对于阿克曼和海恩哲林的批判，波斯纳并不关心，而是含蓄地予以拒绝，但是，他对诺德豪斯的观点却很关注，在他看来，诺德豪斯估计的概率大大低估了问题的严重性，最重要的原因在于存在突然变暖的危险，而这可能极其具有毁灭性。这样，波斯纳认为，对于（例如）温度和海平面发生非常剧烈变化，致命害虫的变异和迁徙，甚至融化的冰原造成失控的温室气体（冰原融化过程中会释放大量的额外温室气体）而言，现有模型并不能排除可能性。有一种最差的情形叫"雪球地球"（snowball earth）：由于云层的急剧增加，阻止了太阳光线照射地表，大地覆盖了一层厚达数千米的冰层。波斯纳试图将人们的注意力引到可能发生的最差情形上来，这似乎很像阿克曼和海恩哲林。

包括诺德豪斯在内的许多科学家和经济学家都相信，气候变迁不可能造成巨灾性损害，而真实的成本将会较高，它包括人力方面的和经济方面的，但却并非不可忍受。在他们看来，可以将最差的情形负责任地形容为不可能。对此，波斯纳并不赞同。他认为，"巨灾性全球变暖情形不能确定任何一种概率，而没有概率就不能计算预期成本。"㉖ 转回决策理论的术语，波斯

216

㉕ 参见 Frank Ackerman and Ian Finlayson, *The Economics of Inaction on Climate Change: A Sensitivity Analysis* (forthcoming 2007)。

㉖ Posner, *supra* note 10, at 221. 然而，当前仍有很多确定各种气候变迁情景发生概率的努力。例见 Nicholas Stern, *The Economics of Climate Change: The Stern Review* 161–189 (Cambridge: Cambridge University Press, 2007)。

纳指出，气候变迁给出的是一种不确定性情形，而非风险情形。因此，气候变迁与波斯纳所探讨的其他可能的巨灾风险也有所差异，比如奇异夸克团灾难，每个人都认为它非常不可能发生。

总体而言，波斯纳并不主张应当仅通过成本收益分析来选择对巨灾性风险作出反应。但是，他主张，成本收益分析不可或缺，不探究成本和收益而进行评定或采取回应可能是愚蠢之举。尽管偏爱成本收益分析，但波斯纳拒绝接受预防原则的理由却是：它过于含糊。他主张，一旦这一原则可以理智地调节，它就会变成一种风险厌恶型的成本收益分析：这种成本收益分析会设立一个安全边际，来防止造成特殊忧虑的那些危险（参见第 3 章）。

波斯纳也承认，对巨灾性风险进行成本收益分析的任何努力都需要大量的猜测工作。思考一下新颖且非常强大的粒子加速器，布鲁克海文的相对论粒子对撞机（Brookhaven's Relativistic Heavy Ion Collider）。波斯纳关心极为遥远的可能性，即布鲁克海文对撞机将会毁灭地球。对此项提议，他希望通过成本收益分析来进行评估。他注意到，没有人曾作出过努力来对它的收益进行货币化，但是，他冒险作了一种每年为 2.5 亿美元"乱猜"（wild guess）。（无论是货币性的或非货币性的，提出一个数值来反映基础研究的价值都非常困难。正是由于这一原因，波斯纳的猜想确实显得信马由缰。）根据这一数量，碰撞机就会有 4 亿美元的净当前价值：以 3％的折扣率计算，减去加速器的建设和运行成本 11 亿美元，在一个预计为 10 年的期间里，收益为 211 亿美元。

但是，人类的货币化价值到底是多少呢？要回答这一显然 *217* 荒诞的问题，波斯纳既需要对人类灭绝的概率，也需要对其发生的货币成本进行评估。对于概率，他大胆取一千万分之一。当然，尽管这一数值与专家型风险评估家所做的几种估计相符，他仍然认为是它是"武断的"。根据降低统计风险的支付意愿以及一种 3% 的折扣率，他将人类毁灭的货币成本估计为 600 万亿美元（!）。而得出这一数值，波斯纳假定了一种对微小风险的非常低的支付意愿，因而仅将个体生命的价值估计为 5 万美元。他强调，这是一种非常保守的假定，选择更高值可能会比较合理。通过计算，波斯纳认为，布鲁克海文碰撞机的净收益是负数：-1 亿美元。因而，他得出结论认为，不应当建造碰撞机。

波斯纳承认，"全球变暖是成本收益分析局限性的典型例证。"[27]但是，即便是这一问题，他也认为，通过努力尽可能地进行量化处理，同样也能够取得进展。我们曾见证许多经济学家，携成本收益分析之器具来攻击《京都议定书》，声称其货币化成本很可能超过其货币化收益（提醒人们注意，该议定书对气候变迁问题相对不会起到什么作用）。波斯纳认为，这种分析不完备得令人扼腕，因为它忽略了这一可能性：政府规制将会促进技术创新，从而大规模消减温室气体排放量，而剧烈消减对于减少巨灾发生风险又是必须的。对碳排放征收重税的可能可欲影响，波斯纳显得特别有兴趣。对于开发清洁燃料以及更好的碳截存方法（carbon sequestration），这种税收会产生经济动机。波斯纳承认，从现有排放控制的不确定性及高成本角度来看，坐等更多的科学信息确实很有蛊惑力，而这种方式的一个问题在于不可逆性（参见第 4 章）。

对于应对气候变迁问题的各种方案，波斯纳并没有提出正

218

㉗ Posner, *supra* note 10, at 222.

式的成本收益分析。理由在于，他的终极关注点是突发性变暖，而他认为这不能确定任何一种概率。与他对粒子加速器的量化分析相对照，他对气候变迁的分析并没有给出太多数据。他的主要主张是，如果消减排放量是我们需要做的，那么，现在做将会赋予我们将来减低升温的灵活性。因而，他主张对温室气体排放征收重税，首要理由是减少发生巨灾性风险的概率，并消除真正令人恐惧的最差情形。

预防的问题

阿克曼和海恩哲林采取支持预防原则的观点。伯吉斯则认为它会导致毫无意义的结果，因而予以拒斥。波斯纳认为，必须将它转化为一种成本收益分析，这种分析对值得予以特别关注的那些风险持厌恶态度。初看之下，我们可能轻易认为，在伯吉斯看来，预防理念将会导致对微小或本不存在的风险进行过度控制。然而，我们已经认识到，其他地方也存在着最严重的问题。通常情况下，社会情境的各个方面都存在风险，并且降低风险本身也同样会产生风险。而正是在这种意义上，预防原则正渐趋瘫痪。

与许多其他成本收益的批评者一样，阿克曼和海恩哲林并没有充分认识到这一点。他们忽略了这种可能性：关注消除最差情形的昂贵规制实际上也将会伤害真实的人民，并且其本身也具有最差的情形。思考一下他们对工作场所危险防护那貌似唐突的评论吧："规制的成本将很可能会由雇主负担，他们被要求维持更安全的工作场所。"㉘ 然而，规制的成本常常并不仅仅

219

㉘ Ackerman and Heinzerling, *supra* note 8, at 193.

由"雇主"负担，它也会由消费者和工人负担，消费者面对价格增长，工人则可能发现工作岗位越来越少，而报酬越来越低，并且他们也是消费者。当政府对污染者（polluter）强加巨额成本时，消费者和工人常常要为此买部分单。并且如果价格上涨，那么，一些风险也会增长。

当然，某些环境规制确实增加了就业并降低了价格。但是，作为一项一般规则，我们没有理由去认为，通过规制强加高额成本将会有益于工人和消费者。相反情况发生的可能性却要多得多。如果我们正在专注于最差的情形，我们必须对下述可能性保持警惕：昂贵的规制将造成严重的问题，包括失业和贫困的严重增加。

在移动电话情境中，强调预防的负担和成本有助于我们阐明一个非常显著，而伯吉斯却过于忽略的事实：无论预防思维如何流行，无论公众对糟糕情形的忧虑看起来有多强烈，这些忧虑事实上并没有导致对电话或信号塔的大规模控制。对于为什么没有出现这样的控制，伯吉斯没有解释，但是他对芬兰的简单探讨却给出了一条颇具价值的线索。在一个移动电话使用者比例为世界之最的国度里，对于移动电话的忧虑，以及对最差情形的关注反而特别低，这难道真的是一种悖论或讽刺吗？很难作出这样的判断。芬兰经济严重依赖诺基亚以及移动电话产业，芬兰人民并不希望芬兰经济崩溃。并且，如果大多数公民依赖移动电话，他们就不大可能接受有关风险的感性主张，理由很简单，他们会因规制失去太多的东西。例如，想象一下，如果现在一个美国的政治家提出一项建议，声称应当禁止移动电话，因为它们有致癌风险，公众对此会有何种反应。

对于所有人或多数人而言，如果移动电话收益是明显的，那么，人们就会要求大量的证据来证明损害是真实的。当人们意识到强加限制将会费用高昂，负担沉重时，他们就会产生强烈的动机对最差的情形折扣看待，或认为它们是不现实的、危言耸听的。一言以蔽之，当人们意识到预防会强加成本，甚至强加它本身的风险时，预防的理念以及对最差情形的关注就会失去一定吸引力。当人们意识到那样的事实时，就可能出现某种权衡，包括对成本和收益。

在对另外一个环境问题所进行的简单但极富卓见的探讨中，伯吉斯强烈支持一般观点。他提到了科罗拉多的一个矿业城镇，环保署认为，这里的公民处于有毒污染的风险之中。这里的公民已经遭受过严重经济衰退的打击，他们的反应并不是恐惧，对一种预防方案也没有表现出什么热情，相反，他们把环保署视为恶魔，将其视为"邪恶的化身。他们冷酷地描述政府官僚如何不请自来地侵入他们小镇，以没收财产、被迫迁居，以及不受待见的新法律要求等前景来威胁居民……他们声称，所有这些不过是根据一种'并不存在'的危险"㉙。

无论矿业城镇的公民否定那种风险是否正确，他们都有强烈的动机这样做，因为它的存在会造成巨大且明显的负担。这里的公民显然都意识到了他们会因严厉的规制失去多少，因而，他们没有陷入惊慌，而是试图拒绝损害的真实证据。当人们确信预防会造成重大负担和风险时，即便针对的是最差的情形，预防和预防思维也远远没有那么具有吸引力。

伯吉斯故事中有一个重要经验，但他没有予以关注，那就是，移动电话恐慌之所以没有导致积极的规制，不仅仅是因为

221

㉙　Burgess, *supra* note 9, at 272.

损害证据很薄弱，并且，根本的原因在于越来越多的人使用移动电话，此类措施会造成不便甚至更糟糕的结果。例如，许多用户在紧急情况下依赖移动电话来取得帮助。与之相反，对于转基因食品而言，至少对欧洲人而言，规制的成本并不高度可见。当成本和收益都能为公众所见时，人们就会根据直觉进行成本收益分析，并且，除非他们认为支持证据很有力，否则，他们倾向于对预防保持谨慎。这一点直接引领我们走进成本收益分析提出的问题。

成本与收益

对于阿克曼和海恩哲林所斥责的成本收益分析，波斯纳却情有独钟。要理解他们之间的异见，那么，研究风险如何被转化为货币等价物就显得很重要。根据当前实践，经济价值主要来自真实世界市场，而这就为实际风险的赔偿水准提供了证据。依据这种计算所得出的成本收益分析时，事实上，规制者并没有提出一种"每一生命统计价值"。他们并不是说，一般美国人会支付 610 万美元来避免死亡，或一条人命在某种层次或纯理论意义上价值为那一数额。相反，他们是在计算反映统计风险市场价值的数据。典型情况下，当官员正在处理 1/100 000 之类的低度风险时，当他们将"一条生命估价"为 600 万美元时，他们实际上是在说，有证据表明，人们因为承受那种程度的风险，必须获得 60 美元，而政府将会根据那种证据作出规制决策。

有人认为，这种实践是一种疯癫。然而，为什么民主社会中的规制者会关注统计风险的市场价值呢？这里有两个可能的原因，并且都与个人选择有关。第一个涉及福利。第二个涉及自治。

让我们想象一个高度拟制的社会，在这个社会中，每个人都面对着各种 1/100 000 的风险，并且每一个人对此都充分知情，但仅愿意为消除每种此类风险支付 60 美元，不愿多也不愿少。同时还假定消除这些 1/100 000 风险的成本差别很大，浮动范围在接近于零到数亿美元之间。最后假定（这是一个重要的假定，适当之时，我将提出疑问）**消除任何风险的成本全部由那些从消除那种风险的受益者承担**。正是根据这种假定，规制施加一定等价费用。例如人们的水费单中就完全反映出消除因饮用水中含砷而患癌的 1/100 000 风险政策。如果每个人的成本是 100 美元，那么，每份水费单就会也增加 100 美元。根据这种假定，规制通过要求人们为他们获得的收益买单的方式运行。

初看之下，根据我所给出的假定，使用支付意愿很容易得到辩护。为什么人们应当被迫为规制支付超出他们支付意愿的数额呢？对于支出多少来避免各种风险，人们正在作出的是他们自己的判断，并且这些判断应当被尊重。

当然，我们可能认为某种再分配措施是恰当之举——私人资源或政府应当免费为人们提供保护（也就是说，那些受益者无须承担成本）。但是，作为一个实际问题，规制无须，并且常常也不会等同于那些因之受益者的一种津贴。当实施规制时，人们就要为他们的所得买单。雇工赔偿条例颁布后，非工会雇员面对着实打实（dollar-for-dollar）的工资降低，而这几乎恰好准确反映出了他们因此所获收益的价值。[30] 对于饮用水规制而言，也涉及某种类似的情形。当政府从供水中消除某种致癌物

223

---

[30] 参见 Price Fishback and Shawn Everett Kantor, *A Prelude to the Welfare State* (Chicago: University of Chicago Press, 1998).

质时，自来水公司不会承担这种成本，成本以更高的水费单形式转嫁给了消费者。通常情况下，人们会忽略这样一个事实：当政府为避免最差情形提供保护时，为此买单的是工人和消费者，而不是某些被称为"工业"或"公司"的抽象主体。

在我所列出的假定之下，对提高人们福利尤其关注的那些人将坚持认为，人们的支付意愿具有相关性。③ 如果人们愿意为消除一种 1/100 000 的风险支付 60 美元，而不会再多，那么，我们就有一定理由认为，他们的福利因为要求他们支付那一数额而得到增长——与之同时，他们的福利会因为要求他们支付更多而减少。人们的开销须应对许多需求，而如果我们拒绝为一种1/100 000的风险支付超过 60 美元，那么，这很可能是因为，我们希望把钱花在健康护理、食品、居所、娱乐、教育或任何其他物品上。为什么我们应当被迫把我们的钱花在某一特定类型的最差情形上呢？

如果现行的收入再分配不公平，或者如果在一种可以理解的意义上，穷人被迫承担一定风险，那么，这对评价这种观点而言是没有什么关系的。不公平分配的救济，以及针对强迫的救济很难要求人们去购买规制收益，因为他们认为这样的条件难以接受。假定人们仅愿意为消除一种 1/100 000 的风险支付

③ 参见 Allan Gibbard, "Risk and Value", *In Value at Risk* 97 (Douglas MacLean ed.) (Totowa, N. J.; Rowman & Allanheld, 1986)，关于成本收益分析如何被当作"预期全部固有回报最大化的一个粗糙代言人"，它给出了卓有价值的探讨。大体效果相同，但却以福利为理由对成本收益分析所作的辩护，可参见 Adler and Posner, *supra* note 7; Matthew Adler and Eric A. Posner, "Implementing Cost-Benefit Analysis When Preferences Are Distorted", 29 *J. Legal Studies* 1105 (2000); Matthew Adler and Eric A. Posner, "Rethinking Cost-Benefit Analysis", 109 *Yale Law J.* 167 (1999)。

60 美元，并且如果他们当前的财产翻倍，他们将会愿意支付 120 美元。即使如此，对于他们有更多钱时就会支付的数额，如果政府强迫他们现在就支付，那么对他们就不会有任何帮助。

如果我们从福利角度拒绝这种观点，那么，我们仍然可能根据个人自治而接受支付意愿。[32]人们应当是他们自己生命的主权者。这一原则意味着，政府应当尊重如何使用有限资源的个人选择（再次强调：只要这些选择是在充分知情条件下作出的）。当人们不愿意为消除一种 1/100 000 的风险支付超过 60 美元时，这是因为，他们更偏好把钱花在他们更愿意花的地方。如果拒绝人们的实际判断，那么规制者就是在侮辱人们的尊严。因而，支付意愿的使用就能同时主张两种支持理由：福利理由和自治理由。

当刚刚列出的假定条件满足后，我们就得到了一种可以描述为使用支付意愿标准的简单情形。在第 4 章，我们已经看到，在某种意义上，货币和健康是不可比的：我们的审慎判断不允许我们按照一种度量标准来排列美元和风险。但是，对于这里如此简单的情形，我们无须争论可比性问题，也无须争论哲学观点。基本的主张不过是一种很简单的实用类型，其作用不过是使人们愿意把货币与统计风险的减少进行交换。如果人们实际上确实做了这些交易，那么，政府就很可能根据他们的实践来制定政策。

异 议

这种观点可能会遭到几种可能的异议。其中一些涉及权利，

225

---

[32] 参见 Ronald Dworkin, *Sovereign Virtue* (Cambridge: Harvard University Press, 2002)。

其他的涉及过错。最饶有趣味的一些涉及消费者和公民，有限理性（bounded rationality）和有限信息的区分，以及适应性偏好（adaptive preference）问题。

权利。一种观点认为，人们享有不受某种程度风险威胁的一般权利，而使用支付意愿将破坏那种权利。例如，假定穷人生活在某一区域，他们需要面对每年 1/20 死于水污染的风险，那么，我们也会合理地认为，即使人们只愿意为消除它而支付 1 美元（因为他们贫穷），即便是每个人的成本为 5 美元，政府也应当去消减那种风险。

如果人们正在面对一个死亡的高度风险，并缺少消除它的货币，那么，称他们的权利正在受侵害就很可能是正确的。这里唯一的难题在于，无论从实践上，还是从原则上而言，权利都依赖于资源。人们能够合法地对他们的政府主张何种权利，这其实是可及资源量的一个产物，因而，人们要求保护的合法主张也必然受到他们所处社会中资源水平的影响。但是，让我们在此简单限定一下，超过某一水准的风险应被视为对人们权利的侵犯——并且，在那样的情形下，支付意愿并不产生太多影响。

作为一种关于人民权利的抽象主张，这种异议是完全合理的。无须介入有关权利基础和本质的艰涩哲学领域，我们就应当能够赞同这一观点：如果人们被迫承受严重的风险，而如果他们较低的支付意愿（贫困的产物）阻止了他们对此作出任何反应，那么，这一定是出了严重的问题。而如果政府引用他们较低的支付意愿及其贫困来为面对这些风险时的不作为而声辩，那么事情就变得更加糟糕。与此相似，那些遭受气候变迁风险的人们也可能主张他们的权利正在遭到侵犯，尤其是当他们生活在一个贫困的国度，并且是富裕国家温室气体排放的受害者之时。提议将支付意愿作为决定恰当使用政府补助金的决定因素无异于滑天下之大稽，再分配政策很难捕捉到人们的支付意愿。如果只有当穷人愿意为一张支票付 100 美元时，政府才会给他一张 100 美元的支票，这真的有理可言吗?

然而，很多风险规制情形中并不涉及权利侵犯，我们这里讨论的是高度不可能发生的最差情形。如果人们承受一种因工作或因某种医疗过程死亡的 1/500 000 风险，那么，我们就很难说他们的权利遭受了侵犯。如果面对一种 1/100 000 情况将变得极度糟糕的风险时，病人仍愿意接受手术，他们的权利就没有被侵犯。即便是在人们面对微小风险，可能涉及权利的情况下，也应当允许人们以一定的价格放弃那些权利——至少在我作出的假定条件具备的情况下应当如此。对明显侵权的恰当反应不是强迫人们购买他们不愿意或无法负担的保护，而是提供一种经济援助，以此赋予他们免费收益，或使他们能够以可接受的价格接受收益。然而，通常情况下，规制并没有这么做，这一点很重要。在我所称之为简单的情形中，问题仍是既定假定中的一种规制。只要这仍是问题，使用支付意愿就不会侵犯任何人的权利。

损害。不同的一种异议可能强调，承受风险的那些人可能可以对那些制造这些风险者的恶行进行控诉。当一家公司将一个城镇的公民置于一种严重危险之中，并且是恶意而为或对他们的福利没有一丝关注时，它就施行了一种侵害，即便公民不愿意为降低这种风险而支付过多。如果一个施害者正以故意侵害威胁人们，那么，我们应当终止这种威胁，而无须追问可能的受害者愿意为施害者终止它而支付多少。

227

事实上，敲诈勒索罪就专门用来惩罚声称"除非你给我钱，否则我就伤害你"的那些人。根据定义，适当的侵害水平（恐怖主义、伤害、强奸、谋杀）为零。一些情形中，施害者应当受到惩罚甚至监禁，而支付意愿与此完全无关。但是，我们能够更进一步思考。或许，那些损害制造者，包括那些威胁环境的公司，应当对它们所侵害的人承担责任，即使它们从没有恶意，即便它们是疏忽大意，甚至是过失之举——即便它们也创造了社会收益。或许，运作良好的法律制度会让那些有责者对它们所施加的侵害买单。

即使受影响人们的支付意愿较低，故意施害者也应当通过损害赔偿来承担责任。在侵权理论中，没有过错但却实施了侵害的主体是否应当承担责任，对这一问题存在着激烈的争论。理论界的立场认为，在一定范围内，可以实施严格责任（不考虑过错）。[33]

但是，这一点不应被解读为过于夸大其价值。即使是在决定对施害者（不包括恐怖主义者）作出恰当反应时，成本收益也起着一种合理作用。确实，我们不会要求人们给恐怖主义者足够的钱，以使他们停止恐怖活动。但是，政府的确会根据收益来权衡减低风险的成本，而在评估成本和收益时，支付意愿就会起作用。"9·11"袭击之后，政府并没有取消美国的航空旅行，原因就在于收益不能证明这种成本付出的合理性。为了确定为降低风险措施付出多少，政府会合理地与它们的公民进行协商。为减低风险，至少是当人们充分知情时，人们享有被

228

---

　　③ 参见 Richard A. Epstein, "A Theory of Strict Liability", 2 J. *Legal Studies* 151 (1973)；Richard Posner, *Economic Analysis of Law* 175-185 (New York：Aspen Publishers, 4th ed., 1992)。

要求支付超出他们支付意愿额度的权利，即便存在损害时，这种主张也显得很怪异。

在任何情况下，很多风险降低并不涉及施害者，而是涉及包括大量社会收益和社会成本的活动：驾驶汽车、修建高速公路、供给能源、使用暖气和冰箱。当进行这些活动的那些人为致害者时，他们应当被要求改变。但是，这样的命令必须取决于它的总体效果，而如果不知道成本和收益，我们就无法评估这些效果。现在，我们可以看到，简单情形的领域不涉及施害者，它涉及要求人们改变其行为的规制，同时要求那些受益者为这种改变支付成本。对于很多最差情形而言，此类简单的例子反映了现实。

公民 vs. 消费者。一种独立的反对意见可能强调，人们是公民，而不仅仅是消费者。根据这种观点，规制选择的作出不应在综合支付意愿之后，而应当在公民相互明确他们的偏好和价值之后。这种观点批判强迫交易将人们视为消费者，将他们的安全决策与其他所有商品的决策等同。按照这种进路，购买风险防护就被看作等同于购买运动鞋、粮食和肥皂一般。但是，在一些情境中，这种进路遭到严重误解。美国宪政制度是一种精妙的民主，而不是一部最大化的机器，而社会判断应当通过相互之间进行详细讨论作出，而不是通过综合消费者的个人选择作出。[34]

229

例如，在种族和性别歧视情境中，理智的社会不会综合人们的支付意愿。被许可的歧视程度不应根据人们愿意为歧视

---

[34] 参见 William Bessette，*The Mild Voice of Reason*（Chicago：University of Chicago Press，1992）。

（或不被歧视）支付多少的市场证据来确定。即便为了避免与不受欢迎的群体成员接触，歧视者愿意作出不菲的支出，歧视也仍是被禁止的。同样，选择保护濒危物种也不是根据综合支付意愿而作出。是否以及何时保护濒危物种成员是一个道德问题，需要通过民主讨论予以解决，而不是通过消费者主权的运用。在一些情境中，使用支付意愿会错误地把人们看作购买商品的消费者，而不是把他们看作会慎重思考价值的公民。正是以这种口气，阿马蒂亚·森（Amartya Sen）强调："讨论和交换，甚至是政治观点都有助于价值观的形成和变更。"[35] 他强烈主张，在环境保护的特定情形中，解决方法要求我们"超越对现存个人偏好最佳反应的寻找，或根据这些偏好所作出的最可接受的选择程序"[36]。

森的观点指出了使用支付意愿的一些严重局限。但是，这种反对意见不应被解读为对标准成本收益分析的全面攻击。在我们自己的私人生活中，当我们权衡安全和健康，以及处理最差的情形时，我们的价值观和偏好并非毫无影响。大多数时候，我们的选择都是深思熟虑的结构，即便当我们不过仅作为一个消费者之时。在决定为避免犯罪、机动车事故以及癌症付出多少时，我们会根据其他进行思考。确实，道德问题不能通过综合私人支付意愿来解决。一些偏好尽管得到支付意愿支持，但它们在道德层面上也是禁区，因而，政策不应考虑它们。种族歧视偏好就是这样一个例子。此外，对于有充分道德合理性的事物，许多人并不愿意付出过多，动物福利就是这样一个实例。

230

---

[35] Smartya Sen, *Rationality and Freedom* 287 (Cambridge: Harvard University Press, 2001).

[36] *Id.*, at 289.

通过追问人们愿意为之支付多少，并不能充分反映出动物的价值以及它们免于残忍和痛苦的自由。当人们的支付意愿在道德上存在缺陷时，市场模型就会失灵，而支付意愿就不能给我们什么指导。

但是，简单情形下如何呢？这些观点是否表明，即便那些选择是在充分知情的情况下作出的，政府也仍然应当推翻个人愿意为消除低程度风险支付多少的选择？一般而言，对于环境问题，超越"对现存个人偏好的最佳反应"确实重要。但是，这一点并不能得出以下结论，即：为消除一种 $1/100\,000$ 的致命风险，当人们仅愿意支付 75 美元时，应当要求他们支付（例如）100 美元。

不充分信息与有限理性。如我自始至终都在强调的那样，人们在处理低概率事件时会经历一段困难时期。如果人们没有意识到他们会从规制中得到什么，那么，他们的支付意愿就可能会很低。也许，可及性启发法（availability heuristic）将导致他们低估那种风险——如果人们不能回忆起一种导致疾病或死亡的情形，他们就可能得出结论认为那种风险微不足道，即便事实并非如此。又或许，可及性和概率忽略一并将导致人们夸大风险，从而产生一种远远超越实际情况所需的支付意愿。又或许，人们是不现实的乐观主义者。他们也许会剔除某种低于一定界限的风险，即便他们不应如此。而如果人们无法理解诸如"五万分之一"理念的意义，或不能对这种理念作出理性反应，那么，依赖支付意愿就会出现严重问题。

人们的支付意愿也可能反映出对未来健康收益的过度折扣。如果工人忽略他们自己的未来，或使用一种高得令人难以置信的折扣率，那么，我们就有充分理由对他们的支付意愿置之不

231

理。在气候变迁情境中，巨灾风险看起来可能处于非常遥远的未来，因而无法引起充分的关注。当然，对于人们日常生活中所面对的恶劣程度较低的风险，情况也同样如此。例如，抽烟的年轻人不会过多关心抽烟对健康的长期影响。饮食习惯不良并缺乏锻炼的那些人，也几乎肯定没有去考虑他们行为的长期影响。自控问题是有限理性的一个重要组成部分。如果较低的支付意愿反映了对未来没有给予充分关注，那么，我们就有充分理由不使用支付意愿。

当支付意愿是根据不充分信息或有限理性作出时，就应当对支付意愿做一些恰当的调整，而从支付意愿推出的每一生命统计价值也必须进行修正。这一点很重要：不正确的数据需要进行修正。持这种（修改）主张的那些人正在对简单情形中使用支付意愿的理论基础，即对人类理性的乐观假定提出质疑。但是，他们并不是质疑基本理论，因为他们承认，只要进行修正，我们的选择就是政策制定的正确基础。

适应性偏好。相关的一个反对意见会强调，人们适应于现存机会的限制，包括社会剥夺，而他们的偏好可能反映出这些适应。㊲ 或许，人们之所以对包括改善健康状况的某些物品表现出一种较低的支付意愿，不过是因为，他们已经适应于某些"不好"，包括健康风险。或许，人们是通过得出结论认为风险比它们实际的情况要低，从而减少认知偏差。㊳ 当人们的偏好为

232

㊲ 参见 Jon Elster, *Sour Grapes* (Cambridge: Cambridge University Press, 1983); Martha Nussbaum, *Women and Human Development* (Cambridge: Cambridge University Press, 2001)。

㊳ 参见 George A. Akerlof, *An Economic Theorist's Book of Tales* 123 - 137 (Cambridge: Cambridge University Press, 1984)。

剥夺和不公正的产物时，我们可能不会尊重这些偏好本身。这种异议概括起来而言就是，或许是人们遭受着一种"谬望"（miswanting）问题，他们希望得到不会提高他们福利的东西，而不希望得到会提高他们福利的东西。㊴

当出现这种情况时，使用支付意愿的基本合理性就失去很多，因为人们的决策实际并没有提高他们的福利。㊵此外，如果恰当理解，个人自治就可能不要求尊重人们的所有决策。一些决策可能是非自治的，因为它们是人们无法控制的恶劣环境的产物。如果恰当理解，自制的理念就不仅要求尊重人们所拥有的偏好，还必须坚持社会条件允许这些偏好的形成并非出于强迫或不公正。

在一些风险情形和最差情形中，有关偏好确实是非自治的。在一定情形中，许多女性面对着男性暴力的风险，而她们认为她们对此无能为力，并因而选择了逆来顺受，将最差情形视为宿命。如果政府能够确定人们不愿意购买那些将会给他们带来巨大收益的物品，那么，政府就很可能应该放弃支付意愿。

一定情形中，这是一种有力的批驳。但是，大多数时候，这种反对的更多意义是理论性的，而非实际层面的。典型情形下，当我们谈论某种会减少低程度致命风险（比如说 1/100 000）的措施时，我们没有理由会去相信，使用知情支付意愿（比如说 100   *233*

㊴ 参见 Daniel T. Gillbert and T. D. Wilson, "Miswanting", in *Thinking and Feeling: The Role of Affect in Social Cognition* 178 (Joseph P. Forgas ed., Cambridge: Cambridge University Press, 2000); Timothy D. Wilson and Daniel T. Gillbert, "Affective Forecasting", 35 *Advances in Experimental Social Psychology* 345 (June 2003)。

㊵ 关于一般探讨，参见 Daniel Kahneman, "A Psychological Perspective on Economics", 93 *American Economic Review Papers & Proceedings* 162 (2003); Daniel Kahneman, et al., "Back to Bentham? Exploration of Experienced Utility," 112 *Quarterly J. Economics* 375, 379 - 380 (1997)。

美元）是适应性偏好的结果。当这样一种理由存在时，关于简单情形的判断就必须进行修正。

个体化。从工作场所的研究中，我们可以得出统计风险价值的单一数据，对于这种观点，阿克曼和海恩哲林予以拒斥。他们注意到，人们不仅仅关注风险的数量（是 1/10 000，还是 1/100 000?），而且还关心风险的性质和情境。较之死于突发、意料之外车祸的同等统计程度风险，人们愿意为避免死于癌症的风险支付更多。较之避免死于工作场所事故的同等统计程度风险，他们可能愿意为避免死于空气污染或饮用水污染而支付更多。

这一批判是合理的，然而，将它用作支持一种更加精炼的成本收益分析的观点，却是最为明智的，即强调统计等价风险的变化。[41] 单一数据真的很愚钝，实际上，它与最初提出使用支付意愿的那一理论相互并不融贯。如果支付意愿之所以相关是因为它的使用提高了福利、自治，或二者兼得，那么，规制就应当咨询实际的支付意愿，而这又是随风险变化而变化的，绝非是一个单一的或同一的支付意愿——只因一种风险产生，并不能令人信服地用于既定统计数量的每一种风险。真正的问题并不在于性质相同的风险是否要有差别数据，而是在于如何找到形成这些数据的可信证据。对于单一支付意愿过于粗陋的提议，经济学家予以接受，并以一种支持的方式开始填补差距。[42] 这一批判能被视为治理理论的一种重要且实质友好的修正，而非一种拒绝的理由。

---

[41] 我在一部著作中提出了这一点，参见 Cass R. Sunstein, *Laws of Fear*：*Beyond the Precautionary Principle*（New York：Cambridge University，2005）。

[42] *Id.*

在简单情形中，使用支付意愿的观点以一种曲而不破（bowed 　234
but not broken）的姿态出现。理智的社会既关注福利，也关注
自由。当因减低风险而收益的那些人也必须为此买单时，人们
的知情判断就应当得到尊重。即使是在简单的情形中，也必须
满足重要的条件，但是，这些条件并不是要拒斥基本观点。

复杂情形

简单情形所依赖的假定很明显是虚拟的。最重要的是，人
们并不总是支付他们风险减低收益的全部成本。当最差情形被
消除时，人们有时仅支付很少的成本——甚或一点也不支付。
有时，关于人们必须要为那些收益支付多少数额，规制者有很
多控制方式。规制者或许能采取措施确保可能的受害者支付较
少或不支付，或大部分基本费用由那些造成相关风险者支付。

当事实如此时，分析就会复杂许多。例如，在空气污染情
境中，穷人和少数者社区一直都是净受益者，他们无须为他们
的所得支出。[43] 这就会推出如下判断：对空气污染规制的福利影
响，基于人们支付意愿的一种成本收益分析就可能无法作出充
分说明。如果我们关注整体福利，此类规制就可能是个好主意，
如果将人们当作一个整体，那么，人们所得可能大于所失，即
使经济成本看起来比经济收益高。并且，即便整体福利没有增
加，考虑分配收益也很重要。我们可能赞同一种规制，因为它
能使穷人过上更安全、更富足的生活，即便富人要为取得这些

---

[43]　参见 Matthew E. Kahn, "The Beneficiaries of Clean Air Act Regulation", 24
Regulation 34 (Spring 2001)。

收益而付出很多。

235 　　假定一种倡导的饮用水规制的受益者仅愿意为消除饮用水中的一种 1/50 000 风险支付 80 美元，消除一种 1/50 000 风险的人均成本为 100 美元，而对每 1 美元这种成本，受益者仅付 70 美分。假定剩下的 30 美分将由水公司自己以减低收益的形式支付，或者由水公司员工以减低薪金的方式支付。在这个例子中，规制的成本超过了收益，它就是无效益的。如果以成本收益分析作为决策规则，货币成本超过货币收益的事实就对反对规制起着决定作用。

　　但是，原则上，这里的分析要比简单情形中的复杂得多。毕竟，规制受益者正获得大量帮助。支付意愿数据必须基于何种假定来控制决策？这里的假定必定是，至少在进行规制的情形中，经济效益是政府的目标——为了明确要做什么，我们应当综合规制的货币化成本和货币化收益，并且，当且仅当收益高于成本时才采取行动。当使用支付意愿数据时，政府行动如一种最大化机器，综合根据支付意愿标准衡量的所有收益和成本。但是，由于两个原因，关于政府应当如何行为存在一种荒谬的理解。

　　第一是支付意愿是以货币术语，而非福利术语来衡量收益和损失的。在困难情形中，那些获益者以福利计算的收益可能要比损失者的所失要高，而支付意愿并没有回答这一问题。在刚刚给出的例子中，整体福利可能增加，而不是减低。或者，假定减排温室气体大大减低了发展中国家，尤其是非洲国家所面对的风险。同时假定这里的人民不能并因而不愿意为他们所取得的保护支付过多。最后假定这种规制的成本由富裕国家的

236 人民承担，尤其是美国和欧洲，并且这种成本要高于发展中国家的货币化收益。即使是在这些假定之下，规制也很可能带来

大量的整体福利收益。如果发展中国家的人民能够活得更长，身体更加健康，那么，他们因此的所得就要远远超过美国和欧洲的所失：即便美国和欧洲人民的能源账单会变高，他们使用汽车会更贵，他们的工资和就业会下降。

第二个问题是关于分配的。假定从整体福利来看，相关规制并不是所欲的，它会使整体福利降低，而非提高。但是，同时假定那些受益者要比那些损失者更为贫穷、更加弱势。例如，愿意支付 80 美元的那些人相对贫穷，而愿意支付剩余成本的那些人却不相匹配的富裕，那么，即便整体福利会损失，规制也可能是合理之举。即便上层的那些人的所失要高于下层那些人的所得，我们也很可能会更加关心那些处于下层的人，并努力改善他们的前景。

这里，一个标准的反应是：如果我们希望进行再分配，那么，我们的行动就不应通过规制，而应当通过税收制度来进行，税收制度是将资源转递给需要帮助者的一种更有效途径。[44] 这种标准反应很可能是正确的，税收制度是再分配资源最简单、最有效，并且最好的方式。但是，假定再分配不会通过税收制度而发生。毕竟，没有任何一种税收制度可以跨国分配资源。如果这样，那么，即便它无效率，复杂情形中的规制也并非禁区。当然，一种规制有助于最弱势者的事实，对它的采用并不具有决定性作用。如果它用处微小，并会给其他每个人都造成巨额成本，那么，它就不会获得太多支持。但是，一切都要取决于相关影响的数量。如果一个项目通过消除真实威胁最小受惠者 *237*

---

[44] 例见 Louis Kaplow and Steven Shavell, "Why the Legal System Is Less Efficient than the Income Tax in Redistributing Income", 23 *J. Legal Studies* 667, 667 (1994)。

的最差情形而为之带来巨大收益，那么，即便从支付意愿角度来看，它所造成的成本略微高于整体收益，这一项目也可能是合理的。

最简单的结论是，在规制的受益者支付所有或大部分规制成本的情形中，使用支付意愿的观点最为可能。在这些情形中，只要人们充分知情，并且没有遭受某种认知缺陷，就可以合理使用支付意愿。而当规制的受益者仅支付一部分规制成本时，分析就必定不同。在这样的情形中，规制也许可以作为一种再分配措施或以福利为理由而获得合理性。要了解是否能够这样合理化规制，我们需要超越成本收益分析，并确定赢家和输家。关键问题在于，为了评价成本收益分析的用途和局限，区分简单情形和复杂情形至关重要。

即使在复杂情形中，成本收益分析也不应予以摈弃，它能提供相关的信息。如果规制的货币化收益比货币化成本低，那么，即便它不具有决定性，规制者也应当意识到这一点。在特定国家内，甚至在复杂情形中，货币化成本和货币化收益也特别有用。如果某个国家知道它减少置于某种空气污染物质的成本为1亿美元，而货币化收益为1 500万美元，那么，它就会考虑这些数据。当然，它还特别需要知道这些数字的意义。1亿美元会通过更低工资、更加贫困以及更恶劣的身体状况而被感受到吗？1 500万美元收益是否意味着生命更长，身体更健康？质量以及数量原因同样都非常重要。

当然，规制的受益者也可能是富裕者，而必须支付者也可能是贫穷者。例如，假定某发展中国家成为温室气体的主要源头，而欧洲的富裕国家可能是减排的主要受益者。根据假定，减排会伤害相对弱势的人们，而帮助相对强势的人们。我们能

238

够轻易想到这样的情形：对试图消除最差情形的规制，成本收益分析和再分配因素都会提出质疑。

全球风险规制与跨国评估

对于全球风险规制以及支付意愿和生命统计价值的跨文化变化，迄今为止所作的分析有着重要的意义。相较于富裕国家，贫穷国家（地区）的人们将会展现出一种较低的支付意愿，并因而具有较低的生命统计价值。而事实上，研究发现，每一生命统计价值在中国台湾地区低至 20 万美元，而在韩国则低至 50 万美元，印度为 120 万美元，而澳大利亚则为 1 900 万美元（参见表 13）。⑮

表 13　各国每一生命统计价值（VSL）（2000 年）　　*239*

（单位：百万美元）

国家（地区）和研究年份	VSL
中国台湾地区（1997）	0.2—0.9
中国香港地区（1998）	1.7
韩国（1993）	0.8
印度（1996/7）	1.2—1.5
加拿大（1989）	3.9—4.7
瑞士（2001）	6.3—8.6
日本（1991）	9.7
澳大利亚（1997）	11.3—19.1
英国（2000）	19.9

---

⑮　例见 Louis Kaplow and Steven Shavell, "Why the Legal System Is Less Efficient than the Income Tax in Redistributing Income", 23 *J. Legal Studies* 667, 667 (1994)。at 27-28.

由于穷人比富人的钱少，因而，风险的货币价值应当因国家差异而大大不同。根据这样的证据，一些气候变迁影响的评估发现，富裕国家中人们死亡的货币化成本要远远高于贫穷国家。⑯ 在其 1995 年第二次报告中，政府间气候变迁问题小组（Intergovernmental Panel on Climate Change）通过计算得出，一个工业化国家的一条生命价值为 150 万美元，而一个发展中国家的一条生命价值仅为 15 万美元。这些评估一直都饱受争议，这一点毫不奇怪，例如，约翰·布卢姆（John Broome）就指出，根据这种方式，一个美国人的生命价值为 10 个或 20 个印度人的生命，他认为这样的判断"大谬不然"⑰。

由于这一原因，一些分析家，包括政府间气候变迁问题小组选择了一种世界性的生命统计价值：100 万美元。但是，这一选择看起来非常武断，并可能同时对富裕国家和贫穷国家的人民都构成损害。如果加拿大政府使用了一种 100 万美元的生命统计价值，那么，它对其公民的保护就严重不足，原因很简单，

---

⑯ 引自 Intergovernmental Panel on Climate Change, *Third Assessment Report*：*Climate Change 2001*：*Mitigation* 483（指出"贫穷国家的生命统计价值一般比富裕国家低"），available at http：//grida. no/climate/ipcc _ tar/wg3。

⑰ John Broome, "Cost-Benefit Analysis and Population", 29 *J. Legal Studies* 953，957（2000）（注意这一结论是"货币制效用功能代表一个人偏好"的产物，这一进路是布卢姆教授所反对的）。在简单情形中，我认为，货币制效用功能并不荒谬，并且在复杂情形中，它也不是那么荒谬。参见 Intergovernmental Panel on Climate Change, *supra* note 46, at 483："贫穷国家的生命统计价值一般比富裕国家低，但是，对一项国际范围并由国际社会来决定的政策，这一点并不为许多分析家所接受，而施加不同的价值。在此类情形中，分析家使用平均生命统计价值，并将它适用于所有国家。当然，这一数据并不是个人为减低风险所需支付的，而是一种'平等协调'的价值，它表现出对低收入群体支付意愿的过度关注。根据欧洲和美国的生命统计价值，以及一种对政府的收入再分配政策具有广泛吸引力的权衡制度，艾尔（Eyre）等人将世界平均生命价值估算为大约 100 万欧元（大约相当于 1992 年的 100 万美元）。"

加拿大的生命统计价值要高得多。如果中国台湾地区使用了一种 100 万美元的生命统计价值，那么，从其公民可能因规制的所失超过他们的所得角度来看，它就会提供过度的保护。

这一问题带来严重的悖论。全世界 100 000 例——其中（让我们造一些数据）80 000 来自贫穷国家，以及 20 000 来自富裕国家——死于气候变迁的货币成本是多少？目前为止的探讨表明，这些问题还没有任何明智的抽象答案，我们特别需要知道这些答案之目的所在。如若跳出某一特定语境，对 50 年里一定数量死亡的货币价值做一个一般性的追问，那么，这样的问题最好还是保持无解状态。对于生命统计价值以及因国家不同而发生变化所作的恰当评估，应取决于它们的预期用途。如果不同数据目的在于确定人类生命的实际价值，并表明加拿大人要比阿根廷人"值钱"得多，或穷人要比富人更不"值钱"，那么，这些数据就是滑稽的，并具有攻击性。

我们应更进一层次。如果不同数据的目的在于表明捐赠机构应当为减少致命风险所捐赠的恰当数额，那么，它们就毫无道理。一个贫穷国家的一个穷人愿意为消除一个 1/10 000 的风险支付 1 美元，而一个富裕国家的一个富人愿意为消除一个 1/10 000 的风险支付 100 美元，这一事实不能令人信服地证成这样一种观点，即国际机构应当将它的资源分配给后者而非前者。要说明这一点，假定在两个项目中选择：

● 项目 A 将（以 500 美元成本）消除哥斯达黎加 50% 的人面对的一种 1/10 000 风险，这里每人愿意为消除那种风险支付 2 美元。

● 项目 B 将（同样以 500 美元成本）消除德国 50% 的人面对的一种 1/10 000 风险，这里每人愿意为消除同种风险支付 350 美元。

即便德国人的支付意愿远远高于哥斯达黎加人，我们也没

240

有理由认为一个捐赠者应当偏好拯救德国人。事实上，项目 A
的优先性要高得多，因为，它将会帮助那些正在面对极端剥夺
的人们。适用于个人的道理也同样适用于不同国家。

　　但是现在，思考一个不同的问题。一个穷国政府正在决定
实施减少工作场所风险的适当政策。它应当使用何种生命统计
价值？如果这个政府从考虑其本国公民明显较低的支付意愿开
始，那么，它可能就会做好这项工作。如果某个穷国的公民为
241　消除一项 1/10 000 风险表现出 8 美元的支付意愿，如果他们的
政府要求他们为获得保护支付 50 美元或 80 美元，那么，这就
对他们无益。生命统计价值因国家不同而适当变化，并且，贫
穷国家公民要比富裕国家公民具有较低的统计生命价值，其意
义恰在于此。

　　如果根据其公民不应比富裕国家公民价值要低的理论，印
度政府使用 600 万美元的美国人生命统计价值，那么，这就不
可避免地会对印度公民造成严重损害。在简单情形中，强迫交
易会对它们意图帮助的人们造成荒谬的损害。对防止最差情形
的规制性保护，印度公民将被要求支付超出他们意愿多得多的
数额，因而穷人也会将钱花费在减低风险上，而他们更希望把
那些钱用作其他用途。在复杂情形中，受益者将支付部分成本，
而主要成本由本国其他人承担。这样的情形中，如印度等国家
就会面对两难选择。如果印度使用 600 万美元的美国人生命统
计价值，那么，它就很可能将会在风险降低方面——或更确切
地说，在降低那些偶然列入规制议程的特定风险方面——花费
过多。较高生命统计价值的后果将被切实地感受，而其形式则
多种多样，包括更低工资和更加贫困。当然，如果降低风险的
成本由印度之外的人们支付，比如由富裕国家的人们支付，那

么，分析就会不同了。如果这样，即便减低风险基于一种较高的生命统计价值，印度人也仍然会得到帮助。

当然，几乎可以肯定，如果给贫穷国家公民现金，而不是降低风险，对他们的帮助最大。如果给他们现金，他们就会随心所欲地使用。但是，如果不可能进行现金再分配，免费或仅收部分成本的规制收益仍是一种福祉。结论在于，与富裕国家相比，贫穷国家投入更少的资源用于保护人民免于最差情形，这是明智之举，并且这样的贫穷国家应关注成本收益分析，关注其公民愿意为防止低程度风险支付多少。同时，认为贫穷国家的人民为避免风险没什么钱可以支付，而富裕人民没有义务帮助他们是滑稽的。如果福利是我们的目标，那么，贫穷国家中无法计数的人们所面对的严重风险就值得予以特别关注。

那么，全球机构（比如政府间气候变迁问题小组）应当如何评估全世界人民所面临的风险的货币成本呢？正如我已经指出的那样，答案取决于评估目的：答案打算处理什么问题。我们能够取得各个国家的生命统计价值，并综合这些结果得出某种全球数据，但是，这种综合有什么确切的用途吗？更有益的一个问题是，任何特定的国家都接受一种特殊的方式（比如《京都议定书》）来回应气候变迁问题，这是否合理呢？对各个国家而言，最好的起点是反映其本国公民判断的支付意愿。美国可使用 610 万的数据；印度应使用一个较低的数据；法国应当使用介于二者之间的数据。应对气候变迁问题的某种特殊方式是否符合某一个国家的利益，统计结果能提供作出判断的起点。

诚如我们已经看到的那样，判断并不能解决如何去做的问题。美国和欧洲可能认为，它们对更贫穷的国家负有义务，这既是因为它们富裕，还因为它们首先对那一问题负有不成比例的责任。然而，我于本章的目的尚未解决任何特定争议。相反，我一直试图探索如何可能将风险和最差情形转化为货币等价物。当然，各国也常常能够不进行这种转化而对成本和收益进行非正式权衡。日常生活中，非正式权衡告诉我们忽略一些最差情形，而关注其他的最差情形。福利应当成为我们的指导，而非货币，并且无须将我们关心的物品转化为货币，非正式权衡足以告诉我们何种方式会提高我们的福利。货币化数额最多不过是因素攸关的表征。即使使用货币等价物，我们也不应当将我们禁锢于数学运算的牢笼之中。性质差别仍有作用，而我们需要知道数据代表着什么意义。

　　最一般的结论是，成本收益分析并不是近乎告诉规制者他们需要知道的所有事情，但是，没有它，规制者所知道的就太少了。现在，让我们转向任何估价时都要面对的最棘手问题：如何对待未来。

第
6
章 未 来

假定在许多年里，一项设计用以减低某种风险的规制将不会产生收益。同时假定在推进这项规制之前，政府有兴趣进行一定形式的成本收益分析。根据今天的 1 美元价值大于二十年后 1 美元价值的理论，每个人都同意对未来的货币成本进行折扣计算。但是，对于改善了的健康状况、延长了的寿命，政府应该如何对待呢？这些是否也应进行折扣计算，或者应将 2025 年的一例死亡与今天的一例死亡同等对待。

从最终结果来看，这种选择至关重要。如果一个政府选择不进行折扣，那么，与它选择一项例如 10％ 折扣率的结果相比，收益的计算就会大不相同。假定一条人类生命被估价为 800 万美元，并且不使用折扣率。如果这样，从现在起算，拯救一条 100 年后的生命与拯救一条现在的生命花费就相同：800 万美元。然而，如果以 10％ 的折扣率计算，为同样一条生命，现在仅花费 581 美元才是合理的。对于从现在起数个世纪后才会被

245 感受到其影响的规制而言，任何合理的折扣率都将会使看起来巨大的收益变得接近于零。遥远未来的最差情形就可能看起来一点都不差。如果结果如此的话，那就是荒谬的。

在美国，行政管理和预算局（Office of Management and Budget）建议各机构应当使用 3％～7％的折扣率来准备分析，而不是它于 20 世纪 80 年代所提议的 10％。① 但是，即便是这些更低的数据，也仍然充满争议。5％的中间数意味着，如果一条人类生命被估价为 800 万美元，那么，100 年后的 100 条人类生命就仅值今天的 625 万美元。但是，如其他条件相同，与未来某个时间点的 100 例死亡相比，今天的 100 例死亡并不会更糟糕。对于具有长期界限的问题而言，比如气候变迁问题，这一点具有明显的意义。如果在 2100 年或其后，气候变迁的严重影响才将为人所感受到，那么，决定使用任何一种实质比率，即便是 3％，也将会严重降低减排战略的货币化所得。② 两百年后数百万人的死亡将因此被折扣得几近于无。很大程度上，对于一种国际协议——包括《京都议定书》和能够想象的其他变体——的任何判断，都将受到我们对如何估价未来的决策影响。

因此，关键问题就在于：如果使用的话，那么，官方应选择何种折扣率？生命和健康是否需要某种特定的折扣率——或

---

① 关于 7％的比率，参见 Office of Management and Budget，"Benefit-Cost A-nalysis of Federal Programs"，57 Fed. Reg. 53520（Nov. 10, 1992）；关于各机构同时使用 3％和 7％的一项更新提议，参见 "Circular A-4" 33 - 34（September 17, 2003），available at http：//www. whitehouse. gov/omb/inforeg/regpol. html.

② 关于一项启发性探讨，参见 Frank Ackerman and Ian Finlayson，*The Economics of Ination on Climate Change：A Sensitivity Analysis*（forthcoming 2007）。也可参见 William Nordhaus，"The Stern Review on the Economics of Climate Change"（2006），available at http：// nordhaus. econ. yale. edu/recent _ stuff. html（表明对减排价值使用折扣率具有的重大意义）。

者根本不需要折扣率？或许，最重要的是：折扣率和未来世代
的权利与利益之间是什么样的关系？

本章中，对于这些问题，我将尝试取得突破。最终的结论可
以概括为一项代际中性原则：任何特定时代的成员都不应优先于
其他世代的成员。但是，这一主张并不是要摈弃折扣问题，它也
没有表明折扣是一个糟糕的主意。如果我们在进行成本收益分析，
那么，拒绝折扣通常将损害而不是提高未来世代的利益。代际中
性原则必须与折扣率问题分而治之。为了理解这些观点以及它们
对于恰当处理最差情形的意义，我们需要略为转回一点。

争　论

每个人都赞同，货币应进行折扣计算。最简单的原因在于
它能够进行投资，并实现增值。一个人今天拥有 1 000 美元的境
况要比 10 年后拥有 1 000 美元的境况更好，原因很简单，如果
投资明智的话，今天的 1 000 美元价值将远远超过 10 年后的
1 000 美元。除货币的投资价值外，人们似乎具有一种"纯粹"
时间偏好：与未来消费相比，他们更偏好现在消费。由于这两
个原因，折扣未来的货币价值是一种为人所广泛接受的实践。
但是，对于生命和健康而言，无论是在理论上，还是在实践中，
这样的折扣都饱受争议。

在一个重要的案件中，一个联邦法院称，对于将成本和收
益进行"同类可比"之比较而言，折扣是必要的——这就表明，
政府机构可被合法地要求对健康和安全收益使用与美元相同的
折扣率。[③] 其他司法裁决坚持对各个机构对其所选择的任何折扣

---

③　*Corrosion Proof Fittings v. EPA*, 947 F. 2d 1201 (5th Cir., 1991).

率进行详细解释。④ 经济学家倾向于认为，对生命和健康进行折
扣的道理显而易见，尽管在过去十年里，这一共识已经开始产
生分歧，尤其是对于具有长期界限的问题，比如气候变迁。⑤ 哲
学家和法律家常常对折扣心怀芥蒂。对于将未来的一例死亡或
一例疾病以货币相同方式进行折扣的理念，哲学家提出了严厉
的质疑。同样，法律家也对那一理念心存疑问，指出它取决于
有争议的经验或规范假定。⑥

---

④ *Natural Resources Defense Council*, *Inc. v. Herrington*, 768 F. 2d 1355, 1410—14 (D. C. Cir. , 1985); *Northern California Power Agency v. FERC*, 37 F. 3d 1517 (D. C. Cir. , 1994).

⑤ 参见 Robert W. Hahn, "The Economic Analysis of Regulation: A Response to the Critics", 71 *U. Chicago Law Review* 1021, 1026‐1027 (2004); John J. Dono-hue III, "Why We Should Discount the Views of Those Who Discount Discounting", 108 *Yale Law J*. 1901 (1998). 各种立场可见于 *Discounting and Intergenerational Equity* 99, 100 (Paul R. Portney and John P. Weyant eds. , Washington, D. C. : Resources for the Future, 1999), 它对一些基本的复杂性也予以承认。参见保罗·R. 伯特尼 (Paul R. Portney) 和约翰·P. 韦恩特 (John P. Weyant) 的介绍，特别强调指出 "由于这些问题技术层面的复杂性以及它们的伦理纷争，即便是最优秀的职业头脑也对折扣问题感到并不轻松", *id*. , at 5. 也可参见 Robert S. Pindyck, "Uncertainty in Environmental Economics" (2006), available at http: //www. aei-brook-ings. org/publications/abstract. php? pid=1142。

⑥ 参见 Tyler Cowen and Derek Parfit, "Against the Social Discount Rate", in *Justice between Age Groups and Generations* 144, 148 (Peter Laslett and James S. Fishkin eds. , New Haven: Yale University Press, 1992); Derek Parfit, *Reasons And Persons* 357 (Oxford: Oxford University Press, 1984). 参见 Sidney Shapiro and Rob-ert Glicksman, *Risk Regulation at Risk: Restoring a Pragmatic Approach* 118‐119 (Stanford: Stanford University Press, 2003); Frank Ackerman and Lisa Heinzerling, "Pricing the Priceless", 150 *U. Pennsylvania Law Review* 1553, 1570‐1573 (2002); Frank Ackerman and Lisa Heinzerling, *Priceless: On Knowing the Price of Every-thing and the Value of Nothing* (New York: New Press, 2004). 参见 Richard L. Revesz, Richard L. Revesz, "Environmental Regulation, Cost-Benefit Analysis, and the Discounting of Human Lives", 99 *Columbia Law Review* 941 (1999). 卓有价值的探讨，也可见于 Daniel Farber, "From Here to Eternity: Environmental Law and Fu-ture Generations", 2003 *U. Illinois Law Review* 289 (2003); Daniel Farber, *Eco-Pragmatism: Making Sensible Environmental Decisions in an Uncertain World* (Chi-cago: University of Chicago Press, 1999).

我已经指出，关键问题在于，2025 年的一条生命并不比今天的一条生命价值低。如果从今天起 20 年后有 10 人被杀，那么，这种结果并不比明天 10 人被杀不差到哪里去。因而，批判者就会追问："拯救生命的折扣数据错在哪里？一个最明显的问题是死亡并不承认人类的会计惯例，死亡不会打折扣。"⑦ 阿克曼和海恩哲林以同样的语气提出反对，"折扣所隐含的选择介于防止当前世代的损害与未来世代的相同损害之间。由此来看，折扣看起来是一种奇妙的理由，它帮助我们将自己的问题强加给我们的后来者"⑧。他们强调，以"例如 5％ 的折扣率计算，现在起 500 年后的 10 亿人死亡也会变得不如今天 1 人死亡那么严重"⑨。

折扣的拥护者反驳指出，拒绝使用某种折扣率会得到一个在逻辑和实践中都会遭遇难题的数字。例如，拒绝进行折扣可能要求当代为（无限）的未来作出确实极其高昂的牺牲。难道我们真的应当为保护那些后来者而节衣缩食吗？一种观点认为，"不进行折扣会使所有世代处于生存的贫困线，因为收益会永远被推迟到未来获取"⑩。但是，零折扣率可能一点也不会产生要求当代作出显然过度牺牲的规则和实践。

另一方面，有人指出，如果不对规制收益的货币等价物进行折扣，那么，实际将会导致更少的规制，而非更多。假定规制者并不关心现在拯救的生命，还是未来拯救的生命，但是，

248

---

⑦　Richard W. Parker, "Grading The Government", 70 U. *Chicago Law Review* 1345, 1374 (2003).

⑧　Ackerman and Heinzerling, "Pricing the Priceless", *supra* note 6, at 1571.

⑨　*Id.*

⑩　David Pearce and R. Kelly Turner, *Economics of Natural Resources and the Environment* 223－224 (Baltimore: Johns Hopkins University Press, 1990).

他们却以一定的正比例对货币进行折扣。那么这样的话，他们就会无限期地推迟拯救生命的费用，原因很简单，未来的成本收益比率将总是会更好。[11] 如果官员折扣成本，而不折扣收益，他们就会认为：以后总会有更好的方案，而那样的方案应当优先资助。为了未来某种收益或多或少的方案（因为它的成本被折扣计算），任何具有确定启动日期的方案都会被推迟。那么，那样的方案究竟如何帮助未来世代呢？

折扣的拥护者已经指出，任何情形下，规制者都没有将生命进行如此折扣，相反，规制者所使用的仅仅是，当生命被拯救时，拯救生命的未来折扣成本——而这是一种统计上相同的方式，因而产生与折扣相同的分析。[12] 一个严重的缺陷在于，如果不使用折扣率，那么可以肯定，任何成本收益分析都将会忽略用于规制的资源的机会成本，而这对于未来世代可能是一个真正的问题，如果这些资源按照他们的未来需求进行投资的话，未来世代可能会因此而受益。但是，这些观点也没说服折扣的所有批判者，当然，事实本该如此。诚如我们应看到的那样，相关资源可能也无须为了未来世代的收益而进行"投资"。

为回应这一争议，包括肯尼斯·阿罗在内的一些卓越的分析

---

[11]　参见 Emmett B. Keeler and Shan Cretin, "Discounting of Life-Saving and Other Nonmonetary Effects", 29 *Management Science* 300（1983）。阿克曼和海恩哲林讨论了这种主张，并对它进行了反驳，其依据部分在于，允许大量当前的死亡在政治上是不可接受的，参见 *Priceless*, *supra* note 6, at 193 - 194。但是，这种主张在逻辑上具有拒绝折扣的深刻含义，而它支持一种政治上不可接受的结果并不意味着它是错误的。

[12]　参见 John F. Morrall III, "Saving Lives: A Review of the Record", 27 *J Risk & Uncertainty* 221（2003）。

家区分了"描述性"（descriptive）方式和"规定性"（prescriptive）
方式。⑬ 根据描述性方式，折扣率是根据检验资本的零风险回报
率进行选择的。这是那些支持折扣者的标准方式。根据规定性
方式，折扣率是根据一代人对其之后一代人所负义务的伦理判
断进行选择的。这些方式会导致差别很大的比率。然而，这种　　　249
区分引出了一个严重的困难：任何"描述性"方式最终必须以
"规定性"术语进行论证。而对于从被偏好的描述性方式中的所
得，最优的规定性观点是否需要予以摒弃却仍是一个严重的
问题。

根据偏好建构

折扣的一些支持者曾试图通过调查人们的实际偏好，从而
将道德争议纳入这一领域之中。⑭ 他们曾努力表明，通过他们的
偏好，人们确实在折扣计算未来世代的生命和利益。根据一种
有影响的观点，"零折扣率与个人可观察的个人行为不符，而个
人行为可以证明是一个民主国家政策的最佳指导。"⑮ 但是，"可
以证明"（arguably）一词点到了这一分析的症结：为什么应当
通过咨询当代的偏好来决定未来世代的利益？这些偏好很可能

---

⑬　参见 Kenneth J. Arrow, et al. , "Intertemoral Equity, Discounting, and E-
conomic Efficiency", in *Climate Change* 1995: *Economic and Social Dimensions of
Climate Change* 125 （J. P. Bruce, et al. eds. , Cambridge: Cambridge University
Press, 1996）; William R. Cline, "Discounting for the Very Long Term", in *Discoun-
ting and Intergenerational Equity*, *supra* note 5, at 131, 135, 137 - 139。

⑭　参见 Raymond J. Kopp and Paul R. Portney, "Mock Referenda and Intergen-
erational Decisionmaking", in *Discounting and Intergenerational Equity*, *supra* note
5, at 87。

⑮　*Id.*

是自私自利的。即便现在的人们表现出一种（有限）程度的利他主义，那样的偏好也应当不能决定未来的道德权利。

无论怎样，这一分析中的个人偏好并不容易确定，并且，它们似乎会随着问题的建构方式而变化。在一篇颇具影响的论文中，经济学家莫林·克罗珀（Maureen Cropper）及其合作者得出结论认为，当被要求在拯救今天一个人的生命或拯救 100 年后 45 个人的生命时，人们并不介意其差别：对于恰当的折扣率而言，这一结论具有确定的重要意义。[16] 这一结论是根据这样一项研究作出的，这项研究询问人们是否更偏好拯救"今天 100 个人"的项目，或一个拯救"现在起 100 年后"数量多很多的项目。

但是，如果以其他方式来界定同样的问题，那么，产生的结果就会大不相同。[17] 大多数人们认为，明年因污染死一个人与 100 年后因污染死一个人结果"同样恶劣"——这一发现意味着并不存在对当代成员的偏好。问题还可以建构得用以表明一种负折扣率，即将后来者比当代人估价得更高。简而言之，人们对未来世代所负义务的测量受到如何建构的影响。正是由于这一原因，是否可以根据当前的实际偏好作出折扣判断还远远没有明确——即便它们能够被控制得如不被控制的那样。

健康 vs. 货币，潜在损害 vs. 未来世代

如何应对这些问题，最富影响，也最精辟入微者莫过于理

---

⑯ 参见 Maureen L. Cropper, et al., "Preferences for Life Saving Programs: How the Public Discounts Time and Age", 8 *J. Risk & Uncertainty* 243, 244, 254 (1993).

⑰ 参见 Shane Frederick, "Measuring Intergenerational Time Preference: Are Future Lives Valued Less?" 26. *J. Risk & Uncertainty* 1 (2003).

查德·雷维兹（Richard Revesz）。[18] 他提出了两个关键的理由。首先，他提出，对未来货币成本进行折扣的首要理由并不适用于生命和健康的风险。对货币进行折扣主要基于两个原因，第一是它可以进行投资；第二是人们具有一种"纯粹"的时间偏好，较之未来消费，他们更偏好于现代消费。但是，人的生命不能进行投资，并且，二十年后失去的一条生命不能通过现在投资一定数额，或一定的人而被"回收"。（不能将人类放到银行里——或者，即便可以，他们也不能在那里增值。）无论怎样，雷维兹承认，人们很可能具有一种"纯粹"时间偏好，这会使他们认为未来的风险没有现在的风险棘手。一项有关经验问题的研究指出，真正的折扣率大约为 2%，这一数据与当时金融市场的利息率相符，并会随通货膨胀而上下波动。[19] 雷维兹认为，时间偏好的存在说明，对生活于现在的人们将会遭受的未来损害采取一定折扣率是合理的。

要了解实践层面的意义，那就思考一下对消减自来水中砷含量的分析。在进行规制的基本原理中，成本收益分析将未来的砷致死和现在的砷致死等同视之 ——即便真的出现砷致死，它也只会发生在今天起暴露于砷危害之中的数十年后。[20] 雷维兹的观点指出，在拒绝对暴露于砷的潜在危害进行折扣这一点上，这种成本收益分析是错误的，甚至是武断的，很显然，一定的折扣率是恰当的。

251

---

[18]　参见 Revesz, *supra* note 6。

[19]　参见 Michael J. Moore and W. Kip Viscusi, "Discounting Environmental Health Risks: New Evidence and Policy Implications", 18 *J. Environmental Economics & Management* S-59, S-61 (1990)。

[20]　66 Fed. Reg. 6976, 7013 (January 22, 2001) (codified at 40 C. F. R. pts. 9, 141, and 142).

　　但是，成本收益分析应当采用一种与货币的恰当折扣率等同的折扣率，雷维兹对此却并不赞同。他指出，理论上，我们没有理由认为人们对健康风险具有与美元相同的时间偏好，并且，因为健康情形中并不存在投资机会，因而，较之一般用以折扣货币的市场风险收益率，对于健康风险而言，任何折扣率都可能要小得多。在雷维兹看来，对未来才将获取的规制收益，适用一定的市场风险收益率可能导致严重的低估。这是一个重要的结论，因为它指出，当前的政府实践应当进行实质改变，而改变的方式可使现在不能通过成本收益检验的一定规制具有合理性。

　　同时，雷维兹也区别了对未来的潜在损害（harms）和风险（risks）。对于生活于现在的任何人而言，今天由环境引发的疾病要比二十年后因环境引发的疾病糟糕。由于这一原因，对于潜在损害采用一定的折扣率就具有巨大的合理性。但是，对于未来世代的风险，雷维兹却认为，进行折扣的观点要更加地经不起推敲。为什么 2040 年一个 10 岁孩子的死比今天一个 10 岁孩子的死价值更低？雷维兹得出结论认为，对于这一问题，我们没有合理的答案，因而，对于未来世代所面对的损害，不宜适用折扣理念标准。

252　　在其给予联邦机构的指导中，行政管理和预算局对雷维兹的观点予以了关注，但却并不赞同。它要求对生命和其他物品使用同等折扣率，并饶有兴致地提到机会成本："确实，今天拯救的生命不能在一家银行里进行投资，以求将来救更多的人。但是，用以拯救这些生命的那些资源却能够进行投资，并获取对未来拯救的生命的更高补偿。"[21] 在任何情形下，较之未来的

---

[21]　Circular A-4, *supra* note 1, at 35.

健康收益，人们都偏好即刻的健康收益。并且，因为某种不折扣可能造成"不当"结果，因而，行政管理和预算局提出，各机构应当遵循它所认为的专业共识，即对未来的健康影响，包括收益和成本以同等比例进行折扣。然而，在建议这样一种共识存在时，行政管理与预算局已经犯了大错。[22]

折扣货币：最后一代

这里，我的主要旨趣涉及未来世代的权利。但首先，我们必须过问一下，对于所面对的风险和最差情形，生活于当前的那些人是否会，以及如何进行折扣。为了将这一问题与代际问题区别开来，让我们假定这一问题涉及某地区最后一代的实践，即活着但却将没有后代的一代。这样的一代应当进行折扣吗？

现在，统计风险应被转换为货币等价物，这已经成为联邦政府的标准做法，而对于最后一代而言，如果我们接受这一倡议，那么，这一问题就获得了回答。当使用成本收益分析时，政府就会过问人们对降低统计风险的支付意愿。对一个较长时期内将不会发生的风险（潜在损害的情形），当规制者对其进行货币化时，任务在原则上就变得明确了。为消除直到将来某个时间才会出现的风险，人们当前的支付意愿如何，规制者应当予以关注。市场证据和随机的估价研究都可以列入进来，用以确定适当的价值。例如，劳动市场将人们不仅置于即刻的损害风险之中，还置于未来的损害风险之中，因而，相应的证据就可能被用于获取恰当价值。此外，对于一项今后五年、十年以

253

㉒ Circular A-4, *supra* note 1, at 35.

及二十年才会发生的1/100 000致命风险，为了确立人们避免它的当前支付意愿，设计一项随机估价研究却轻而易举。

当然，任何此类证据都包括人们自己的折扣率，即他们为未来的收益比当前收益支付更少的意愿。但是，在运用这些证据时，政府并不是要为"致命性"或"健康"自建一种特定折扣率。相反，它是在综合人们对如何处理未来才能享有收益的判断。

确实，确定相关价值引发了严重的实践问题。或许，劳动市场研究"杂音"过多，以致不能用以对未来风险作出满怀信心的当前判断。也许，人们并没有充分理解这一问题，因而，如果他们认为未来完全无关紧要，那么，我们可能就不愿意出于政策目的而使用相应的判断。这些都是重要的警示。但是，我们至少可以说，整体任务在原则上是明确的：在可对因不充分信息和认知局限进行恰当修正的情形下，如何得出人们为阻止未来风险的当前支付意愿。

然而，若是规制者对潜在损害的当前货币估价不感兴趣，而是对此类损害的未来货币估价感兴趣，那么，问题可能就不是现在有多少人（部分为最后一代）愿意为消除一种20年后才将面对的风险支付，而变成了从今天起10年后，这些人愿意为消除一种或者于那时出现，或者超越他们自己未来的风险支付多少数额的问题。当然，对于结果数额的任何判断都是猜测。例如，我们将需要预计未来的收入增长，因为这可能提高估价。但是，要知道未来会怎么样，我们能够根据过去所发生的变化作出类推，比如说，通过比较20世纪60年代的支付意愿和20世纪90年代的支付意愿。一旦得出相关数额（这是关键一点），它们就将是以货币计的，并且必须将它们折扣为当前价值。

为理解这一分析可能怎样起作用，假定最优评估是现在起的 10 年后你将愿意支付 150 美元用以购买某一物品，比如一副新网球拍。在确定你 10 年后所有的 150 美元价值时，你将希望将那笔数额转换为当前价值。比起 10 年后拥有 150 美元，你很可能更希望现在就拥有 140 美元，因为这 140 美元可以用来投资，从而实现增值，这么一来，10 年后，你就会仍然有能力买那副网球拍，并还会有所盈余。当对未来的 150 美元，或是对反映人们未来规制收益货币估价的一定数额进行折扣时，规制者的所作所为与折扣货币一样，没什么更多争议之处。如果以为对人们愿意用于冰箱、汽车、电影、书籍、教育和医疗的货币进行折扣为恰当之举，那么，对人们愿意用以避免风险的货币进行折扣，也同样如此。

要得出最后一代的估价，对于因为不能进行折扣而推导出的逻辑难题或难以置信的后果，我们无须予以甄别。只有两个步骤是必要的：理解现行实践的基础理论；明确所涉及的总是货币，而不是生命、健康或此类的环境。

255

对于最后一代 20 年后才将面对的一种风险，假定我们想确定它的货币价值。饮用含某种程度砷的饮用水可能现在没有风险，但 20 年后却会造成一种 1/100 000 的风险。假定一般情形下，每一适当的生命统计价值为 800 万美元，也就是假定现在人们愿意为消除一种 1/100 000 的风险支付 80 美元。实验的任务就是计算出为消除一种 20 年后才会出现的风险，现在的正确货币价值。几乎可以肯定，所得出的结果将大大小于 80 美元，大多数人们将会认为，20 年后面对的一种 1/100 000 致命风险要比现在面对这样一种风险情况要好。

如果问题是，20 年后的人们将会愿意支付多少数额用以消除他们那时起 20 年后的一种 1/100 000 风险，那么，结果数额必须以恰当的货币折扣率进行计算。这就可以得出，20 年后的任何生命统计价值都必须进行折扣，因为未来的货币价值仅为当前货币的一部分，原因在于，当前的货币可以进行投资并实现增值。

那么，结论就是：对人们未来将会面对的风险，如果我们询问他们的现在估价，我们就能够简单地推导出他们为减少这些未来风险的当前支付意愿（可因人们缺乏信息或不能充分认真对待未来而进行适当修正）。如果我们询问人们对风险的未来估价，我们就应当努力估计他们的未来支付意愿。这些问题提出了严峻的挑战，但是，无论在任何一种情形下，政府本身都对生命或健康这样进行折扣。

256

反　论

如何可能拒斥这些观点？确实，国家财富会随着时间流转而增加，而 20 年后，人们也很可能将会比现在更为富有。而正因为他们会更富有，他们就将会要求因承受统计风险而获取更多回报。正是由于这一原因，使用现在的生命统计价值来计算未来的货币数额就可能得出没有合理性的较低数值。[23] 但是，这

---

[23]　参见 Revesz, *supra* note 6；Dora L. Costa and Matthew E. Kahn, "The Rising Price of Nonmarket Goods", 93 *American Economic Review Papers & Proceedings* 227, 229 tbl. 1（2003）（提出 1 200 万的可能当前价值）。在砷规制情境中，成本收益分析也指出，在其灵敏度分析中（sensitivity analysis），适当调整会将生命统计价值从 610 万美元增加到 670 万美元。参见 66. Fed. Reg. 6976, 7012（Jan. 22, 2001）（codified at 40 C. F. R. pts. 9, 141, and 142）。同时也指出，比较富有的人们可能并不仅仅因为他们更富而愿意支付更多。一些物品，比如环境保护可能对比较富有的人更有吸引力，他们的偏好和品味可能是他们的相对富裕所致。

一点并不是要反对折扣，它不过是指出，比起规制者当前所承认的数据，必须进行折扣计算的数据要更高。恰当分析所使用的是国民收入增长以及任何其他相关因素的增值，并对那一点使用某种折扣率。

一种不同的反对意见为，各机构依据劳动市场研究来评估生命统计价值，这样的依据经不起推敲。接受 60 美元的费用来面对一种 1/100 000 风险的工人可能是不充分知情的，或是蒙受认知局限的。或许，适当的费用应当是 70 美元，或 100 美元，或 200 美元。或许，对于在一个较长时期将不会出现的风险而言，不充分信息或有限理性的问题可能特别严重。或许，对于市场或随机的估价研究所提出的十年或更长的时间里将不会出现的风险数据，我们都不能完全信任。如果这样的话，对我们所掌握的任何数据，我们就都可能需要重新思考。但是，折扣本身却不会受到影响。我们的任务可能是使用恰当的，而非不恰当的货币数额。只要是使用了任何货币估价，一般而言，折扣就随之而至。再说一遍：当政府进行折扣时，折扣的是货币，而不是可以确定货币数额的物品。

一个独立的反对意见可能会强调，将来技术、医疗以及其他变化将会引起健康、安全和环境的一系列改善。当前实践维持稳定的情况下，我们现在所预计到的损害很可能不会出现，原因很简单，对于防治它们而言，子孙们将处于更有利的情势。也许，由于可能发生的适应，或由于技术将能降低升温，将来，气候变迁造成的损失比我们想象的要小。这种批判本身并非难以置信，但它却不是指向折扣主张。当然，在预计未来损害时，规制者应当努力作出确切的预测，而要确切，就需要了解技术创新。然而，一个关于这种创新的判断不应与折扣问题本身混淆在一起。

一个更雄心勃勃的反论可能指出，对一些规制收益进行估价时，人类的货币价值并不是恰当的依据。例如，考虑一下一种濒危物种的继续存在，或野马、老虎、熊猫以及大象的生命问题。我们在第 5 章已经知道，如果要为濒危物种设一种价值的话，综合人们进行保护的支付意愿并不是一种充分方式。我们所需要的是一种深思熟虑的判断，其依据是各种理由之间的综合，这些理由乃是代表此种或彼种结果而提出的。但是，任何估价方式都必将包括货币价值的明示或默示确定——即便这些价值是根据民主过程进行确定，即由公民以及代理人选择如何分配稀缺资源。只有进行货币确定，进行折扣计算就是恰当的，因为，折扣货币为恰当之举，这一点，没有人怀疑。

玛士撒拉*（Methuselah）、未来之城（Futureville）和现代之城（Presentville）

迄今为止，论证都意图为代际平等这一核心问题提供一个背景。当然，未来世代使用的数额涉及货币，而乍看之下，这些货币必须进行折扣，原因很简单：它是货币。但是，折扣可能造成严重的代际平等问题。原因在于，通过折扣，成本收益分析会导致当前一代为未来世代强加上沉重的负担：导致整体福利损失，一种严重的分配问题，侵犯权利，或三者兼具。如果当代进行成本收益分析，并进行折扣，那么，对未来应能过

258

---

* 玛士撒拉：基督教《圣经》中人物，据传享年 969 岁。现在通常用以指代非常长寿的人。——译者注

上体面生活的极度弱势的群体而言，当代就可能在以其损害为
代价来致富自己。

　　当然，即使无须过于担心他们对后代所负的义务，当代也
将会为随之而至的后代福利作出巨大贡献。人类历史已经以它
财富、健康和长寿等方面所取得的惊人成就表明，这种贡献确
实会随着时间流转而发生。[24] 这些话所表达的意思是，对于人类
而言，情况一直都在变得越来越好，而不是越来越糟。最好的
猜测是，未来世代将会比我们这一代更加健康，也更加富足。
在对当代的义务进行任何分析时，都必须考虑这一点。不幸的
是，无论是一般而言，还是针对特定风险，我们都无法确保好
的趋势将会持续下去。环境巨灾可能大大减少那些后来者的福
利。而要了解相关因素，就需要思考一系列问题。

　　玛士撒拉。假定社会仅由一个人组成，而这个人将会活很多
很多年，甚至数个世纪。我们权且称他为玛士撒拉。假定玛士撒
拉将会随着时间流转而面对一系列健康风险（没有一种致命）。假
定相关的各种风险——都会涉及一种严重的疾病——在 1/100 左
右，而玛士撒拉愿意为消除每种此类风险支付 3 000 美元。按照
标准假定，如以正确数额对相关风险的货币价值进行折扣，所
得出数额完全恰当。如果到 2020 年才将面对一种 1/100 风险，
那么，它就不值 3 000 美元，而是值 3 000 美元折扣到当前的价
值。玛士撒拉可以将那笔折扣数额进行投资，并看着它增值。
而正在被折扣的是他的货币，不是他的健康。

　　如果玛士撒拉被看作一系列随着时间流转而变化的自我，

259

---

　　[24]　参见弗农·史密斯（Vernon Smith）的评论，见于 *Global Crises*, *Global
Solutions* 630, 635（Bjorn Lomborg ed., Cambridge：Cambridge University Press,
2004）；托马斯·谢林的评论，见于 *id.*, at 627。

并且早期的自我并不是之后自我的恰当代理人，那么，这一结论就可能会受到质疑。也许玛士撒拉应被要求采取措施，以防止老年时，特别是在他存在某种自控问题的时候，出现严重的损害。但是，如果我们迁就了玛士撒拉是他之后自我的好代理人的假定，那么，折扣就是完全恰当的。

帕累托之城（Paretoville）。假定一个小城名为帕累托之城，这里每个人现在都面临一种 1/100 000 的风险，并且，帕累托之城的居民愿意为消除那种风险支付 50 美元，但不会更多。（这一假想的城镇以经济学家维弗雷多·帕累托［Vilfredo Pareto］* 之名命名，他提出了帕累托最优的理念：是指在没有使任何人境况变坏的情况下，任何一种社会条件的变化都无法使得至少一个人变得更好。）帕累托之城的市长非常认真地对待这一数据，并决定如果成本超过 50 美元，就不去消除这种 1/100 000 的风险。根据可信的假定，在有充足信息和充分理性的情况下，该市长在决定如何继续时正在恰当地运用成本收益分析，并且对此不能从平等立场提出异议。

这就是一种我们第 5 章所探讨的简单情形，在此情形中，帕累托之城的每一个成员全部都为减少风险支付，而除非受制于不充分信息或有限理性，或是会给第三方造成损害，否则人们不应当被要求支付超出他们意愿的数额。正如我们已经看到的那样，在一些规制情形中，这些可能性会造成严重的困难，

---

* 维弗雷多·帕累托（Vilfredo Pareto，1848 年 7 月 15 日—1923 年 8 月 19 日），意大利经济学家、社会学家，洛桑学派的主要代表之一。帕累托对经济学、社会学和伦理学作出了很多重要的贡献，特别是在收入分配的研究和个人选择的分析中，他提出了帕累托最优的概念，并用无异曲线来帮助发展了个体经济学领域。他的理论影响了墨索里尼和意大利法西斯主义的发展。

而对帕累托之城，我们假定这些困难都不存在。对于帕累托之城的公民而言，进行折扣的主张是直接的。

卡尔多希克斯州的肮脏之城和洁净之城。 有一个幅员辽阔，并且有些脏乱的州，名为卡尔多希克斯州（这一假想的地名来自经济学家尼古拉斯·卡尔多［Nicholas Kaldor］和约翰·希克斯［John Hicks］，他们提出了卡尔多-希克斯效率的理念：当受益者原则上能够补偿损失者，并同时有所剩余时，就出现卡尔多-希克斯效率。）[25] 肮脏之城从事污染活动，这种活动能给它100 000公民每人带来60美元收益。但是，那一活动造成一种1/100 000的风险，这种风险由洁净之城100 000公民的每一成员所面对。为消除这种因肮脏之城的污染活动所引发的1/100 000风险，洁净之城的每个公民愿意支付50美元，但不会更多。以成本收益分析为依据，污染活动应被允许，它的价值为600万美元，高于它500万美元的成本。

但是，这个问题与帕累托之城的故事并不相同，因为这里涉及一个分配问题：洁净之城的公民是没有补偿的损失者。如果我们致力于经济效益，我们可能会希望污染活动继续，但是，分配问题的存在使得这一问题变得复杂了。由于涉及福利的货币化数据，而非直接测量，因而，问题还可能会更糟糕。也许，污染活动实际上造成了一种净福利损失：以福利而言，洁净之城公民失去的要超过肮脏之城所获得的。例如，假定洁净之城的公民相对贫困。尽管他们仅愿意为消除一种1/100 000的风险支付50美元，但由于他们相对贫困，因而，他们仍然会因处于

261

---

[25]　精辟探讨可见于 Matthew Adler and Eric A. Posner, *New Foundations for Cost-Benefit Analysis* (Cambridge：Harvard University Press，2006)。

那种风险之中而面临福利的大量损失。

现代之城和未来之城。现代之城从事污染活动，这种活动给它 100 000 公民每人带来 60 美元收益。但是，这种污染活动没有损害现代之城或现代任何其他地方的公民，相反，它损害的是未来世代的成员。更特别的是，这种活动造成了一种将于一百年后在未来之城出现的风险：它发生在一个世纪之后的现代之城。那时，未来之城的 100 万公民将面对一种 1/10 000 的死亡风险：这意味着预期会有 100 人死亡。让我们冒险进行一下成本收益分析。如果未来之城人民的生命被估价为 800 万美元，那么，就应当停止污染活动，因为 800 万美元远远高于 600 万美元。但是，如果以年 7% 的比率对货币进行折扣，那么，他们每个人的生命统计价值就仅为 581 美元，因而，污染活动就应当继续，因为，600 万美元远远高于 58 100 美元。

但是，拒绝支付 600 万（当前）费用来拯救 100 个未来的生命，何种理由可以让这种行为具有合理性？生命的价值不会减少，因为之后它们仍然是鲜活的生命。拒绝支付 600 万费用将会确保整体的福利损失：以福利来看，未来之城失去的远远超过现代之城得到的。这样的一种拒绝也会造成一种分配问题：现代之城正在以未来之城为代价（以 100 例过早死亡的形式）而获益（达 600 万美元）。从整体福利损失以及严重的分配问题来看，进行折扣的成本收益分析似乎正在造成一种不合理的结果。

262　　如果将现代之城和未来之城的所有人当作一个随时间流转而变化的巨人，那么，折扣就可能变得恰当了。在那种情形下，各种人可能仅等同于一个人（玛士撒拉），他可以将相关资源进行投资，并于以后再使用它们。并且，我们可以想象一种现代

之城人民和未来之城人民之间进行的代际磋商，在这种磋商中，进行折扣可能是互利交易的一部分。

例如，假定对取自污染活动的收益，现代之城的人们赞同不进行挥霍或消费，相反，他们将其中一部分以为未来之城人民代管的形式进行投资，从而在总体上改善他们的状况。也许未来之城的公民会获取大量的货币，他们可以将其用于改善健康状况，以补偿他们的先辈强加给他们的风险。强调把投资机会成本当作一种折扣理由的那些人正在隐性地迎合这样一种理念，即未来世代事实上将从当代人所做投资中受益。因而，折扣就可能被看作是一种（假定）互利性代际磋商的一部分。

但是，这一理念引出了两个重要困境。第一个问题是概念性的：这种纯粹假定的磋商所发生的一系列背景权利是什么？没有一定的此种权利，无法对任何磋商进行分析。初看起来，现代之城的人们是实际的独裁者，他们能够决定消费所有现存的资源、破坏环境、耗贫后代，甚至保持无子无孙，根本就不制造下一代。在（假定）磋商过程中，现代之城的人民是否被允许以灭亡（nonexistence）来威胁（假定的）未来之城的人民？随着时间流转，此类威胁越来越呼之欲出，未来之城还能够从磋商中获取多少？如果现代之城不允许以灭亡来威胁未来之城，那么，这是否因为假定人们享有被允许存在的一定权利？（它们有多少？）并且，即便现代之城仅仅是以贫困和绝望来威胁未来之城，对于索取针对如 1/100 000 风险的保护而言，未来之城的人民也将会处于一种非同一般的弱势地位。

简而言之，互利交易的理念导致了严重的概念困境。也就是说，首先我们必须确定一定的背景权利，这既是现代之城，也是未来之城可能倚赖进行交易的背景。为了可信，任何此种确定都必将依赖某种独立的道德理由——处理最关键工作的正是这种独立的理由，而不是诸如此类的代际交易观念。我将简单探讨这一理由，但暂时，我们只需注意这一点，没有它，我们不能谈论一种互利交易；而有了它，我们根本就不是在谈论交易。

第二个问题是实用主义的。假定不存在任何价值可以确保某种互利交易将具有可执行性，那么，现代之城的人民就可能只会消费他们的资源，而不是将它们进行托管，或以其他帮助未来之城人民的方式使用它们。通过现代之城实际对未来之城的补偿，可以解决这一问题。也许现代之城会进行一种导致 100 例死亡的活动，但同时进行技术创新，从而延续 1 000 或 10 000 条生命。然而，这是否将会发生，未来之城的公民无法获得任何确保。通过确保相关数额将被进行投资并实现增值，从而必将帮助未来世代，对以此为理由而对折扣进行支持的人而言，这一实际问题提出了一种严厉的批驳。不幸的是，这些数额可能根本没有进行投资。

气候变迁

现在，我们从现代之城和未来之城出来，转向更为现实的一个例子，这一例子涉及气候变迁。假定气候变迁的主要受害者将包括印度和非洲的穷人，假定气候变迁的相关规划者在决定做什么时，会进行成本收益分析，并将受害者的成本折扣为当前价值。如果这样的话，此种受害者就将不会获得太多帮助，因为没有人计划将这笔折扣的金额进行投资，以创设一个在未来对他们补偿或帮助的基金。对 2100 年印度和非洲所面临的未来死亡、疾病和剥夺，如果将其以如 3％的折扣率折扣为当前价值，那么，那些损害的估价就将仅仅为不进行折扣时数额的一部分。那么，这样的计算到底如何有益于气候变迁的受害者呢？

如现代之城和未来之城的情形一般，这里，我们也能确定两大问题。第一个涉及社会福利：如果依据进行折扣的成本收益分析进行决策，在损失以大量痛苦和死亡形式出现的情形下，损失就可能远远超过收益。较之温室气体减排可能给现代造成的损害，气候变迁将会强加给未来世代多得多的损害，这种认知当然是可信的——即便折扣的成本收益分析反对某种此类减排。出于对这一问题的敏感，一项颇为醍醐灌顶的研究表明，较之对现代和未来世代成员予以同等对待的实用主义进路，在证明温室气体减排合理方面，进行折扣的成本收益分析要差之千里。⑳ 根据那种计算，成本收益分析认为合理的做法是，从每吨碳征税 16 美元开始，到 2420 年增至 76 美元，从而实现短期减排 16％，而长期减排 23％。与之相对，实用主义进路认为合理的做法是，通过每吨碳长期征税 146 美元，而在之后四个世纪增至 636 美元，从而实现减排 51％。无论我们评估的具体数据是什么，折扣的成本收益分析都可能造成一种结果，这种结果不会增加整体或综合福利，而不管我们可能如何限定那一充满争议的概念。

一个独立的问题涉及分配：那些特别遭受剥夺者将被严重伤害，而那些较少被剥夺者则会得利。即便较少被剥夺者的所得要超过较多被剥夺者的所失，强加给这些本已面对严重剥夺

265

⑳ 参见 Richard B. Howarth, "Against High Discount Rates", in *Perspectives on Climate Change: Science, Economics, Politics, Ethics* 99, 103–107 (Walter Sinnott-Armstrong and Richard B. Howarth eds., Oxford: Elsevier JAI, 2005).

者以痛苦，这也构成一个反对理由。

正如我们已经看到的那样，如果将折扣后的数额用以投资，并且经济的增长使得采取措施以便适应气候变迁成为可能，或激发起能够以各种方式改善福利的技术创新，那么，折扣就可能因此得到拥护。技术创新意味着气候变迁问题将没有它现在看起来那般严重，并且，我们视为的过早死亡最差的结局也可能不过是疾病。如果预期损害的预计成本被夸大，那么当然，分析也必须改变；但是，这种可能性并不能说明折扣是合理之举。结论是，对于气候变迁，标准折扣的成本收益分析能够带来特别难以证明其合理性的决策。㉗

对于代际维度的其他问题而言，也存在同样的情形。但是这里，"能够"一词很重要。折扣的成本收益分析也可能得出卓越的决策：整体福利大大增加，却不出现任何分配问题。例如，假定此类分析的后果是为了确保投资最终会帮助每一个人，包括社会上最弱势的成员。那么，唯一的问题就是，我们无法确保这种情况终将出现。

你富有的孙辈

如我已经指出的那样，人类历史已经表明未来世代将比我们现在更加富有。这一点很有意义，因为，相对贫穷的当代将资源转移给相对富有的未来并不合理。这是一种负面形式的再分配，类似从肯尼亚或印度移转资源到美国和德国那般。如果

㉗ 参见 Richard B. Howarth, "Against High Discount Rates", in *Perspectives on Climate Change: Science, Economics, Politics, Ethics* 99, 103 – 107 (Walter Sinnott-Armstrong and Richard B. Howarth eds., Oxford: Elsevier JAI, 2005)。

能够预期未来世代会更富有，那么，该预期就必须成为进行平等分析所需的一部分。此外，如果能够预期未来世代会更富有，他们预期财富的形成原因是某种因素组合，因素包括他们先辈的努力、投资和利他主义，这一点使得负面再分配变得复杂起来。

对于长期问题，无论当代是否应当为后代提供"外援"，这一问题都会出现。或许，在某种意义上，后代就是某个外国。托马斯·谢林曾指出，发展中世界的公民现在并不愿意为帮助贫穷国家的人们作出重大牺牲；他认为，此类公民非常不可能为帮助本国那些处于遥远并且很可能更加富有的人们而作出重大牺牲。[28]

但是，未来之城并不是某个外国。它很大程度上由现代之城自己的后代组成，并且，它的公民所面对的风险是现代之城自身行为的直接后果——这两个都是认为现代之城可能对未来之城负有特定义务的理由。对于如气候变迁之类的问题，"外援"理念极不适用，在这些情形中，某个未来之城的环境和健康风险是某个现代之城明知（以及疏忽大意，甚或轻率）情况下所采取行为的产物。在那种情况下，现代很可能被认为实施了一种侵权行为，因而损害赔偿主张很难说是要求某种补贴或"外援"的主张。

为了给出一个完全的例子，假定现代埋了一颗炸弹，这颗炸弹将在两个世纪后爆炸。这难道是违反提供"外援"义务吗？当然，很难把环境问题说成炸弹，因为，它们的形成往往没有恶意，或者没有杀伤性目标。但是，如果它们的形成是由于预

267

㉘　参见 Thomas Schelling, "Intergenerational Discounting", in *Discounting and Intergenerational Equity*, *supra* note 5, at 99, 100。

期会造成风险的活动，那么，外援类比就毫无裨益。对于核能而言，这一点具有重要意义。如果核废料强加给未来世代严重的危险，那么，当代就应当对这一点予以考虑。对气候变迁，也必须进行类似分析。

代际正义

我已经指出，对于一些问题，如果现代遵循进行折扣的成本收益分析所得出的路径，未来世代就很可能享有一种合法的诉权。但是，具体是什么样的诉权呢？

我们可能很容易想到以补偿术语描述的伦理义务，这种义务来自这样一种理念，如果当代强加给未来世代某种风险，但同时当代能够使承担这种风险物有所值，那么，它就满足了伦理义务。但是，实际上，这一理念是一个虚假的起点，因为我们无法知道具体情境中补偿的理念究竟意味着什么？结论也因而就令人难以置信。当然，如果某种行动给未来1 000万人造成一种1/100 000的风险，但同时该行动也消除了一种未来1亿人（包括将承受那种1/100 000新风险的未来1 000万人）所可能面对的1/1 000风险，那么，这就是可以接受的。

那么，乍看起来，目标就应当是造成一种已经作出充分补偿的整体"风险集合"。然而，这种整体风险集合究竟与什么进行比较呢？与未来世代所面对的极端贫困和巨灾性气候变迁的情境吗？与未来世代根本不复存在的情境吗？未来世代成员享有存在的权利吗？他们中多少人享有这种权利？如我们已经看到的那样，这些问题与任何假定交易所凭借发生的背景权利限定时的困难密切相关。简而言之，我们需要确定必须支付"补偿"的底线，正是这一底线，而不是补偿的理念在完成真正的工作。这种底线必须从现代对将来所负的一种更为一般界定的伦理义务而来——因此，我们根本就不是在谈论补偿。

那么，那样的界定可能需要什么呢? 一些人认为，当前世代负有使环境不比今天恶化的义务。[29] 根据这种观点，当代是环境的受托人，而作为受托人，他们必须遵守某种不恶化环境原则（environmental nondegradation principle）。但是，环境质量并不是一种单一的物品，它是由具有不同属性的一系列异质物品所构成，包括如清洁空气、濒危物种、净水、各种野生动物，以及风景价值。这些物品中，一些物品可能和其他物品相冲突。

第二个问题是对环境问题的选择性关注。假定当代牺牲一个遥远的岛屿，并因此为后代带来重大的经济和其他收益，从而使后代人过得更加富足、长寿和体面。那么，这样的牺牲是否是明显不可接受的呢? 环境质量确实极其重要，但它却不是唯一重要者，代际正义并不要求后代享有同等水平的环境质量（所有方面）。

一种更有希望的方式可能会坚持代际中性原则。[30] 按照这种原则，某人的出生年代并不比他的肤色和性别具有更多的道德相关性。20 世纪 50 年代出生者如果因为出生日期而认为出生于21 世纪 50 年代的人更不值得关注，那么，他们就违反了他们的义务。在这种思想指导下，罗尔斯为"公正储存原则"鼓而呼，

269

---

[29] 参见 Edith Brown Weiss, "International Equity: A Legal Framework for Global Environmental Change", in *Environmental Change and International Law: New Challenges and Dimensions* 385（Edith Brown Wises ed., Tokyo: United Nations University Press, 1991）。

[30] 这样一种原则支撑了以下富有启发性的探讨，参见 Howarth, *supra* note 26。

这是一种无知之幕下人们所选择的原则，在无知之幕下，人们"不知道他们属于哪一世代，并且也不知道他们的社会处于何种文明阶段"[31]。对于罗尔斯而言，关键的问题是将无知之幕的设计延展适用于代际问题。罗尔斯更为特别地强调，他的正义概念（作为公平的正义）应当告知幕后的选择。根据这种观点，所需要的是一种公正储存制度，它将在密切关心"各代最弱势者立场"的情况下，带来"公正制度和平等自由的完全实现"[32]。

对于特定的风险规制问题，以及最差情形的处理而言，采取这种方式并不是一个简单的问题。但是，按照罗尔斯的进路，对于未来社会中的最弱势成员，如果根据折扣的成本收益分析作出的决策会强加以致命性损害，那么，它就可能遭到道德层面的反对。关键任务是要考虑各种政策对最弱势人们的影响。假定不减排温室气体，那么，较之现代的最弱势群体，未来时代的最弱势群体就将会更弱势。如果这样的话，拒绝减排温室气体就可能是无法接受的——至少是与不限制的情形相比，限制温室气体不会使当代最弱势成员比未来世代最弱势成员更弱势的情况下。

确实，围绕气候变迁的一些争论对于恰如此类的问题，予以了关注。如果"一切如旧"会给印度的穷人造成极其严重的苦难，那么，我们就有了特定理由不再继续一如既往，或至少为便利适应提供资助。但是，如果减排要求会给印度的穷人带来沉重压力，因为这种要求会加剧贫困和失业，那么，在强加这些要求之前，我们的确有理由仔细思量。

---

[31]　John Rawls, *A Theory of Justice* 254 (Cambridge: Harvard University Press, Rev. ed., 1999).

[32]　*Id.*, at 258.

在后一种处理方式中，罗尔斯认为，试图"假定一种各代之间（假定而非历史）的直接协议"毫无裨益。[33] 相反，无知之幕下的各方可能"被要求达成一种公正储存原则，其附加条件为他们必须要求所有前代都遵守它"。这种公正储存原则可以被当作代际中性的，因为，它将各代等同视之。这样的一种原则可能很容易被用以分析气候变迁、臭氧消耗、小行星碰撞，以及具有代际特征的其他问题。

罗尔斯自己强调最弱势者的平等自由和条件。他明确拒绝功利主义，而他自己的进路也并非福利主义的。因而，对于功利主义者、福利主义者，以及其他拒斥罗尔斯关于正义要求一般主张的那些人而言，罗尔斯的进路不可接受。但是，即便拒斥这些主张，无知之幕和代际中性理念也为解决代际平等问题提供了正确的基础，对于这一点，我们也仍然可能赞同。确实，代际中性很容易为立基于福利或功利的进路提供基础。

从福利的观点来看，目标应当是随着时间流转最大化社会福利。福利主义者可能要求当代给予未来世代成员完全与他们赋予当代人的同等道德地位。因此，如果对各代利益（对于当代自身利益同等关注）进行衡量后，对导致整体福利损失的项目，当代就不应进行。当然，当代也不应通过大量剥夺未来世代的方式来使自己致富。

无知之幕和代际中性理念引发很多问题，包括人口规模：如果我们致力于代际中性，我们是否需要确保未来世代还有，或能够有一定数量的成员？[34] 初看起来，攸关的并非人口规模，

---

[33]　John Rawls, *A Theory of Justice* 274（Cambridge: Harvard University Press, Rev. ed., 1999）.

[34]　关于这些问题，参见 Derek Parfit, *supra* note 6。

而是人们实际所能够拥有的福利水平问题。但是，这样一种结论如何影响当代的义务？这里，我并不打算回答这一问题。问题在于，代际中性原则是正确的起点。它理应在围绕濒危物种和气候变迁问题的争论中发挥重要的作用，并且，它有助于解释为什么折扣的成本收益分析会造成道德上不可接受的决策。

272

对代际问题的拙劣回应

对于当代而言，拒绝进行折扣并不是一种好的履行道德义务方式。事实上，任何此种拒绝都很可能会伤害后代。这些义务的最佳实现方式并不是一种零折扣率，而是要求现代直接关注代际中性要求它去做什么。

拒绝进行折扣是履行代际中性原则的一种极其拙劣的方式。假定折扣的后果是为未来增加投资性、经济性以及其他长期性收益。如果这样的话，那么，拒绝进行折扣就会有损于未来世代。假定如果为了我们的利益，生于 19 世纪 80 年代的一代使自己变得贫穷，那么，我们今天就不会这么富裕，而我们也不大可能对他们的牺牲感恩戴德。拒绝进行折扣还可能导致推迟保护项目，因为，如果不进行折扣的话，那么，将项目推迟到以后总是合理之举，那时的成本收益比率要更为有利。结论是，现代的道德义务必须从与折扣问题的勾连中解放出来，这是因为，要确保那些义务得到履行，拒绝进行折扣并不是一种有效的方式。对道德问题应当进行直接且独立的研究。

一种乐观观点认为，当代无须为保护未来而采取特别措施。市场力量、经济发展以及寻常利他主义的一定结合，就可以确保后来者要远比先来者在各个方面的状况要好。谢林提议，在

将我们自己的资源用于比我们更加富裕的后代之利益时，我们
应当谨慎，他的这一提议恰当地强调了这一点。[35] 但是，对于有
些问题而言，例如气候变迁，这种乐观主义观点可能并不现
实。假定气候变迁会给整个世界，或至少是给那些最脆弱国家
的最脆弱成员带来真正的巨灾性损失。如果这样，那么，致力
于代际中性的现代就应当采取自觉行动去保护后代，使他们不
受气候变迁的影响，并且，努力程度不应比对臭氧消耗的防治
更低。

对可持续发展的一个简单注脚

近年来，"可持续发展"话题受到了大量关注，这一理念在
国际法中具有的力量相当可观。[36] 不幸的是，可持续性理念的定
义仍然相当蹩脚。一份颇具影响的报告提出，如果发展"既满
足现代人的需求又不损害后代人满足需求的能力"，那么，它就
是可持续性的——这是一种并不那么偏离代际中性的定义。[37] 伊
迪丝·布朗·韦斯（Edith Brown Weiss）更为纯粹地关注环境
问题，他认为，各代都有一种义务，即不使地球环境质量变得
更差，同时保持未来世代可及的实质选择权。[38] 罗伯特·索洛

---

[35] 参见 Schelling, *supra* note 28。

[36] 参见 Revesz, *supra* note 6, at 1009 - 1014；*Sustainable Development*（Julian Morris ed. , London：Profile, 2002）；*Models of Sustainable Development*（Sylvie Faucheux, et al. , eds. , Cheltenham, Uk：Edward Elgar, 1996）。

[37] 参见 World Commission On Environment and Development, *Our Common Future* 43（Oxford：Oxford University Press, 1987）。

[38] 参见 Edith Brown Weiss, *supra* note 29。与索洛相似，布朗·韦斯的论述也超越了罗尔斯公正储存原则的要求。

(Robert Solow) 拥护一种代际中性原则，他将可持续性定义为要求各代有能力保持与上代同等的福利水平。[39] 对于环境问题，这一定义意味着，不可再生资源的使用必须不会使未来世代不可能获得同等生活标准。

274

可持续发展意图要求一种维护环境产品的特定政策，在这种意义上，它给出了一种有益的建议，即对当代能够带来短期经济收益，但同时也会造成长期的环境问题。在面对可能的不可逆环境变迁时，这一建议尤为重要。但是，环境保护也可能为未来强加负担，尤其是当它极其昂贵时。此外，我们没有抽象理由相信，较之并不涉及特定环境的其他投资（基础研究费用，减少国家债务），为后代维护特定的环境宜人性（一丛森林，一片湖水）总是更好。无论怎样，经济增长对环境也是有利的，因为，它增加了可以用于保护环境宜人性的资源。

如果可持续发展的理念意图要求现代人认真对待后来者的利益，那么，它所指明的就是有益的方向，并且可能具有实际的重要意义。一般结论是，必须将可持续发展理念当作一个代言者，依此对代际平等的要求进行独立分析，并要求具体化和独立支持。代际中性原则很难回答每一个问题，但是，它却为进行分析提供了正确的基础。

---

[39]　参见 Robert Solow，"An Almost Practical Step Toward Sustainability"，19 *Resources Policy* 162 (1993)。

结　论

有一种古老的说法是这样的，"如果你制订一个计划，上帝
会哈哈大笑；如果你制订两个计划，上帝就会微微一笑。"

最差情形的话题并不如此令人欢欣鼓舞。为了医治那些过
于专注可能发生的最差情形者，精神健康专家们花费了大量的
时间。如果你总是想着最差的可能性，那么，其结果就是，你
思考其他事情的时间就会很少。当然，相当数量的人获得大量
报酬来思考恶劣的后果。最差情形专家群体规模庞大，它包括
医生、法律家、军事领袖、国防部长、环保主义者，以及在保
险公司工作的那些人。然而，对于大多数人而言，大多数时候，
低概率的灾难风险受到并且应当受到的关注是很少的。

关键的一个原因在于，关注它们可能过于耗人心神，令人
不快。也许，上帝会对那些制订特定计划的人微笑，但是，在
大多数日子里，我们都能够找到更加有益的事情去做，而不是

去详细地制订计划。思考一下这些话，它们摘自一本关于转基因生物方面的书籍："对你的健康而言，相关的最大食品威胁是什么？是转基因生物吗？合成农药？天然毒素？……没有一种贴近答案。最大的真实损害其实是对饮食的慢性焦虑。不要担忧你的食物供应是否安全，或你是否食用了太多杀虫剂，或没有吸收足够的纤维，或摄入了过量的胆固醇，或摄取的多不饱和脂肪（polyunsaturated fat）过少，担心往往毫无用处。不如让你的生活和饮食简单起来。均衡饮食，变化用餐……享受你的用餐。有个好胃口。"[①]

对于大多数人而言，这是一个很不错的建议。此外，它所蕴含的智慧远远超越了饮食的范围。对于金融问题，一种平衡多样的资金组合是最好的防护手段，而那些拥有各种资金组合者也不应将他们的精力浪费在想象的灾难上。然而，饱受肥胖或胆固醇偏高之痛的那些人最好还是注意一下自己的饮食，并且在许多领域中，偶尔关注一下最差情形也大有裨益，它能使人们对他们的生活进行更多的控制。认识到可能发生的最差情形，以及人们有时会反应过度或反应不足可能大有裨益，甚至是不可或缺的，原因很简单，它有助于人们作出预防措施。

对不大可能发生的巨灾，许多人过于沉溺于规划，而另外一些人则过于缺乏规划。通常情况下，相应的错误无伤大雅，但是有些时候，它们或者会造成令人痛苦的忧虑，或会造成真实的悲剧。但是，困扰个人的这些问题却被政府以最令人恐怖的方式在制度层面借尸还魂了。过度乐观的领袖可以确定他们

---

① Alan McHughen, *Pandonra's Picnic Basket* 264 (New York: Oxford University Press, 1999).

国家面临着恐怖的军事打击，或者它的公民无谓地遭受着自然
灾难、环境损害、严重疾病，或饥荒。② 关注恶劣后果但却忽略
其概率的官员，或者对近来的意外反应过度的官员浪费了大量
的时间、金钱，也许还包括生命本身——并且将注意力从人们
所面对的最严重问题上移转开去。萨达姆·侯赛因是一个恐怖
的独裁者，并且是他的人民和世界的一个危险。但是，美国人
对于是否进行伊拉克战争的思考被歪曲了，歪曲原因在于对萨
德姆·侯赛因仍然掌权的最差情形的过度忧虑。废弃的危险废
料堆可能是个真实的问题，但是，美国政府对于那一问题却耗
费了过多的时间和费用。

277

　　通常情形下，公职官员具有两种令人扼腕的动机：给予最差
情形不当关注和根本不关注它们。有时，他们的选举前景，或他
们的全民支持率取决于这两者的此种或彼种。"9·11"袭击之前，
几乎所有的美国官员都忽略了机场需要更好的安全措施，这至少
是因为公众可能会强烈反对航空旅行的沉重额外负担。"9·11"
之后，许多官员认识到，如果他们强调恐怖主义危险，并摆出一
副需要的积极姿态，他们的支持率就会上升。对于总统乔治·
W.布什，或许更一般地说，对于共和党候选人，这种选举动机
一直强烈且单纯：关注"9·11"袭击，并将公众注意力集中在
未来袭击的风险上。③ 恐惧是一种强有力的推动力，而对于恐怖

　　② 参见 Doninic Johnson, *Overconfidence and War* (Cambridge: Harvard University Press, 2004)。

　　③ 参见 Gary Blasi and John T. Jost, "System Justification Theory and Research: Implications for Law, Legal Advocacy, and Social Justice", 94 *California Law Review* 1119 (2006); Mark J. Landau, "Deliver Us from Evil: The Effects of Mortality Salience and Reminders of 9·11 on Support for President W. Bush", 20 *Personality & Psychology Bulletin* 1136 (2004); Thomas Pyszczynski, et al., *In the Wake of September* 11: *The Psychology of Terror* (Washington, D.C.: American Psychological Association, 2003)。

主义，集中精力关注最差情形尤其是出于一定政客的私利。

在美国历史中，我们能够找到许多同例。例如，较早时期，总统林登·约翰逊（Lyndon Johnson）就曾意识到，强调核战争风险可能会打击他的共和党对手巴里·戈登瓦特（Barry Goldwater）。出于这一原因，约翰逊竞选活动电视播出了一个争议重重的宣传，主题是草地上的一个小女孩，她正在采摘雏菊的花瓣，而她的背后正腾起一片蘑菇云。这一宣传只播出了一次，并且没有提到戈登瓦特的名字，但是，他却鲜活地放出这样的信号：戈登瓦特就任总统期间可能出现核冲突危险。据约翰逊的传记作者罗伯特·达莱克（Robert Dallek）所言，"蘑菇云"成为电视史中最负盛名的政治宣传。④

对于气候变迁，一直以来，政治动机都非常不同。这里不存在任何鲜活的意外或形象可以激发起公众的想象。温室气体减排的主要受益者或者生活于其他地方，或者尚未出生，并因而不能投票支持现代的领导人。为谋取后代利益而给现代的选民强加重大成本，对此类措施，大多数政治家不可能支持。

我们已经看到，如果最近发生了一次恶劣的意外事件，人们就特别可能会关注最差的情形。如果强烈的情感与某一恶劣的后果联系起来，那么，人们就很可能会完全忽略概率问题，而专注于那种后果。如果人们被激怒，特别是当意外与某一可确定的推动者（戈尔茨坦效应）有关时，他们就会要求予以特别强硬的回应。当最近发生了一种恐怖的意外，并且它高度显在时，通常情况下，人们的直觉就将引领他们夸大另一种此类

278

④ 参见 Robert Dallek, *Lyndon B. Johnson: Portrait of a President* （New York: Oxford University Press, 2004）。

意外的发生概率。如果人们没有经历过最差情形的发生；如果它过于抽象、没有形象，或数字化，以致不能激起强烈的情感；以及如果它与任何特定面孔或任何可确认主体都没有关系，那么，无论统计现实究竟怎样，人们对最差情形的反应都将淡化。如果糟糕后果预计长期不会发生，并且如果受害者在时间或空间上遥不可及，那么，也同样会发生淡化。

当然，运作有序的组织、媒体以及政治领袖有力量影响潜在的动力。通过文字或图片，最差的情形可以被雕琢得更加历历在目，或是被一笔带过，而有些时候，它们却非常突然地跃入人们的视野。美国人对恐怖主义和气候变迁的不同反应就恰好处于一种连续体的两极。其他的许多风险也能够被朝着这种或另一种结局的方向处置。例如，由于对皮肤癌的恐惧，以及地球上空"防护屏障"中的一个"空洞"形象，臭氧消耗就很可能要比气候变迁更加醒目。但是，就臭氧层而言，世界以及美国的反应部分是根据一种统计分析作出的，这种分析表明此种风险非常之高，并且能够以可接受的成本降低或消除。

我曾试图提出分析最差情形的一般框架。事实证明，预防原则存在瑕疵，这倒不是因为它含糊（尽管它确实如此），也不是因为它威胁阻碍到所追求的经济发展（尽管它的确如此），而是因为，它对它自己所需要的措施也会禁止，使其处于瘫痪状态。令人厌烦的最差情形常常和各种行动相互勾连，这不仅仅包括积极的规制与不行为，同时还包括所有的中庸行动。对一个恐怖敌人发动的预防战争就是最简单的一个例子，但是，诸多涉及安全、健康以及环境的其他问题也同样如此。我们能对特定风险和特定不利后果采取预防措施，但是，我们不能一劳永逸地对所有风险进行预防，其原因在于，采取这样的行动也

279

将会造成风险以及它们自身的最差情形。

巨灾性损害预防原则要有用得多。在它的最适度形式中，那一原则要求对损害的数量和概率都予以密切关注，并因而密切关注其预期价值。例如，它表明，10 000 人死亡的 1％概率所值得获得的关注度并不比 200 人死亡的 50％概率低。这一原则的略为激进形式强调，10 000 人死于比如说一次恐怖主义袭击，那么，其影响要远远比一次乘法运算所可能的意义恶劣。那些死亡将具有连锁效应，包括严重的经济损害，以及非经济损害。作为一个较小的例证，回想一下"9·11"袭击之后的事实，许多人不再坐飞机，而转为自驾车——但由于驾驶要远比航空危险得多，因而，大量的人因这种出行方式转换而死亡。这种"风险的社会放大"表明，应当采取特定措施来防止真正的巨灾，即便是对那些极为不可能发生的。当我们为某些大规模损害设置一种安全边际时，我们的行为便有些类似保险的购买者，而这种边际是否物有所值，则取决于坚守它的所得和所失。

在这一领域中，"预期价值"的理念可能富有争议，而且有的时候，它会要求对我们最深层的义务进行大量的思考。（例如，我们应当对动物风险予以多少关注?）然而，在多数情形中，无须解决最本质的争议，我们就能在决定做些什么方面取得重大进展。在此类情形中，关注损害的数量和可能性将足以使我们确定正确的行动。日常生活中，我们常常非常迅速地作出相应判断，从而或者认为最差情形不值一提（飞机真的不会坠毁），或者认为我们应当采取预防。（尽管并不令人愉快，但50 岁之后作结肠镜检查可能确有必要。）有些时候，理智的判断要求我们超越我们的本能，我们需要系统地对待各种潜在变量。对私人和公共机构而言，对风险和预防的预期价值，包括任何安全边际的正式评估都是不可或缺的。

　　一旦一种濒危物种灭失了，它就永远地消失了。温室气体在大气层中会停留很长时间。日常生活中，人们愿意为保持他们的选择权而做大量的事，花大量的钱——特别是为了保持随着知识累积一定处理方案仍然可用。一些损害是不可逆的，或至少是很难恢复的，而部分正是由于那一原因，此种类型才符合最差情形。一些损失与其他损失不可比，所失去的独一无二，而恰恰因为这一点，它们才值得关注。不可逆损害预防原则的建构正是基于这些理念，它指出，规制者应当愿意为保持他们未来的灵活性而采取措施。如果将这一点和对巨灾的理解放在一起考虑，我们就能提出一种工作框架，通过这一框架，我们可以应对范围广泛的社会威胁。

281

　　对任何一种预防原则进行细致阐述都需要对预防的所得和所失予以关注。最没有争议的是，那种评估既是质量性的，也是数量性的，而且，它并不会要求我们去确定各种相关变量的货币数额。在决定是否对日常生活中的最差情形采取预防时，理智的人们都会进行一定的此种权衡，并且，他们不会考虑货币等价物。他们关心的是最差情形发生的可能性、它的严重程度、进行预防的所得和所失，以及替代性行动有关的最差情形。运作良好的机构以及它们的领导者并没有特别不同。对于如何处理大萧条和法西斯主义相关的最差情形，总统富兰克林·德拉诺·罗斯福（Franklin Delano Roosevelt）有着极为天才般的敏感。与许多其他领导者不同，他极为敏锐地认识到，不作为同样也具有严重的最差情形。（他患有小儿麻痹症的经历很可能强化了那种意识。⑤）

---

⑤　参见 Cass R. Sunstein, *The Second Bill of Right：FDR's Unfinished Revolution and Why We Need It More than Ever* （New York：Basic Books，2004）。

我指出，在考虑最差的情形时，确定关键变量的货币价值至关重要，这一点较有争议。不系统地对待消除不利后果的成本和收益，就很难取得进展。当然，我们无须狂热地钟情于理查德·波斯纳所努力提出的人类灭亡的货币数据。（幸运的是，他所提出的 600 万亿美元的数据相当高。但是，谁来支付这笔钱呢？）对于 1/10 000 或 1/100 000 的严重风险，基于现有的证据，对于许多不利后果，我们都能提出可信数据。我们当中很少有人会愿意为消除一种 1/100 000 的风险而支付 100 000 美元，或 50 000 美元，甚或 10 000 美元。如果我们希望尊重个人自治，或希望保护社会福利，那么，我们就有充分理由从人们考虑如何降低社会风险、花费多少的实践开始。

当我们正在处理的是一个施害者时，就必须改变相关分析，这里施害者的定义是故意、轻率甚或疏忽大意给他人造成严重风险的某个人。最低限度是，即使受害者不愿意为他们停止侵害而作出大量支付，故意或轻率的施害者也应被要求终止侵害。对恐怖主义的恰当分析并不取决于其受害者打算支付给恐怖主义者多少钱。但是，对于诸多具有最差情形的情境而言，我们所正在处理的是可欲的，或可证明为可欲活动——建造高速公路、驾车、使用暖器或冷气、提供医护、使用移动电话——的副产品。在这些情形中，关注人们消除最差情形的支付意愿是合法的——当然，当他人付钱而他们自己消减风险时尤其如此。如果人们不愿意为消除一种 1/100 000 的风险支付超过 60 美元，那么，如果我们要求他们支付 150 美元，那就不会对他们起到帮助作用。

当将从风险减低中受益的那些人仅仅支付极少成本，或者根本不承担成本时，问题就又不同了。与其他地方一样，这里

的质量和数量信息同等重要。我们需要知道的不仅包括以货币
术语表达的收益和成本，还包括这些数据所代表的意义。它们
是否对消费者意味着更高的价格？更低的工资？更多的过早死
亡和疾病？最终究竟由谁来承担这些成本？例如，假定发展中
国家的穷人仅愿意为减少温室气体排放支付很少货币，因为他
们的钱太少了——并且同时，富裕国家人民所承担的温室气体
减排成本要超出穷人愿意支付的数额。在这种情形下，成本收
益分析似乎会建议，减排温室气体是不合理的。但是，最终的
决策应当以那样的分析为基础吗？置于风险中的那些人为穷人，
而被要求支付者为富人，这一点当然有所影响。不管怎样，以
整体福利来看，贫穷国家受益者的所得很可能会远远高于富裕
国家损失者的所失——对于很多问题，这一点都对进行恰当分
析有影响。

　　我们可以看到，大体就是按照这一思路，理性的人们才质疑
《京都议定书》，因为它的收益预计对于穷人和富人同样都相对较低，
而它的预计成本却非常之高。我们也可以看到，对于气候变迁，完
全不作为——以及布什总统任期内美国的妨碍者态度——很难得到
拥护。在我看来，正确的方式可能超越《京都议定书》，而以一种具
有四大特征的国际协议形式出现，这四大特征为：（1）完全的全球
排放交易，以求降低达标成本；（2）理智且不武断的排量限制，
很可能是慢慢启动，并随着时间流转递增；（3）包容发展中国
家，包括印度，在不远的未来，它们可能成为世界的主要温室
气体排放国；以及（4）富裕国家对贫穷国家的资金和技术支
持，这是为了回应这样一个事实，即富裕国家一直对这一问题
承担很大一部分责任，并且无论如何，它们总是处于为之做些
什么的最有利经济地位。

283

284 　　这里的最难点是（2）。它的具体确定取决于对温室气体排放后果以及对消减努力的判断。毋庸置疑，气候变迁相关风险的详细信息以及最差情形的可能性都不可或缺。我们需要知道减排的费用和负担，并需要知道将由谁来承担那些费用，以及由谁面对那些负担。除了分析通过减排减低那些问题的可能性，对减轻更温暖气候所导致问题进行一种分析也具有特别的重要意义。

　　第（4）点自己对自己提出了质疑，包括伦理层面的质疑。在任何国际协议中，世界应当如何分配温室气体排放的许可？是否应当人均分配许可？这种方式就会给印度带来重大收益，而会造成美国的严重反对。⑥ 或是，此类国家是否应在当前排放量基础上作出大体相同比例的消减，而无论各国现在的排放水平如何？这种方式可能会得到美国的支持，但却会引起中国和印度的严重反对。

　　就未来而言，对气候变迁作出认真回应的最大障碍包括美国的动机。美国是最严重的温室气体来源。与之同时，美国预计不会位列气候变迁的最大输家之列，而印度和非洲却要更加脆弱得多。正是由于首要的问题源于这一问题的所失相对较少，故而，任何认真的反应都会遭遇重大障碍。如果能够劝服美国相信，与当前的预计相比，减排的成本要更低，或减排更为有利，那么，或许可以克服这种障碍。又或许能够说服美国相信它们负有一种保护地球上最弱势人民的道德义务。长久以来，美

---

　　⑥　对这种影响的一个论证，可见于 Dale Jamieson，"Adaptation，Mitigation，and Justice"，In *Perspectives on Climate Change：Science，Economics，Politics，Ethics* 217，230－233（Walter Sinnott-Armstrong and Richard B. Howarth eds.，Oxford：Elsevier JAI，2005）。

国一直从给印度、非洲以及其他地方弱势人民强加风险的技术   *285*
中获取收益。至少以下做法是合理之举：要求各国考虑它们过
去对当前温室气体排放"储量"的贡献来各尽其力，并同时以
一种关注贫穷国家那些人们需要的方式来分配排放权利。

无论是对于货币估价，抑或是对于伦理，当未来世代遭受
风险时，就会产生最为棘手的问题。我主张采取一种代际中性
原则，它要求一代人对它之后一代的利益予以同等重视。这一
原则有助于表明进行折扣的成本收益分析会造成无法接受的后
果。但尽管如此，折扣问题也必须与代际平等问题分开讨论。
不进行折扣可能会伤害，而不是帮助我们的那些后来者，至少
是当它阻碍为后代利益而进行投资之时。

对于有些问题，最明显的是有关臭氧消耗和气候变迁的那
些问题，必须直接处理代际平等问题，方式是通过确保当世者
所做的决策不会不合理地破坏后来者的前景。与其他地方一样，
这里我也提出，无须回答最艰涩的伦理问题，也无须具体确定
这些理念具体的要求，我们同样能够取得重大进展。

对有些人而言，思考最差情形以及处理它们的正确方式是他
们工作属性的核心部分。我们授权他们，希望他们会比必须依赖
于直觉、有限经验以及偏颇知识的我们表现好得多。而如若不了
解人类的弱点以及克服它的最佳方式，他们的工作就很难做好。   *286*
对于我们大多数人而言，最差的情形很少值得予以持续关注。生
命诚短暂，我们乐在其中又有何妨。然而，如果我们不时警惕一
下可能发生的最差情形，我们就应当能够更长久地享受人生。

索 引 *

＊ 索引中的页码为页边码。——译者著

图书在版编目（CIP）数据

危机应对与策略/（美）凯斯·R. 桑斯坦著；刘坤
轮译 . -- 北京：中国人民大学出版社，2022.9
ISBN 978-7-300-31007-7

Ⅰ.①危… Ⅱ.①凯… ②刘… Ⅲ.①公共管理－危
机管理－研究 Ⅳ.①D630.8

中国版本图书馆 CIP 数据核字（2022）第 171762 号

危机应对与策略

［美］凯斯·R. 桑斯坦（Cass R. Sunstein） 著

刘坤轮 译

Weiji Yingdui yu Celüe

出版发行	中国人民大学出版社		
社　　址	北京中关村大街 31 号	**邮政编码**	100080
电　　话	010 - 62511242（总编室）	010 - 62511770（质管部）
	010 - 82501766（邮购部）	010 - 62514148（门市部）
	010 - 62515195（发行公司）	010 - 62515275（盗版举报）
网　　址	http：//www. crup. com. cn		
经　　销	新华书店		
印　　刷	涿州市星河印刷有限公司		
规　　格	148 mm×210 mm　32 开本	**版　　次**	2022 年 9 月第 1 版
印　　张	11.25 插页 4	**印　　次**	2022 年 9 月第 1 次印刷
字　　数	250 000	**定　　价**	98.00 元